JN016042

韓国語能力試験

TOPIK Ⅰ 徹底攻略 新装版

出題パターン別対策と模擬テスト3回

オ・ユンジョン、ユン・セロム著

HANA

新装版について

本書は、2017年に出版された『TOPIK I 徹底攻略 出題パターン別対策と模擬テスト3回』の聞き取り音声をダウンロード提供のみに変更した新装版です。MP3音声CD-ROMは付属しておりません。

音声ダウンロードについて

本書の音声は、小社ホームページ（https://www.hanapress.com）からダウンロードできます。トップページの「ダウンロード」バナーから該当ページに移動していただくか、右記QRコードからアクセスしてください。

※本書の情報は、2023年3月末現在のもので、変更される可能性があります。TOPIKの受験料や試験日、試験会場、実施情報については、TOPIK日本公式サイトなどで、必ず最新の情報をご確認ください。

はじめに

韓国語能力試験（TOPIK）は韓国語を母国語としない在外韓国人と外国人の韓国語使用能力を測定・評価し、学業と就職に活用してもらうための試験です。1997年の最初の施行以後、韓国語を学ぼうとする外国人たちが増えるにつれてTOPIKの受験者も絶えず増加しています。

ところがTOPIKを受験する人が増えれば増えるほど、なじみのない問題パターンとテーマに戸惑い、普段の実力を発揮できないケースがたくさん見られるようになりました。こうしたことから、受験者たちがTOPIKについてよく知り、TOPIKに対する感覚を育てられるようにと、本書を準備することになりました。

本書は、実際に出題された過去問題を参考にしながら、TOPIK Ⅰの問題パターンを効果的に学習できるように構成されています。重要な語彙や表現は、表や絵を使い簡潔に整理して提示しました。さらに、領域別の模擬テストと実戦さながらの模擬テストを3回分用意し、試験の準備を完璧に行えるように配慮しました。

TOPIK Ⅰの受験に備える読者の皆さまが、本書を大いに活用され良い試験結果を得られることを願ってやみません。

著者一同

目　次

問題パターン別対策 読解編

模擬テスト

模擬テスト 解答・解説・訳

本書の構成

問題パターン別対策

この項ではTOPIK Ⅰの過去問題分析に基づいた問題のパターンについて説明しています。さらに、パターンごとに、実際に使われた過去問題と実戦問題を解き、問題に慣れることができます。

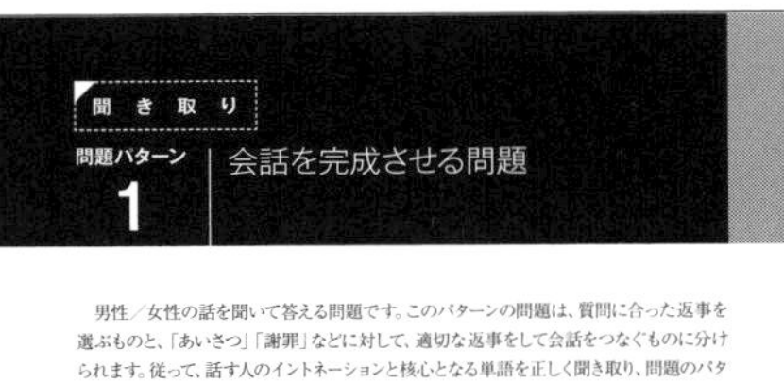

聞き取り

問題パターン 1 会話を完成させる問題

男性／女性の話を聞いて答える問題です。このパターンの問題は、質問に合った返事を選ぶものと、「あいさつ」「謝罪」などに対して、適切な返事をして会話をつなぐものに分けられます。従って、話す人のイントネーションと核心となる単語を正しく聞き取り、問題のパターンに沿った適切な答えを選ばなければなりません。

1 質問を聞いて네または아니요で答える問題

質問に네または아니요で答える問題です。質問の最後の表現をよく聞き取り、下の例のように、네または아니요に自然に続く答えを選ばなければなりません。

※ 다음을 듣고 물음에 맞는 대답을 고르십시오.

여자 : 책상이 있어요?

남자 : ＿＿＿＿＿＿＿＿

① 네, 책상이에요.　② 아니요, 책상이 좋아요.

③ 네, 책상이 있어요.　④ 아니요, 책상이 아니에요.

正解は③。**책상이 있어요?**と尋ねたので、**있다**または**없다**のどちらかで答えなければならない。従って③が答え。

出題パターンをまず確認する

過去問題を解く

さらに練習問題を解く

問題パターン別練習　Track 01

※ 다음을 듣고 물음에 맞는 대답을 고르십시오.

第37回TOPIK Ⅰ 問題2

① 네, 사과가 작아요.　② 네, 사과가 있어요.

③ 아니요, 사과가 비싸요.　④ 아니요, 사과가 아니에요.

練習問題

1 ① 네, 숙제예요.　② 네, 숙제가 많아요.

③ 아니요, 숙제가 있어요.　④ 아니요, 숙제가 싫어요.

2 ① 네, 손가락이 있어요.　② 네, 손가락이 많아요.

③ 아니요, 손가락이 짧아요.　④ 아니요, 손가락이 안 커요.

3 ① 네, 형제예요.　② 네, 형제가 좋아요.

③ 아니요, 형제가 없어요.　④ 아니요, 형제가 아니에요.

4 ① 네, 고향이에요.　② 네, 고향에 있어요.

③ 아니요, 고향이 아니에요.　④ 아니요, 고향에 안 가요.

「解答・解説・訳」で、正解と解説、問題文の訳

問題文の訳のほか、聞き取り問題の音声スクリプトもここに掲載されています。

解答・解説・訳

第37回TOPIK Ⅰ 問題2 남자 : 사과가 싸요?

正解は③。リンゴの値段を聞く質問に네または아니요のうち適切な答えを選ぶ問題。物の値段は싸다（安い）または비싸다（高い）と表現するので、네, 사과가 싸요または아니요, 사과가 비싸요と答えることができる。対義語：싸다 ⇔ 비싸다

※次の音声を聞いて、適切な答えを選びなさい。

男：リンゴが安いですか？
①はい、リンゴが小さいです。　②はい、リンゴがあります。
③いいえ、リンゴが高いです。　④いいえ、リンゴではありません。

1 여자 : 숙제가 있어요?

正解は②。숙제가 있어요?と聞いているので、네, 숙제가 있어요または아니요, 숙제가 없어요と答えるべきところだが、選択肢にはない。代わりに②の숙제가 많아요が「宿題がたくさんあります」という意味なので、質問への返事として適切。

女：宿題がありますか？
①はい、宿題です。　②はい、宿題がたくさんあります。
③いいえ、宿題があります。　④いいえ、宿題が嫌いです。

2 여자 : 손가락이 길어요?

正解は③。指の長さを聞く質問に네または아니요のうち、適切な答えを選ぶ問題だ。長さは길다（長い）または짧다（短い）と言う。네, 손가락이 길어요または아니요, 손가락이 짧아요と答えることができる。対義語：길다 ⇔ 짧다

女：指が長いですか？
①はい、指があります。　②はい、指がたくさんあります。
③いいえ、指が短いです。　④いいえ、指が大きくありません。

3 남자 : 형제가 많아요?

正解は③。人の数が多いか聞く質問だ。네という肯定の返事をする場合、네, 형제가 많아요と答える。아니요という否定の返事をする場合、아니요, 형제가 적어요または아니요, 형제가 없어요と答えることができる。対義語：많다 ⇔ 적다（많다 ⇔ 없다）

「整理しよう！」

「覚えておこう！」

各パターンの問題を解くのに知っておくとよい語彙や表現などを、絵や表を使って分かりやすく提示しています。ここに出てくる語彙と表現は必ず覚えるようにしましょう。

整理しよう！ 「YES/NO質問」への答え方

	YES	NO
있다/없다〈存在詞〉 ある/ない	네, ○○이/가 있어요. はい、○○があります。	아니요, ○○이/가 없어요. いいえ、○○はありません。
이다/아니다〈指定詞〉 ～だ/～ではない	네, ○○이에요/예요. はい、○○です。	아니요, ○○이/가 아니에요. いいえ、○○ではありません。
동사〈動詞〉 형용사〈形容詞〉	네, ○○이/가 ~. はい、○○が～。	아니요, ○○이/가 +〈反対表現〉. 아니요, ○○이/가 안 + ~. 아니요, ○○이/가 + ~ -지 않아요. いいえ、○○は～しません。

覚えておこう！ 対義語をセットで覚える

①さまざまな動詞や形容詞に안または-지 않다を付けて、反対表現を作ってみましょう。
②反対の意味を表す単語を学ぶようにしましょう。対義語の組み合わせを一緒に覚えるといいです。

좋다（いい）― 싫다（嫌だ）
크다（大きい）― 작다（小さい）
무겁다（重い）― 가볍다（軽い）
많다（多い）― 적다（少ない）
길다（長い）― 짧다（短い）
비싸다（高い）― 싸다（安い）

領域別「復習テスト」

各領域の「問題パターン別対策」の最後には、代表的なパターンの問題を集めた「復習テスト」があります。「聞き取り」「読解」の各領域の学習のまとめとして、復習も兼ねて解いてみてください。

「復習テスト」

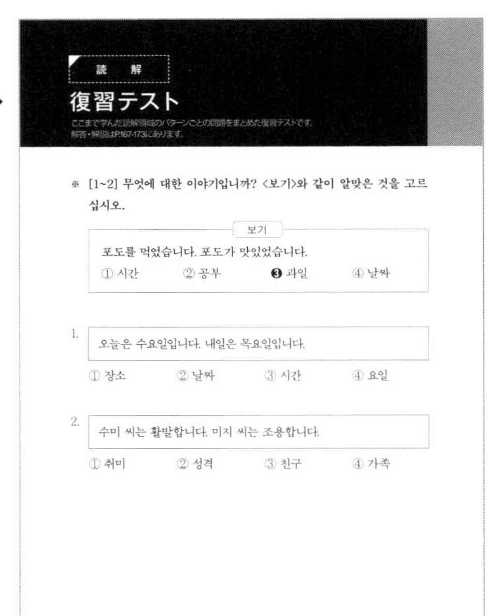

読　解

復習テスト

ここまで学んだ読解領域のパターンごとの問題をまとめた復習テストです。
解答・解説はP.167-173にあります。

※ [1~2] 무엇에 대한 이야기입니까? 〈보기〉와 같이 알맞은 것을 고르십시오.

보기

포도를 먹었습니다. 포도가 맛있었습니다.

① 시간　② 공부　❸ 과일　④ 날짜

1. 오늘은 수요일입니다. 내일은 목요일입니다.

① 장소　② 날짜　③ 시간　④ 요일

2. 수미 씨는 활발합니다. 미지 씨는 조용합니다.

① 취미　② 성격　③ 친구　④ 가족

「解答・解説・訳」

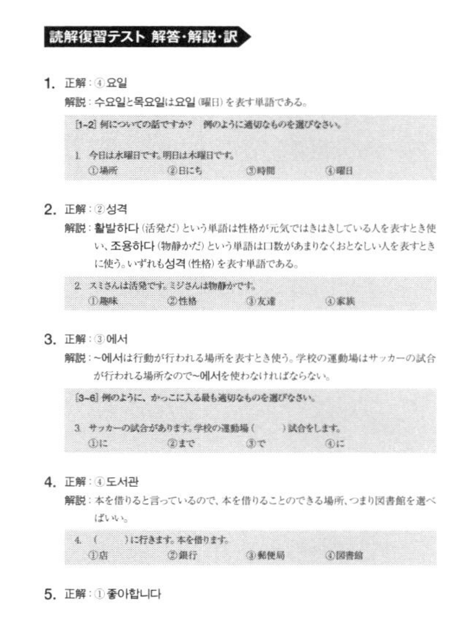

読解復習テスト 解答・解説・訳

1. 正解：④ 요일

解説：수요일と목요일は요일（曜日）を表す単語である。

[1~2] 何についての話ですか？　例のように適切なものを選びなさい。

1. 今日は水曜日です。明日は木曜日です。
①場所　②日にち　③時間　④曜日

2. 正解：② 성격

解説：활발하다（活発だ）という単語は性格が元気ではきはきしている人を表すとき使い、조용하다（物静かだ）という単語は口数があまりなくおとなしい人を表すときに使う。いずれも성격（性格）を表す単語である。

2. スミさんは活発です。ミジさんは物静かです。
①趣味　②性格　③友達　④家族

3. 正解：③ 에서

解説：~에서は行動が行われる場所を表すとき使う。学校の運動場はサッカーの試合が行われる場所なので~에서を使わなければならない。

[3~6] 例のように、かっこに入る最も適切なものを選びなさい。

3. サッカーの試合があります。学校の運動場（　　）試合をします。
①に　②まで　③で　④に

4. 正解：④ 도서관

解説：本を借りると言っているので、本を借りることのできる場所、つまり図書館を選べばいい。

4. （　　）に行きます。本を借ります。
①店　②銀行　③郵便局　④図書館

5. 正解：① 좋아합니다

「模擬テスト」3回

TOPIK Iのテーマやパターンを忠実に再現した、本番さながらの模擬テストを3回分準備しました。実際の試験時間どおりに問題を解いてみましょう。

「模擬テスト」

듣기 (1번 ~ 30번)

※ [1~4] 다음을 듣고 〈보기〉와 같이 물음에 맞는 대답을 고르십시오.

보기

가 : 공부를 해요?

나 : ________________

❶ 네, 공부를 해요. ② 아니요, 공부예요.
③ 네, 공부가 아니에요. ④ 아니요, 공부를 좋아해요.

1. (4점)
① 네, 수박이에요. ② 네, 수박이 비싸요.
③ 아니요, 수박이 작아요. ④ 아니요, 수박이 없어요.

2. (4점)
① 네, 비예요. ② 네, 비가 와요.
③ 아니요, 비가 없어요. ④ 아니요, 비가 싫어요.

3. (3점)
① 2시에 가요. ② 매일 가요.
③ 동생하고 가요. ④ 백화점에 가요.

「模擬テスト 解説・訳」

模擬テストを全て解いたら採点を行い、自分の課題が何であるかについて確認しましょう。問題ごとにポイントをおさえて丁寧に解説したほか、問題文の訳、聞き取り問題の音声スクリプトもここに掲載しました。

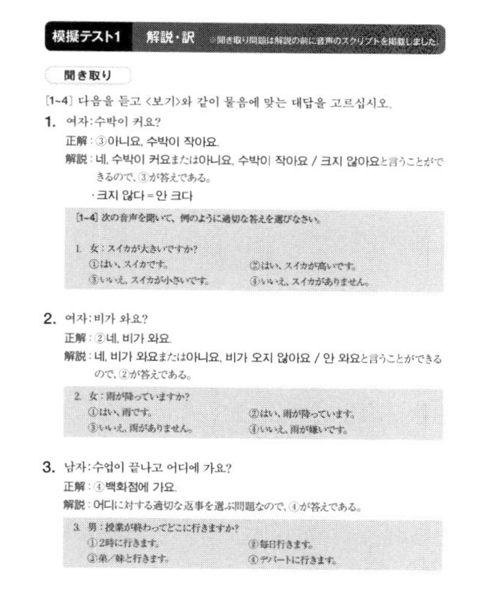
模擬テスト1　解説・訳　※聞き取り問題は解説の前に音声のスクリプトを掲載しました。

聞き取り

[1~4] 다음을 듣고 〈보기〉와 같이 물음에 맞는 대답을 고르십시오.

1. 여자:수박이 커요?
正解 : ③아니요, 수박이 작아요.
解説 : 네, 수박이 커요または아니요, 수박이 작아요 / 크지 않아요と言うことができるので、③が答えである。
·크지 않다 = 안 크다

[1~4] 次の音声を聞いて、例のように適切な答えを選びなさい。

1. 女：スイカが大きいですか?
①はい、スイカです。 ②はい、スイカが高いです。
③いいえ、スイカが小さいです。 ④いいえ、スイカがありません。

2. 여자:비가 와요?
正解 : ②네, 비가 와요.
解説 : 네, 비가 와요または아니요, 비가 오지 않아요 / 안 와요と言うことができるので、②が答えである。

2. 女：雨が降っていますか?
①はい、雨です。 ②はい、雨が降っています。
③いいえ、雨がありません。 ④いいえ、雨が嫌いです。

3. 남자:수업이 끝나고 어디에 가요?
正解 : ④백화점에 가요.
解説 : 어디に対する適切な返事を選ぶ問題なので、④が答えである。

3. 男：授業が終わってどこに行きますか?
①2時に行きます。 ②毎日行きます。
③弟/妹と行きます。 ④デパートに行きます。

本書の学習計画

以下は3週間で集中的に本書を学習する場合のスケジュールの例です。これを参考にして、自分のペースや事情にあった計画を立てて、本書を消化してください。

■ 学習計画の例（3週間で消化する場合）

	1日目	2日目	3日目	4日目	5日目	6日目	7日目
1週目	聞き取り問題 パターン1	読解問題 パターン1	聞き取り問題 パターン2、3	読解問題 パターン2	聞き取り問題 パターン4	予備日	予備日
2週目	読解問題 パターン3	聞き取り問題 パターン5	読解問題 パターン4	聞き取り問題 パターン6	読解問題 パターン5	予備日	予備日
3週目	聞き取り 復習テスト	読解 復習テスト	模擬試験1	模擬試験2	模擬試験3	予備日	予備日

■ 自分の計画を立ててみよう

	1日目	2日目	3日目	4日目	5日目	6日目	7日目
＿＿週目							
＿＿週目							
＿＿週目							
＿＿週目							
＿＿週目							
＿＿週目							
＿＿週目							
＿＿週目							試験日

TOPIKとは

TOPIKとはTest of Proficiency in Koreanの略で、日本では本来の韓国語**한국어능력시험**の訳である「韓国語能力試験」という名称でも知られています。TOPIKは韓国政府が認定・実施している検定試験です。韓国文化の理解や韓国留学・就職などに必要な能力の測定・評価を目的とし、受験者の実力を1～6級までの6段階で評価しています。日本の検定試験とは違い、数字が大きくなるほどレベルが高くなり、6級が最上級となっています。

TOPIKは世界の約70の国と地域で実施されており、日本では2023年現在、4月、7月、10月に、全国各地で実施されています。

TOPIKは、初級レベルを対象にした「TOPIK Ⅰ(1・2級)」と、中級・上級の受験者を対象にした「TOPIK Ⅱ(3～6級)」の二つの試験が実施されています(表1)。受験者は、試験で取得した点数により、上記かっこ内の数字の級で評価されます。ただし、いずれの基準にも満たない場合は、不合格となります。

TOPIKを日本で主管する公益財団法人韓国教育財団によると、TOPIKの級別認定基準は表2のとおりになっています。

表1　韓国語能力試験(TOPIK)

試験種類	TOPIK Ⅰ	TOPIK Ⅱ

TOPIK Ⅰでは、「聞き取り」30問、「読解」40問の計70問が出題されます。「聞き取り」では30問のうち、1級レベルと2級レベルの問題が15問ずつ出題されます。1級の15問は、難易度別に「上」6問、「中」6問、「下」3問が出題され、100点満点のうち51点を占めます。2級の15問は、難易度別に「上」3問、「中」6問、「下」6問が出題され、100点満点のうち49点を占めます。また、問題ごとの配点は、20問が各3点、10問が各4点です。

「読解」では40問のうち、1級レベルと2級レベルの問題が20問ずつ出題されます。1級の20問は、難易度別に「上」8問、「中」8問、「下」4問が出題され、100点満点のうち48点を占めます。2級の20問は難易度別に「上」4問、「中」8問、「下」8問が出題され、100点満点のうち52点を占めます。また、問題ごとの配点は、20問が各2点、20問が各3点です。

なお、問題の解答は4者択一のマークシート記入方式で行います。試験で使用するペン

表1　韓国語能力試験（TOPIK）

試験種類	TOPIK Ⅰ	TOPIK Ⅱ
試験等級	1・2級	3～6級
試験領域	聞き取り：30問　読解：40問	聞き取り：50問　読解：50問 書き取り：4問(作文含む)
試験時間	100分	180分（110分+70分）

表2　級別の認定基準

TOPIK Ⅰ （1・2級）	1級	「自己紹介する」「物を買う」「料理を注文する」など、生活に必要な基礎的な言語能力を持っており、「自分自身」「家族」「趣味」「天気」など、ごく私的で身近な話題に関連した内容を理解して表現できる。約800の基礎語彙と基本文法に対する理解を基に簡単な文章を作成できる。簡単な生活文と実用文を理解し、構成できる。
	2級	「電話する」「お願いする」などの日常生活に必要な言語能力と「郵便局」「銀行」などの公共施設利用に必要な言語能力を持っている。約1,500～2,000の語彙を利用して、私的で身近な話題に関して、段落単位で理解して使うことができる。公式な状況と非公式な状況での言葉を区別して使うことができる。
TOPIK Ⅱ （3～6級）	3級	日常生活を営むのに特に困難を感じず、さまざまな公共施設の利用や私的な関係維持に必要な基礎的言語能力を持っている。身近で具体的な素材はもちろん、自分になじみがある社会的な素材を段落単位で表現したり理解したりできる。文語と口語の基本的な特性を区別、理解して使うことができる。
	4級	公共施設利用や社会的関係維持に必要な言語能力があり、一般的な業務遂行に必要な言語能力をある程度持っている。また、「ニュース」「新聞記事」の中の平易な内容を理解できる。一般的な社会的・抽象的素材を比較的正確に、流暢に理解し、使うことができる。よく使われる慣用表現や代表的な韓国文化に対する理解を基に、社会・文化的な内容を理解して使うことができる。
	5級	専門分野での研究や業務遂行に必要な言語能力をある程度持っている。「政治」「経済」「社会」「文化」全般に渡り、なじみのない素材に関しても理解して使うことができる。公式、非公式の脈絡や口語的、文語的脈絡によって言葉を適切に区別して使うことができる。
	6級	専門分野での研究や業務を比較的正確に、流暢に遂行できる言語能力を持っている。「政治」「経済」「社会」「文化」全般にわたり、なじみのないテーマに関しても展開することができる。ネーティブスピーカーのレベルには届かないが、意思疎通や意味表現には困難はない。

（サインペン）は当日会場で配布されますが、誤って記入した箇所を修正するための修正テープは各自が準備しないといけません。

表3　TOPIK I 聞き取り

問題水準	難易度	問題数	配点計
1級	下	3	51
	中	6	
	上	6	
2級	下	6	49
	中	6	
	上	3	
合計		30	100

表4　TOPIK I 読解

問題水準	難易度	問題数	配点計
1級	下	4	48
	中	8	
	上	8	
2級	下	8	52
	中	8	
	上	4	
合計		40	100

■ 試験時間

TOPIK Ⅰの聞き取りと読解の試験時間は合計100分で、1時限、つまり休憩なしで行われます。

時間配分は、聞き取りが40分程度で、読解は60分程度になります。休憩がないため、後半に集中力が続かなくなる可能性があります。100分間集中力を維持できるように、模擬テストを解く際には、時計をセットして実際の試験時間でやってみると良いでしょう。特に読解に時間がかかる学習者は、必ず時間配分の練習をする必要があります。

表5は、TOPIKの実施時間です。これは日本における実施時間で、他の国や地域では異なる時間帯に実施される場合があります。なお、TOPIK ⅠとTOPIK Ⅱは時間帯が異なる

ので、二つの試験を併願することも可能です。

表5　韓国と日本でのTOPIK受験日の時間割

区分	時限	入室時間	開始	終了
TOPIK I	1	9:30	10:00	11:40
TOPIK II	1	12:30	13:00	14:50
	2	15:10	15:20	16:30

■ 評価判定

最後に、TOPIK Ⅰにおいて、受験者を1級と2級に振り分ける評価判定について見てみましょう。TOPIKでは、総合点数に従って級が決定されます。TOPIK Ⅰの合格基準は表6の通りです。

表6　合格基準

受験級	TOPIK I		TOPIK II			
級	**1級**	**2級**	**3級**	**4級**	**5級**	**6級**
合格点	80点以上	140点以上	120点以上	150点以上	190点以上	230点以上

なお、受験して得たTOPIKのスコアは、結果発表日から2年間有効です。

何よりも大事なことは、TOPIKに慣れることです。限られた試験時間の中で集中力を維持し、うまくペース配分することも必要です。この本には、模擬テストが3回分収められているので、問題と時間配分に慣れるよう練習してみてください。一生懸命練習すれば、必ず良い成績が皆さんを待っています。

問題パターン別対策
聞き取り編

聞き取り領域では、簡単な会話を聞いて会話の状況を把握できるかを評価します。会話の内容は「自分と家族」「趣味」「天気」など日常生活と関連したものです。会話の音声は2回ずつ流れます。試験時間は40分。この間に30問を解かなければなりません。

聞き取り

問題パターン 1 | 会話を完成させる問題

男性／女性の話を聞いて答える問題です。このパターンの問題は、質問に合った返事を選ぶものと、「あいさつ」「謝罪」などに対して、適切な返事をして会話をつなぐものに分けられます。従って、話す人のイントネーションと核心となる単語を正しく聞き取り、問題のパターンに沿った適切な答えを選ばなければなりません。

質問を聞いて네または아니요で答える問題

質問に**네**または**아니요**で答える問題です。質問の最後の表現をよく聞き取り、下の例のように、**네**または**아니요**に自然に続く答えを選ばなければなりません。

※ 다음을 듣고 물음에 맞는 대답을 고르십시오.

여자 : 책상이 <u>있어요</u>?

남자 : ＿＿＿＿＿＿＿＿＿＿

① 네, 책상이에요.　　② 아니요, 책상이 좋아요.

③ 네, 책상이 있어요.　　④ 아니요, 책상이 아니에요.

正解は③。**책상이 있어요?**と尋ねたので、**있다**または**없다**のどちらかで答えなければならない。従って③が答え。

※次の音声を聞いて、適切な答えを選びなさい。

女：机がありますか?

① はい、机です。　② いいえ、机がいいです。
③ はい、机があります。　④ いいえ、机ではありません。

整理しよう！ 「YES/NO質問」への答え方

	YES	NO
있다/없다〈存在詞〉 ある/ない	네, ○○이/가 있어요. はい、○○があります。	아니요, ○○이/가 없어요. いいえ、○○はありません。
이다/아니다〈指定詞〉 ～だ/～ではない	네, ○○이에요/예요. はい、○○です。	아니요, ○○이/가 아니에요. いいえ、○○ではありません。
동사〈動詞〉 형용사〈形容詞〉	네, ○○이/가 ~. はい、○○が～。	아니요, ○○이/가 ＋〈反対表現〉. 아니요, ○○이/가 안 + ~. 아니요, ○○이/가 + ~ -지 않아요. いいえ、○○は～しません。

覚えておこう！ 対義語をセットで覚える

①さまざまな動詞や形容詞に안または-지 않다を付けて、反対表現を作ってみましょう。
②反対の意味を表す単語を学ぶようにしましょう。対義語の組み合わせを一緒に覚えるといいです。

좋다（いい）― 싫다（嫌だ）
크다（大きい）― 작다（小さい）
무겁다（重い）― 가볍다（軽い）
많다（多い）― 적다（少ない）
길다（長い）― 짧다（短い）
비싸다（高い）― 싸다（安い）

問題パターン別練習

※ 다음을 듣고 물음에 맞는 대답을 고르십시오.

第37回TOPIK I 問題2

① 네, 사과가 작아요.　② 네, 사과가 있어요.
③ 아니요, 사과가 비싸요.　④ 아니요, 사과가 아니에요.

練習問題

1 ① 네, 숙제예요.　② 네, 숙제가 많아요.
③ 아니요, 숙제가 있어요.　④ 아니요, 숙제가 싫어요.

2 ① 네, 손가락이 있어요.　② 네, 손가락이 많아요.
③ 아니요, 손가락이 짧아요.　④ 아니요, 손가락이 안 커요.

3 ① 네, 형제예요.　② 네, 형제가 좋아요.
③ 아니요, 형제가 없어요.　④ 아니요, 형제가 아니에요.

4 ① 네, 고향이에요.　② 네, 고향에 있어요.
③ 아니요, 고향이 아니에요.　④ 아니요, 고향에 안 가요.

解答・解説・訳

第37回TOPIK Ⅰ 問題2　남자 : 사과가 싸요?

正解は③。リンゴの値段を聞く質問に네または아니요のうち適切な答えを選ぶ問題。物の値段は싸다（安い）または비싸다（高い）と表現するので、네, 사과가 싸요または아니요, 사과가 비싸요と答えることができる。対義語：싸다 ⇔ 비싸다

※次の音声を聞いて、適切な答えを選びなさい。

男：リンゴが安いですか？

①はい、リンゴが小さいです。　②はい、リンゴがあります。
③いいえ、リンゴが高いです。　④いいえ、リンゴではありません。

1 여자 : 숙제가 있어요?

正解は②。숙제가 있어요?と聞いているので、네, 숙제가 있어요または아니요, 숙제가 없어요と答えるべきところだが、選択肢にはない。代わりに②の숙제가 많아요が「宿題がたくさんあります」という意味なので、質問への返事として適切。

女：宿題がありますか？

①はい、宿題です。　②はい、宿題がたくさんあります。
③いいえ、宿題があります。　④いいえ、宿題が嫌いです。

2 여자 : 손가락이 길어요?

正解は③。指の長さを聞く質問に네または아니요のうち、適切な答えを選ぶ問題だ。長さは길다（長い）または짧다（短い）と言う。네, 손가락이 길어요または아니요, 손가락이 짧아요と答えることができる。対義語：길다 ⇔ 짧다

女：指が長いですか？

①はい、指があります。　②はい、指がたくさんあります。
③いいえ、指が短いです。　④いいえ、指が大きくありません。

3 남자 : 형제가 많아요?

正解は③。人の数が多いか聞く質問だ。네という肯定の返事をする場合、네, 형제가 많아요と答える。아니요という否定の返事をする場合、아니요, 형제가 적어요または아니요, 형제가 없어요と答えることができる。対義語：많다 ⇔ 적다（많다 ⇔ 없다）

男：兄弟がたくさんいますか?

①はい、兄弟です。　②はい、兄弟が好きです。

③いいえ、兄弟がいません。　④いいえ、兄弟ではありません。

4 여자：고향에 가요?

正解は④。네という肯定の返事をする場合、네, 고향에 가요と答える。아니요という否定の返事をする場合、아니요, 고향에 안 가요または아니요, 고향에 가지 않아요と答えることができる。

女：故郷に行きますか?

①はい、故郷です。　②はい、故郷にいます。

③いいえ、故郷ではありません。　④いいえ、故郷に行きません。

2 疑問詞がある質問に答える問題

質問に**누가**(誰が)、**언제**(いつ)、**어디에서**(どこで)、**무엇을**(何を)などの疑問詞が出てきます。質問の中の疑問詞をよく聞き取って、質問の答えを選びます。

※ 다음을 듣고 물음에 맞는 대답을 고르십시오.

第41回TOPIK Ⅰ 問題3

남자 : 오늘 몇 시에 만나요?

여자 : ________________

① 목요일에 봐요.　　② 친구를 만나요.

③ 학교에서 봐요.　　④ 두 시에 만나요.

正解は④。**몇 시**(いつ=時間)を問う質問なので、**두 시에 만나요**が正解。①は**언제**(いつ=曜日)を聞いたときの答えで、②は**누구를**(誰に)、③は**어디에서**(どこで)に対する答えである。

※次の音声を聞いて、適切な答えを選びなさい。

男：今日、何時に会いますか?

①木曜日に会います。　　②友達に会います。

③学校で会います。　　④2時に会います。

整理しよう！

■誰が

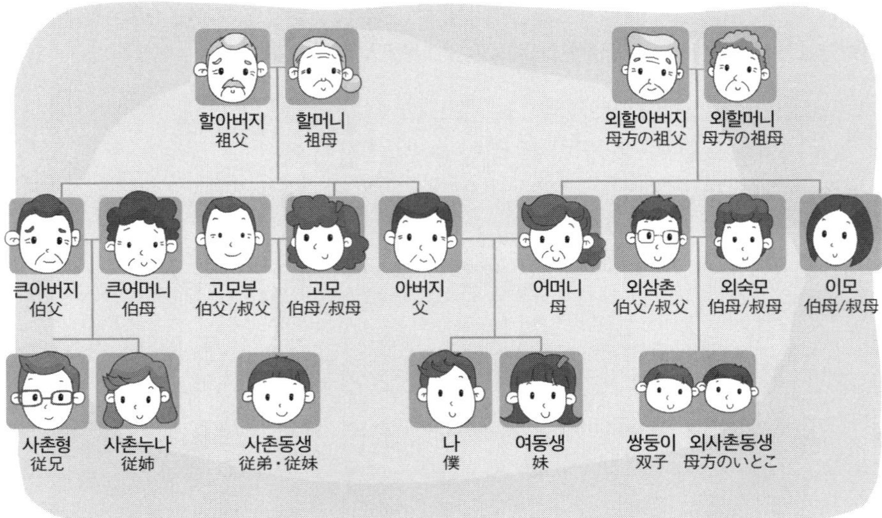

■いつ

과거 (過去)	현재 (現在)	미래 (未来)
작년 (去年)	올해 (今年)	내년 (来年)
지난달 (先月)	이번 달 (今月)	다음 달 (来月)
지난주 (先週)	이번 주 (今週)	다음 주 (来週)
그저께 (おととい) ― 어제 (昨日)	오늘 (今日)	내일 (明日) ― 모레 (あさって)

問題パターン別練習

※ 다음을 듣고 물음에 맞는 대답을 고르십시오.

第37回TOPIK Ⅰ 問題3

① 어제 갔어요.　② 공원에 갔어요.
③ 동생이 갔어요.　④ 저하고 갔어요.

練習問題

1 ① 오늘 통화했어요.　② 언니하고 통화했어요.
③ 식당에서 통화했어요.　④ 점심시간에 통화했어요.

2 ① 과학을 공부해요.　② 친구와 공부해요.
③ 아침에 공부해요.　④ 도서관에서 공부해요.

3 ① 작년에 샀어요.　② 후배가 샀어요.
③ 일본에서 샀어요.　④ 백화점에서 샀어요.

4 ① 그림이 있어요.　② 제 그림이에요.
③ 아주 아름다워요.　④ 산에서 그렸어요.

解答・解説・訳

第37回TOPIK I 問題3　남자：주말에 어디 갔어요?

正解は②。어디は場所を聞くときに使う表現なので、場所を意味する②が正解。①は언제に対する答えで、③は누가、④は누구하고に対する答えである。

※次の音声を聞いて、適切な答えを選びなさい。

男：週末、どこに行きましたか?

①昨日行きました。　②公園に行きました。
③弟が行きました。　④私と行きました。

1 남자：누구하고 통화했어요?

正解は②。누구は人を指すときに使う表現。언니は妹から見た姉を呼ぶ表現なので、②が正解。①、④は언제に対する答えで、③は어디에서に対する答えである。

男：誰と電話で話しましたか?

①今日電話で話しました。　②姉と電話で話しました。
③食堂で、電話で話しました。　④お昼の時間に電話で話しました。

2 여자：무슨 과목을 공부해요?

正解は①。무엇(무슨 과목)を勉強しているのか聞く質問なので、科目の名前がある①が正解。②は누구하고、③は언제、④は어디에서に対する答えである。

女：何の科目を勉強していますか?

①科学を勉強しています。　②友達と勉強しています。
③朝勉強しています。　④図書館で勉強しています。

3 여자：시계를 언제 샀어요?

正解は①。언제に対する答えである①が正解。③、④は어디에서、②は누가時計を買ったかに対する答えである。

関連語：작년 - 올해 - 내년

女：いつ時計を買いましたか?

①去年買いました。　②後輩が買いました。
③日本で買いました。　④デパートで買いました。

4 남자 : 이 그림이 어때요?

正解は③。絵に対する感想を聞く質問なので、③が正解。②は누구の絵か聞いたとき、④は어디에서絵を描いたのか聞いたときの答えである。

男：この絵、どうですか？

①絵があります。　　②私の絵です。
③とても美しいです。　　④山で描きました。

3 会話を続ける問題

「会話を続ける」パターンは、前のパターンと同じく、男性／女性が話したことに続く内容を選ぶ問題です。しかし、前のパターンとは違い、男性／女性の発言は平叙文であるため（まれに疑問詞のない疑問文の場合があります）、会話の状況と脈絡をきちんと把握して、適切な答えを選択しなければいけません。

※ 다음을 듣고 이어지는 말을 고르십시오.

여자 : 처음 뵙겠습니다.

남자 : ____________

① 미안합니다.　　② 감사합니다.

③ 안녕히 가십시오.　　④ 만나서 반갑습니다.

正解は④。**처음 뵙겠습니다**は初めての出会いで言うあいさつです。通常、相手は**처음 뵙겠습니다**または④のように**만나서 반갑습니다**と返します。①は謝る表現で、②は感謝の気持ちを表現する言葉、③は一緒にいた人が先に違う場所に行くときに言うあいさつです。

※次の音声を聞いて、次に続くものを選びなさい。

女：初めまして。

①ごめんなさい。　　②ありがとうございます。

③さようなら。　　④会えてうれしいです。

整理しよう！ あいさつなどをやりとりするときの決まり文句

상황 (状況)	A	B
감사 (感謝)	고마워요. / 고맙습니다. ありがとうございます。 감사해요. / 감사합니다. ありがとうございます。	별말씀을요. どういたしまして。
부탁 (お願い)	①부탁해요. / 부탁합니다. お願いします。 부탁드립니다. お願いいたします。 -아/어 주세요. ～してください。 ②부탁이 있습니다. お願いがあります。	①네, 알겠어요. / 네, 알겠습니다. はい、分かりました。 ②네, 말씀하세요. はい、おっしゃってください。
사과 (謝罪)	미안해요. / 미안합니다. ごめんなさい。 죄송해요. / 죄송합니다. 申し訳ありません。	괜찮아요. / 괜찮습니다. 大丈夫です。 아니에요. / 아닙니다. いいえ。
인사 (あいさつ)	①안녕하세요? おはようございます。／こんにちは。／こんばんは。 반가워요. / 반갑습니다. （お会いできて）うれしいです。 ②처음 뵙겠습니다. 初めまして。 어서 오세요. いらっしゃいませ。	①안녕하세요? おはようございます。／こんにちは。／こんばんは。 ②만나서 반갑습니다. お会いできてうれしいです。
	①저 갈게요. 私、行きます。 ②안녕히 계세요. さようなら。 ③안녕히 가세요. さようなら。 ④다음에 또 오세요. またいらしてください。	①잘 가요. お気を付けて。 ②안녕히 가세요. さようなら。 ③안녕히 계세요. さようなら。 ④다음에 봐요. また会いましょう。

	①다녀오겠습니다. いってきます。 ②잘 자요. / 안녕히 주무세요. おやすみなさい。 ③맛있게 드세요. どうぞお召し上がりください。 ④축하합니다. おめでとうございます。	①잘 다녀오세요. いってらっしゃい。 ②잘 자요. / 안녕히 주무세요. おやすみなさい。 ③잘 먹겠습니다. いただきます。 ④감사합니다. ありがとうございます。
전화 (電話)	①여보세요. もしもし。 ②~ 씨 댁(사무실)이지요? ～さんのお宅（事務所）ですよね？ ③~ 씨 있나요? ～さん、いますか？	①여보세요. もしもし。 ②네, 맞는데요(네, 그런데요). / 아니요, 잘못 거셨습니다. はい、そうですが。／いいえ、おかけ間違いですよ。 ③네, 전데요. / 아니요, 지금 집(사무실)에 없어요. はい、私ですが。／いいえ、今家（事務所）にいません。

問題パターン別練習

※ 다음을 듣고 이어지는 말을 고르십시오.

第41回TOPIK Ⅰ 問題6

① 네, 부탁합니다.　② 네, 알겠습니다.
③ 네, 전화 받으십시오.　④ 네, 다시 걸겠습니다.

練習問題

1 ① 아니에요.　② 잘 다녀오세요.
③ 안녕히 계세요.　④ 그렇게 하세요.

2 ① 괜찮아요.　② 죄송해요.
③ 부탁해요.　④ 안녕히 가세요.

3 ① 그렇습니다.　② 고맙습니다.
③ 잘 알겠습니다.　④ 만나서 반갑습니다.

4 ① 글쎄요.　② 괜찮아요.
③ 네, 부탁합니다.　④ 네, 잠시만 기다리세요.

解答・解説・訳

第41回TOPIK I 問題6　남자 : (전화 목소리) 수미 씨에게 말씀 좀 전해 주세요.

正解は②。相手が頼むことに対する適切な答えを選ぶ問題。②は男性の頼みを聞き入れるという返事である。①は頼む人が言う言葉なので、答えではない。

※次の音声を聞いて、次に続くものを選びなさい。

男：(電話の声) スミさんにお伝えください。

①はい、お願いします。　②はい、分かりました。
③はい、電話をお取りください。　④はい、またかけます。

1 여자 : 그럼 조심히 가세요.

正解は③。**조심히 가세요**は**안녕히 가세요**と同じ意味で、別れるときに言うあいさつ。立ち去る人に掛ける言葉であり、それに対して去る人は③**안녕히 계세요**と答える。

女：それでは、さようなら(気を付けて行ってください)。

①いいえ。　②いってらっしゃい。
③さようなら。　④そのようにしてください。

2 남자 : 늦게 와서 미안해요.

正解は①。**미안해요**という謝罪の表現への適切な返事である**괜찮아요**が答え。②は謝る人が言う言葉で**미안해요**と同じ意味、③は依頼する表現、④は別れのあいさつである。

男：遅れてすみません。

①大丈夫です。　②すみません。
③お願いします。　④さようなら。

3 남자 : 구두가 예쁘네요.

正解は②。褒め言葉に対して感謝する表現の**고맙습니다**が適切。④は初めて会ったときに言うあいさつである。

男：靴がきれいですね。

①そうです。　②ありがとうございます。
③よく分かりました。　④会えてうれしいです。

4 여자 : (전화 상황) 마이클 씨 좀 바꿔 주시겠어요?

正解は④。電話での会話を適切に完成させる問題。~(을/를) 바꿔 주다は、「~に代わってくれる／あげる」。-아/어 주시겠어요?は丁寧な依頼表現なので、~(을/를) 바꿔 주시겠어요?で「~に代わってください」という意味になる。よって適切な返事は④。

女：(電話の状況) マイケルさんに代わっていただけますか?

①そうですね。　②大丈夫です。

③はい、お願いします。　④はい、少しお待ちください。

聞き取り

問題パターン 2 会話の場所を選ぶ問題

「会話の場所を選ぶ」パターンは、男性と女性の短い会話を聞き、会話が行われている場所を選ぶ問題です。会話に登場する核心となる単語と、会話をしている男性と女性の関係を把握するよう、注意深く聞いて答えを選びます。

※ 여기는 어디입니까? 알맞은 것을 고르십시오.

남자 : 세 시 영화 표, 두 장 주세요.

여자 : 네, 어떤 좌석으로 드릴까요?

① 극장　② 은행　③ 공항　④ 약국

正解は①。**영화 표**と**좌석**という単語から、映画館であることが分かる。男性は客で、女性は映画館でチケットを販売する職員である。韓国語では「映画館」を**극장**（劇場）と呼ぶことがある。

※ここはどこですか？　適切なものを選びなさい。

男：3時の映画のチケット、2枚下さい。

女：はい、どの座席にしましょうか？

①劇場　②銀行　③空港　④薬局

整理しよう！ 場所に関連する言葉

장소 (場所)	관련 단어 (関連単語)
공항 (空港)	비행기 (飛行機)、표 (切符)、티켓 (チケット)、항공권 (航空券)、짐 (荷物)、여권 (パスポート)、출발 (出発)、도착 (到着)、출입국 (出入国)、해외 (海外)
극장 (映画館／劇場)	영화 (映画)、뮤지컬 (ミュージカル)、연극 (演劇)、표 (切符)、매표소 (チケット売り場)、예매 (予約販売)、좌석 (座席)、배우 (俳優)
병원 (病院)	의사 (医者)、간호사 (看護師)、환자 (患者)、입원 (入院)、퇴원 (退院)、병문안 (見舞い)、치료 (治療)、주사 (注射)、약 (薬)、감기 (風邪)、두통 (頭痛)、치과 (歯医者)、내과 (内科)、정형외과 (整形外科)
우체국 (郵便局)	편지 (手紙)、소포 (小包)、택배 (宅配)、우표 (切手)、주소 (住所)、도착 (到着)
은행 (銀行)	돈 (お金)、통장 (通帳)、저금 (貯金)、환전 (両替)
학교 (学校) / 교실 (教室)	선생님 (先生)、교사 (教師)、교수 (教授)、학생 (学生)、학기 (学期)、학년 (学年)、수업 (授業)、숙제 (宿題)、시험 (試験)、공부 (勉強)、입학 (入学)、졸업 (卒業)、출석 (出席)

問題パターン別練習

※ 여기는 어디입니까? 알맞은 것을 고르십시오.

第37回TOPIK Ⅰ 問題9

① 식당　② 회사　③ 은행　④ 병원

練習問題

1 ① 시장　② 학교　③ 도서관　④ 박물관

2 ① 은행　② 가게　③ 우체국　④ 터미널

3 ① 공항　② 여행사　③ 기차역　④ 놀이공원

4 ① 회사　② 교실　③ 사진관　④ 미용실

解答・解説・訳

第37回TOPIK I 問題9　남자 : 어디가 안 좋으세요?
여자 : 어제부터 머리가 아프고 열도 많이 나요.

正解は④。**어디가 안 좋으세요?**は**어디가 아프세요?**と同じ意味。男性が女性に体の具合を聞いている会話である。選択肢の中で最も適切な場所は**병원**（病院）なので、④が答え。

> ※ここはどこですか？　適切なものを選びなさい。
>
> 男：どこがお悪いのですか？
> 女：昨日から頭が痛くて熱もかなりあります。
> ①食堂　②会社　③銀行　④病院

1 여자 : 전시관에는 음료수를 가지고 들어가실 수 없습니다.
남자 : 죄송합니다. 잘 몰랐어요.

正解は④。**전시관**という単語が分かれば、何かを展示する場所での会話であることが分かる。選択肢の中で最も適切な場所は**박물관**（博物館）なので、④が答え。

> 女：展示館には飲み物を持ってお入りになれません。
> 男：すみません。知りませんでした。
> ①市場　②学校　③図書館　④博物館

2 남자 : 지금 보내면 수요일까지 도착할 수 있을까요?
여자 : 빠른우편으로 보내시면 가능합니다.

正解は③。**우편**は「郵便」、**빠른우편**は「速達」のこと。男性が到着時間を尋ね、女性は郵便の種類について触れているので、客と**우체국**（郵便局）の職員の会話だということが分かる。

> 男：今送ったら水曜日までに届くでしょうか？
> 女：速達で送れば可能です。
> ①銀行　②店　③郵便局　④ターミナル

3 남자 : (당황하며) 여보, 집에 여권을 두고 왔어요!
여자 : 큰일이네요. 지금 바로 비행기에 탑승해야 하는데!

正解は①。**여권**、**비행기**、さらには**지금 바로 비행기에 탑승**と言っているので、旅行当日の**공항**（空港）での会話であることが分かる。よって①が答え。②**여행사**は旅行会社のこと。

男：（慌てながら）おまえ、家にパスポートを置いてきちゃった！
女：大ごとですね（どうしましょう?）。今すぐ飛行機に搭乗しなければいけないのに！
①空港　②旅行会社　③汽車の駅　④遊園地

4 여자 : 이력서에 붙일 사진이니까 예쁘게 찍어 주세요.
남자 : 네. 자~ 그럼 찍겠습니다.

正解は③。**사진**、**(사진을) 찍다**という表現から、**사진관**（写真館）での会話であることが分かる。

女：履歴書に貼る写真なので、きれいに撮ってください。
男：はい。さぁ、それでは撮ります。
①会社　②教室　③写真館　④美容院

聞き取り

問題パターン 3 | 会話の素材を選ぶ問題

「会話の素材を選ぶ」パターンは、会話の共通素材が何か選ぶ問題です。男性と女性の発話に共通素材がそれぞれ登場します。パターン3の練習のためにはよく登場するテーマと関連単語を一緒に勉強するといいでしょう。

※ 다음은 무엇에 대해 말하고 있습니까? 알맞은 것을 고르십시오.

第41回TOPIK I 問題12

여자 : 수박을 좋아하세요?

남자 : 네, 수박도 좋아하지만 포도가 더 좋아요.

① 채소　② 과일　③ 과자　④ 고기

正解は②。**수박**と**포도**は**과일**（果物）の一種。

※次の音声は何について話をしていますか？　適切なものを選びなさい。

12. 女：スイカが好きですか？
男：はい、スイカも好きですが、ブドウの方がもっと好きです。
①野菜　②果物　③菓子　④肉

問題パターン別練習

※ 다음은 무엇에 대해 말하고 있습니까? 알맞은 것을 고르십시오.

第36回TOPIK Ⅰ 問題12

① 시간　② 나이　③ 음식　④ 기분

練習問題

1 ① 이름　② 가족　③ 휴일　④ 직업

2 ① 날짜　② 계절　③ 날씨　④ 하루

3 ① 선물　② 학교　③ 공부　④ 사진

4 ① 약속　② 취미　③ 계획　④ 방학

解答・解説・訳

第36回TOPIK Ⅰ 問題12 여자 : 저는 스물세 살이에요.
남자 : 그래요? 저도 스물세 살이에요.

正解は②。女性と男性が互いの**나이**（年齢）を教え合っている。女性と男性は二人とも23歳で年が同じである。

※次の音声は何について話をしていますか？　適切なものを選びなさい。

女：私は23歳です。
男：そうなんですか？　私も23歳です。
①時間　②年齢　③食べ物　④気分

1 남자 : 저는 음악 선생님이에요. 유진 씨는요?
여자 : 저는 회사원이에요.

正解は④。男性と女性がそれぞれの**직업**（職業）について話している。男性は音楽教師で、女性は会社員である。

男：私は音楽の先生です。ユジンさんは？
女：私は会社員です。
①名前　②家族　③休日　④職業

2 여자 : 어제 밤에 비가 오더니 추워졌네요.
남자 : 네, 오늘 저녁에는 더 추워진대요.

正解は③。女性と男性が**날씨**（天気）について話している。

女：昨日、夜に雨が降ったら、寒くなりましたね。
男：はい、今日の夕方にはもっと寒くなるそうです。
①日にち　②季節　③天気　④一日

3 남자 : 졸업 기념으로 뭘 받고 싶니?
여자 : 새 책상을 갖고 싶어요.

正解は①。男性と女性が卒業記念の**선물**（プレゼント）について話している。女性は新しい机をプレゼントとして欲しがっている。

男：卒業記念に何が欲しい?
女：新しい机が欲しいです。
①プレゼント　②学校　③勉強　④写真

4 여자 : 저는 주말마다 공원에 가서 책을 읽어요. 민호 씨는요?
남자 : 저는 시간이 있을 때마다 영화를 봐요.

正解は②。女性と男性が**취미**（趣味）について話している。女性の趣味は本を読むことで、男性の趣味は映画を見ることだ。

・**책을 읽는 것**（本を読むこと）＝**독서**（読書）
・**영화를 보는 것**（映画を見ること）＝**영화 감상**（映画鑑賞）

女：私は毎週末公園に行って本を読みます。ミノさんは?
男：私は時間があれば映画を見ます。
①約束　②趣味　③計画　④学期休み

聞き取り

問題パターン 4 ｜ 絵を選ぶ問題

「絵を選ぶ」パターンは、会話をよく聞いて会話の状況と同じ絵を選ぶ問題です。このパターンでは会話の中の男性と女性の関係を把握するのが重要です。また、会話の場所がどこなのか、男性と女性がそれぞれどんな行動をしているのか、よく聞いて答えを選ばなければなりません。

四つの絵の中には、時々同じ物が描かれているので、単語だけ聞いて答えを選んで失敗することがないようにしなければいけません。「誰が、何を、どのように」に対する答えを探すつもりで注意深く聞いて答えを選びます。

※ 다음 대화를 듣고 알맞은 그림을 고르십시오.

第37回TOPIK Ⅰ 問題15

남자 : 이 식당은 뭐가 맛있어요?

여자 : 이거 한번 드셔 보세요. 여기 오면 저는 항상 이걸 먹어요.

①

②

③

④

正解は④。会話から女性が男性に料理を推薦していることが分かるので、二人が一緒にメニューを見ている④の絵が答えである。①と②は男性がレストランの店員なので答えになり得ない。

※次の会話を聞いて、適切な絵を選びなさい。

男：このレストランは何がおいしいですか?
女：一度これを食べてみてください。ここに来たら、私はいつもこれを食べます。

問題パターン別練習

※ 다음 대화를 듣고 알맞은 그림을 고르십시오.

第41回TOPIK Ⅰ 問題15

①
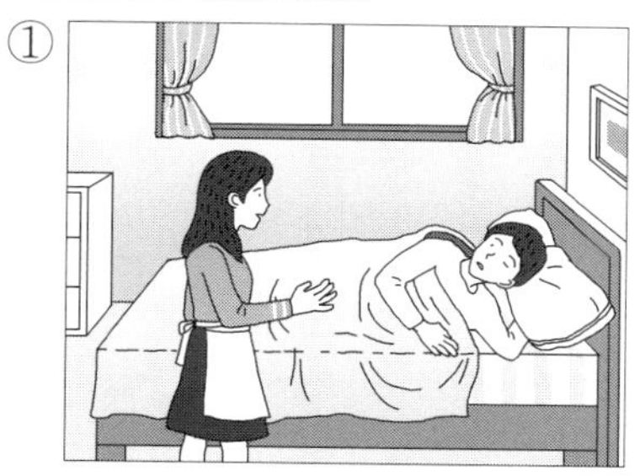

②
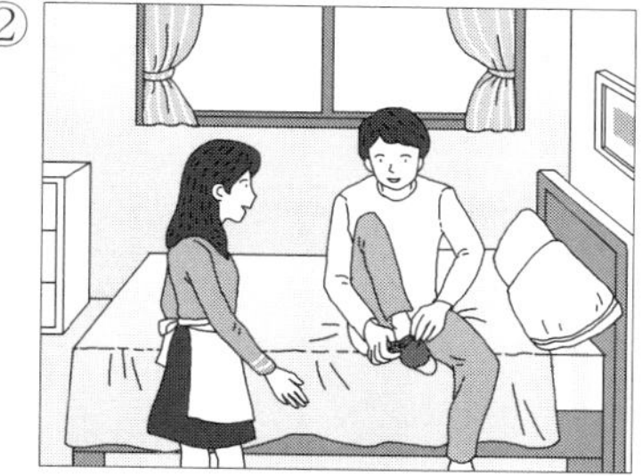

③

④

練習問題

①

②

③

④

2

①

②

③

④

3 ①

②

③

④

4 ①

②

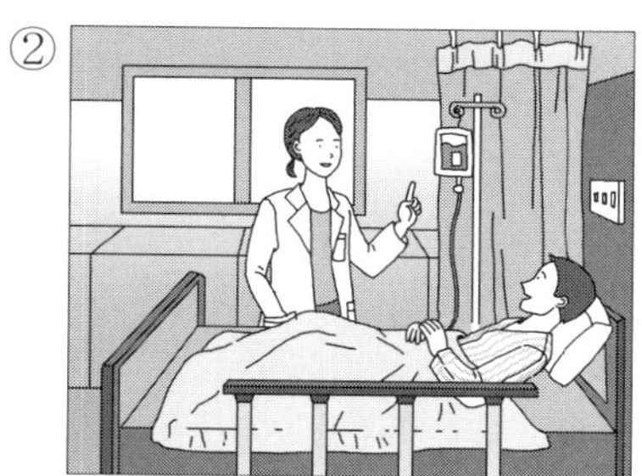

③

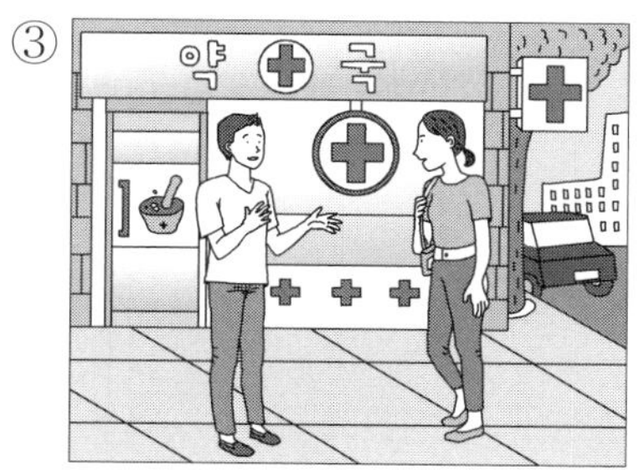

④

解答・解説・訳

第41回TOPIK Ⅰ 問題15 여자 : 일어나서 식사하세요.
남자 : 너무 피곤해요. 조금만 더 잘게요.

正解は①。女性の**일어나서**という表現と男性の**더 잘게요**を聞いて、男性がまだ横になっていることが分かる。寝室で女性が寝ている男性を起こし、男性はベッドの上で横になっている①が答え。

※次の会話を聞いて、適切な絵を選びなさい。

女：起きて食事してください。
男：とても疲れています。もう少し寝ます。

1 남자 : 그쪽에 있는 망치 좀 줄래요?
여자 : 큰 것과 작은 것이 있어요. 둘 중 어느 것을 줄까요?

正解は②。男性が女性にハンマーをくれと頼んでいる。男性の**그쪽**という表現を聞いて、ハンマーが女性と近い所にあることが分かる。女性が**큰 것**と**작은 것**の二つのどちらを渡すか聞いているので、女性と近い所にハンマーが2個ある絵を選べばよい。

男：そっちにあるハンマー、くれますか?
女：大きいのと小さいのがあります。二つのうちどちらをあげましょうか?

2 여자 : 저 가수 노래를 정말 잘하네요. 외모도 멋있어요.
남자 : 네. 그래서 요즘 아이들에게 인기가 많아요.

正解は①。**저**は目に見えている遠くのものを指すことから、女性と男性が一緒に歌手が歌っているところを見て話をしていることが分かる。二人が一緒にテレビの画面を見ている絵を選べばよい。このような場合、日本語では「この」を使うが、韓国語では**이**ではなく**저**を用いる。訳す際には「この」と訳すと自然になる。女性が**노래를 정말 잘하네요**と言っていることから、写真を一緒に見ている②は答えにはなり得ない。

女：この歌手、歌が本当に上手ですね。外見もかっこいいです。
男：はい。だから最近子どもたちに人気があります。

3 남자 : 무슨 음식을 좋아하세요?
여자 : 저는 다 잘 먹어요. 영훈 씨가 좋아하는 음식으로 주문하세요.

正解は③。男性と女性が一緒に注文するメニューを選びながら会話している。二人とも客なので、一緒にテーブルに座ってメニューを見ている絵を選べばよい。まだ注文を始めていないので、女性が店員に向かって話している絵の④は答えにはなり得ない。

男：どんな食べ物がお好きですか?
女：私は何でもよく食べます。ヨンフンさんが好きな食べ物を注文してください。

4 남자 : 아침부터 목이 아프고 열이 나요.
여자 : 이 약을 드셔 보세요. 계속 아프면 병원에 가서 진찰을 받아 보세요.

正解は④。女性が**이 약**と言っているので、薬局で女性薬剤師が手に薬を持って男性に渡す絵を選べばよい。女性が男性に**계속 아프면 병원에 가서 진찰을 받아 보세요**と言っていることから、話している場所は病院ではなく、女性は医者ではない。

男：朝から喉が痛くて熱があります。
女：この薬を飲んでみてください。痛みが続くなら、病院に行って診察を受けてみてください。

聞き取り

問題パターン 5 主要な内容を把握する問題

「主要な内容を把握する」パターンでは、ここまでの他の問題パターンに比べて少し長い会話が提示されます。細かい内容に集中して一つひとつ確認するよりは、会話をよく聞いて全体の内容を把握し、総合的な内容の選択肢を選ばなければなりません。

1 話の目的を把握する問題

話の目的が何なのか選ぶ問題です。説明、依頼、謝罪、感謝、案内、あいさつなど、さまざまな種類の会話が提示されます。細かい話に集中するよりは、会話のタイトルを決めるつもりで接し、主要な内容を把握します。各種類の会話でよく使われる語彙または表現を学習しておくと、答えを選ぶところでヒントになることがあります。

※ 다음을 듣고 물음에 답하십시오.

第37回TOPIK Ⅰ 問題25

여자 : 여러분, 이쪽으로 오세요. 지금 보시는 이것은 옛날 신발인데요. 옛날 사람들은 비가 올 때 이 신발을 신었습니다. 신발의 앞과 뒤가 바닥보다 높아서 비가 올 때도 발이 물에 젖지 않고요. 또 가벼운 나무로 만들었기 때문에 신었을 때 불편하지 않습니다. 남자 신발과 여자 신발은 모양이 좀 다른데요. 여자 신발은 꽃 그림을 그려서 예쁘게 만들었습니다. 다 보셨으면 옆으로 가실까요?

어떤 이야기를 하고 있는지 고르십시오.

① 인사　　② 설명　　③ 주문　　④ 부탁

正解は②。博物館で、昔の履物の模様やいつ履物を履くか、履物の素材などについて説明している。

※次の音声を聞いて、問いに答えなさい。

女：皆さん、こちらにいらしてください。今ご覧になっているこれは、昔の履物です。昔の人は雨が降っているときはこの履物を履きました。履物の前と後ろが地面より高いので、雨が降っているときも足が水にぬれません。また、軽い木でできているので、履いたときに楽です。男性の履物と女性の履物は模様が少し違います。女性の履物は花の絵を描いてきれいに作ってあります。ご覧になったら、隣に行きましょうか？

どんな話をしているのか、選びなさい。

①あいさつ　②説明　③注文　④依頼

問題パターン別練習

※ 다음을 듣고 물음에 답하십시오.

第36回TOPIK Ⅰ 問題25

어떤 이야기를 하고 있는지 고르십시오.

① 감사 ② 부탁 ③ 신청 ④ 소개

練習問題

1 어떤 이야기를 하고 있는지 고르십시오.

① 설명 ② 질문 ③ 감사 ④ 약속

2 어떤 이야기를 하고 있는지 고르십시오.

① 안내 ② 초대 ③ 주문 ④ 인사

3 어떤 이야기를 하고 있는지 고르십시오.

① 인사 ② 요청 ③ 칭찬 ④ 사과

4 어떤 이야기를 하고 있는지 고르십시오.

① 안내 ② 질문 ③ 부탁 ④ 인사

解答・解説・訳

第36回TOPIK I 問題25

여자 : 요즘 집안에 실내 정원을 만들고 싶어 하는 분들 많으시죠? 하지만 꽃을 심고 정원을 가꾸는 게 보통 일은 아닙니다. 이럴 때 도움을 받을 수 있는 책이 한 권 있는데요. 이 책에는 꽃을 키우는 방법들이 사진과 함께 있어 배우기가 아주 쉽습니다. 또 봄, 여름, 가을, 겨울에 키울 수 있는 꽃의 종류도 알 수 있고요.

正解は④。室内庭園を作る方法が載っている本を紹介しているので、④が答え。

※次の音声を聞いて、問いに答えなさい。

女：最近、家の中に室内庭園を作りたいという方がたくさんいらっしゃいますよね？　ですが、花を植えて庭園を作るのは並大抵のことではありません。こういうとき、役に立つ本が1冊あります。この本には花を育てる方法が写真とセットになっていて、とても簡単に学べます。また、春夏秋冬に育てられる花の種類も知ることができます。

どんな話をしているのか、選びなさい。

①感謝　②依頼　③申請　④紹介

1 남자 : 여러분, 오늘은 우리 회사가 세워진 지 30년이 되는 날입니다. 30년 전 10명으로 시작해서 이제는 300명의 직원이 함께 일하는 큰 기업이 되었습니다. 힘들 때도 많았지만 여러분 덕분에 회사가 성장할 수 있었습니다. 그동안 믿고 따라와 주셔서 감사합니다. 오늘은 여러분을 위한 날입니다. 맛있는 음식이 준비되어 있으니 많이 드시고, 기념 선물도 받아 가세요.

正解は③。男性が会社の成功について話をして、社員たちに一生懸命働いてくれて感謝している気持ちを伝えている。

男：皆さん、今日はわが社が設立されて30年となる日です。30年前、10人で始めて、今では300人の社員が一緒に働く大きな企業になりました。つらいときもたくさんありましたが、皆さんのおかげで会社が成長できました。この間、信じて付いて来てくださってありがとうございます。今日は皆さんのための日です。おいしい食べ物が準備されていますので、たくさん召し上がって、記念プレゼントも受け取っていってください。

どんな話をしているのか、選びなさい。

①説明　　②質問　　③感謝　　④約束

2 남자 : (스피커 방송) 아, 아… 주민 여러분, 아파트 경비입니다. 어제 저녁 엘리베이터에서 지갑을 잃어버린 분을 찾고 있습니다. 지퍼가 달려 있는 장지갑이고, 색깔은 빨간색입니다. 지갑 안에는 현금 3만 원과 사진 한 장이 들어 있습니다. 사진은 어린 아이가 강아지를 안고 있는 사진입니다. 지갑을 잃어버리신 분은 경비실에 와서 찾아 가세요.

正解は①。男性がマンションの放送を通じて、なくした財布を持っていくようにという案内をしている。財布を見つけた場所と財布の形、財布の中にある物について説明している。

男：（スピーカーの放送）あ、あ……住民の皆さん、マンションの警備です。昨日の夕方、エレベーターで財布をなくした方を探しています。チャックが付いている長財布で、色は赤色です。財布の中には現金3万ウォンと1枚の写真が入っています。写真は小さい子が子犬を抱えている写真です。財布をなくされた方は、警備室に来て、持っていってください。

どんな話をしているのか、選びなさい。

①案内　　②招待　　③注文　　④あいさつ

3 여자 : (음성 녹음 시작 신호) 안녕하세요? 며칠 전 주문한 흰색 옷장 때문에 전화했어요. 오늘 옷장이 도착을 했는데요, 옷장 손잡이에 검은색 페인트가 묻어 있어요. 그러니까 새 상품으로 교환해 주세요. 아, 그런데 혹시 검은색으로 바꿀 수 있을까요? 만약 색을 바꿀 수 없다면 그냥 주문을 취소하고 싶어요. 이 메시지를 확인하면 전화 좀 주세요.

正解は②。女性が新しく買った白色のたんすに問題があり、交換を要求している。そして、たんすの色も他の色に変えてくれと要求している。-아/어 주세요は「要求」または「依頼」の会話に使う表現。

女：（音声録音開始の音）こんにちは。何日か前に注文した白色のたんすのことで電話しました。今日たんすが届いたんですが、たんすの取っ手に黒いペンキが付いています。ですので、新しい商品に交換してください。あ、ところで、黒い色に変更するということはもしかして可能でしょうか？　もし色を変えられないのなら、このまま注文をキャンセルさせてください。このメッセージを確認したら、お電話ください。

どんな話をしているのか、選びなさい。
①あいさつ　②要求　③称賛　④謝罪

4 남자 : (딩동댕) 안녕하십니까? 다음 주부터 직원 여러분의 건강을 위해 간단한 아침 식사를 만들어 드립니다. 월요일부터 금요일 아침 7시에서 8시 사이에 제공될 계획입니다. 메뉴는 김밥과 샌드위치 중 하나를 선택할 수 있습니다. 아침 식사를 원하시는 분은 지하 1층 직원 식당에 '해피 모닝' 신청서를 내시면 됩니다.

正解は①。男性が会社の放送を通じて職員に「ハッピーモーニング」について案内している。「ハッピーモーニング」の日程と内容、申請方法について説明している。

男：（ピンポーン）こんにちは。来週から職員の皆さんの健康のために、簡単な朝食を作ります。月曜日から金曜日、朝7時から8時の間に提供する計画です。メニューはのり巻きとサンドイッチのどちらか一つを選択できます。朝食が欲しい方は、地下1階職員食堂に「ハッピーモーニング」申請書を出してください。

どんな話をしているのか、選びなさい。
①案内　②質問　③依頼　④あいさつ

2 話の主題を把握する問題

話の主題を選ぶ問題です。前の「パターン5-1 話の目的を把握する」パターンと同じく会話のタイトルを決めるつもりで接し、主要な内容を把握します。

※ 다음을 듣고 물음에 답하십시오.

第36回TOPIK I 問題27

여자 : 선생님, 안녕하세요? 다음 주부터 방학이라 인사드리러 왔어요.

남자 : 어, 어서 와요. (조금 쉬고) 이번 방학에는 뭐 할 거예요?

여자 : 방학을 좀 특별하게 보내고 싶어서 자전거 여행을 해 보려고요.

남자 : 음, 자전거 여행 좋죠. 힘들기는 하겠지만 좋은 경험이 될 거예요.

여자 : 네. 그리고 기타도 한번 배워 보려고 해요.

남자 : 새로운 걸 배워 보는 것도 좋겠네요.

두 사람이 무엇에 대해 이야기를 하고 있는지 고르십시오.

① 방학 때 하고 싶은 일 ② 방학 때 한 새로운 경험

③ 방학 때 간 특별한 여행 ④ 방학 때 만나고 싶은 사람

正解は①。会話の中で、女性は、男の先生に自分の学期休みの計画について話している。女性が使った表現のうち、**-(으)려고 하다**は今後の計画または意志を表すとき使う表現。②と③は過去にしたことについての内容なので、答えにはなり得ない。

※次の音声を聞いて、問いに答えなさい。

女：先生、こんにちは。来週から学期休みなのであいさつに来ました。

男：あ、いらっしゃい。(少し休んで) この学期休みは何をするつもりですか?

女：学期休みを特別に過ごしたくて、自転車旅行をしてみようと思います。

男：うーん、自転車旅行、いいですね。大変でしょうが、いい経験になるでしょう。

女：はい。それと、ギターも一度習ってみようと思います。

男：新しいことを習ってみるのもいいですね。

二人が何について話をしているのか、選びなさい。

①学期休みにしたいこと　②学期休みにした新しい経験

③学期休みに行った特別な旅行　④学期休みに会いたい人

問題パターン別練習

※ 다음을 듣고 물음에 답하십시오.

第41回TOPIK I 問題27

두 사람이 무엇에 대해 이야기를 하고 있는지 고르십시오.

① 선물을 사는 장소　② 선물을 교환하는 방법
③ 선물을 주고 싶은 사람　④ 선물을 교환할 수 있는 기간

練習問題

1 두 사람이 무엇에 대해 이야기를 하고 있는지 고르십시오.

① 용돈을 받는 방법　② 용돈을 모으는 방법
③ 용돈을 계산하는 방법　④ 용돈을 관리하는 방법

2 두 사람이 무엇에 대해 이야기를 하고 있는지 고르십시오.

① 아버지의 취미　② 가족 휴가 계획
③ 아버지의 생신 선물　④ 등산용품 구입 방법

3 두 사람이 무엇에 대해 이야기를 하고 있는지 고르십시오.

① 휴가 때 갈 여행지　② 전통차 마시는 방법
③ 휴가 때 하고 싶은 일　④ 옛날 물건을 사는 장소

4 두 사람이 무엇에 대해 이야기를 하고 있는지 고르십시오.

① 면접에서 할 말　② 면접을 보는 이유

③ 정장을 고르는 방법　　　　④ 면접 상황에 맞는 옷차림

解答・解説・訳

第41回TOPIK I 問題27

남자 : 어, 이게 뭐예요? 티셔츠네요.
여자 : 네. 친구가 선물로 준 건데 사이즈가 좀 커요. 바꾸고 싶은데 선물받은 거라서 고민이에요.
남자 : 혹시 상자 안에 교환권 없어요? 요즘엔 다른 물건으로 바꿀 수 있는 교환권을 선물에 넣어 주는데요.
여자 : 아, 여기 상자 안에 있네요. 이걸 가지고 가면 바꿀 수 있어요?
남자 : 네. 가까운 백화점에 선물받은 물건과 교환권을 가지고 가면 바꿀 수 있어요.
여자 : 친구에게 부탁하지 않고 직접 바꿀 수 있으니까 편하겠네요.

正解は②。女性が友達にもらったプレゼントを他の物に交換する方法について会話をしている。男性が女性に、交換券を持ってデパートに行けば品物を交換できると、その方法を教えてあげた。

※次の音声を聞いて、問いに答えなさい。

男：あ、これ何ですか？　Tシャツですね。
女：はい。友達がプレゼントでくれた物なんですけど、サイズがちょっと大きいんです。交換したいけど、プレゼントしてもらった物だから悩んでいます。
男：もしかして、箱の中に交換券ありませんか？　最近は、他の物に交換できる交換券をプレゼントに入れてくれるのですが。
女：あ、箱の中にありますね。これを持って行けば交換できるんですか？
男：はい。近くのデパートにプレゼントしてもらった物と交換券を持って行けば交換できます。
女：友達に頼まずに自分で交換できるから気楽ですね。

二人が何について話をしているのか、選びなさい。

①プレゼントを買う場所　　　②プレゼントを交換する方法
③プレゼントをあげたい人　　④プレゼントを交換できる期間

1 남자 : 엄마, 저 이번 달 용돈 좀 더 주시면 안 될까요? 조금만요.

여자 : 뭐? 또? 안 돼. 민수 너 지난달에도 용돈 더 받았잖니. 계획을 세워서 꼭 써야 할 곳에만 써야지.

남자 : 아이 참. 죄송해요. 다음부터는 조심할게요. 용돈이 많이 남은 줄 알고 친구랑 간식을 사 먹었는데 집에 와서 보니 없지 뭐예요.

여자 : 그러니까 용돈을 받으면 미리 계획을 세우고, 쓸 때마다 노트에 적어 두어야지.

남자 : 네, 죄송해요. 이제부터는 매일 제가 쓴 돈과 남은 돈을 계산해 적어 두어야겠어요.

여자 : 그래. 그렇게 하면 용돈이 모자라지 않게 잘 관리할 수 있을 거야. 자~ 이번 한번만이다.

남자 : 네, 고맙습니다.

正解は④。女性と男性は母親と息子の関係だ。母親が息子にお小遣いをきちんと使って管理する方法について話してあげている。

男：母さん、あのう、今月のお小遣い、もう少しもらえませんか？　少しだけ。

女：え？　また？　駄目よ。ミンス、あんた、先月もお小遣いを多くもらったじゃないの。計画を立てて、必ず使わなければならないところにだけ使わないと。

男：ああ、もう。ごめんなさい。次からは気を付けます。お小遣いがたくさん残ってると思って友達とおやつを買って食べたんですが、家に帰ってみたらなかったんですよ。

女：だからお小遣いをもらったらあらかじめ計画を立てて、使うたびにノートに書いておかないと。

男：はい、ごめんなさい。これからは毎日自分が使ったお金と残っているお金を計算して書いておかなきゃ。

女：そうよ。そうすればお小遣いが足りなくなることなく、きちんと管理できるはずよ。さあ、今回だけよ。

男：はい、ありがとうございます。

二人が何について話をしているのか、選びなさい。

①お小遣いをもらう方法　②お小遣いをためる方法
③お小遣いを計算する方法　④お小遣いを管理する方法

2 여자 : 내일 아버지 생신인데 어떤 선물을 드릴지 고민이에요.

남자 : 그래요? 아버지 연세가 어떻게 되시는데요?

여자 : 63세세요. 작년에는 등산화를 사 드렸어요. 산에 자주 가시거든요.
남자 : 등산할 때 쓰실 모자를 사 드리면 어때요?
여자 : 그건 지난번에 이미 사 드렸거든요. 아~ 정말 어렵네요.
남자 : 그럼 어머니와 함께 가까운 산으로 여행을 보내 드리면 어떨까요? 좋은 펜션을 예약해 드리면 되잖아요.

正解は③。女性の父親の誕生日プレゼントについて話している。父親の誕生日プレゼントに何を買うか悩んでいる女性に、男性がいろいろなアイデアを話してあげている。

女：明日、父の誕生日なんだけど、どんなプレゼントをあげようか悩んでいます。
男：そうですか?　お父さんの年はおいくつですか?
女：63歳です。去年は登山靴を買ってあげました。しょっちゅう山に行くんですよ。
男：登山のときにかぶる帽子をあげるのはどうですか?
女：それはもう前回買ってあげたんです。ああ、本当に難しいですね。
男：それでは、お母さんと一緒に近くの山への旅行を贈ったらどうですか?　いいペンションを予約しておけばいいじゃないですか。

二人が何について話をしているのか、選びなさい。
①父の趣味　②家族の休暇計画
③父の誕生日プレゼント　④登山用品の購入方法

3 여자 : 서준 씨, 이번 휴가 때 뭐 할 거예요?
남자 : 글쎄요. 이번에는 특별한 곳을 여행하기보다는 집에 있고 싶어요. 책도 읽고 낮잠도 잘 거예요.
여자 : 그동안 바쁘게 일했으니 집에서 쉬는 것도 좋겠네요. 그런데 좀 심심하지 않을까요?
남자 : 그래서 하루는 친구 만나서 영화를 보고 저녁 식사를 하기로 했어요. 미진 씨는요?
여자 : 저는 동생이랑 인사동에 가서 옛날 물건들 구경하고 쇼핑도 하기로 했어요.
남자 : 재미있겠네요. 인사동에 가면 전통차도 마셔 보세요. 건강에도 좋고 맛도 좋아요.

正解は③。男性と女性が休暇のときにしたいことについて話している。男性は家で時間を過ごし、一日は友達と映画を見る計画で、女性は妹か弟と仁寺洞に行く計画だ。

女：ソジュンさん、今度の休暇に何するつもりですか?
男：そうですね。今度は特別な場所に旅行するよりは、家にいたいです。本も読んで昼寝もするつもりです。
女：この間忙しく働いていたから、家で休むのもいいですね。でも、ちょっと退屈じゃないですか?
男：だから一日は友達に会って映画を見て、夕飯を食べることにしました。ミジンさんは?
女：私は妹／弟と仁寺洞に行って昔の物を見物して、買い物もすることにしました。
男：面白そうですね。仁寺洞に行ったら伝統茶も飲んでみてください。健康にも良くて味もいいですよ。

二人が何について話をしているのか、選びなさい。
①休暇のときに行く旅行地　②伝統茶を飲む方法
③休暇のときにしたいこと　④昔の物を買う場所

4 남자 : 윤희 씨, 오늘 옷이 아주 예쁜데요? 무슨 일 있어요?
여자 : 네, 얼마 전에 지원한 회사에 면접을 보러 가요. 어때요? 괜찮아요?
남자 : 아주 예뻐요. 회색 정장이 참 잘 어울리네요.
여자 : 고마워요. 저는 원래 빨간색을 좋아하는데, 면접이니까 화려하지 않은 옷을 골랐어요.
남자 : 네, 잘하셨어요. 때와 장소에 맞게 옷을 입는 것이 중요해요. 제가 회사 사장님이라면 윤희 씨를 꼭 뽑겠어요.
여자 : 고마워요. 사실 많이 떨렸는데, 민호 씨 덕분에 자신감이 생겼어요.
正解は④。二人が服装について話している。面接という状況に合わせてグレーのスーツを着た女性に対して、男性が時と場所に合う服装が大事だと話している。

男：ユニさん、今日の服はとてもきれいですね?　何かあるんですか?
女：はい、先日応募した会社に面接を受けに行くんです。どうですか?　大丈夫ですか?
男：とてもきれいです。グレーのスーツがとても似合っていますね。
女：ありがとうございます。私はもともと赤色が好きなんですけど、面接なので派手じゃない服を選びました。
男：はい、いい判断ですよ。時と場所に合わせて服を着るのが大事です。私が会社の社長だったらユニさんを必ず選びます。
女：ありがとうございます。実はすごく緊張していたんですけど、ミノさんのおかげで自信が出てきました。

二人が何について話をしているのか、選びなさい。

①面接で言うこと　　②面接を受ける理由

③スーツを選ぶ方法　　④面接の状況に合う服装

3 話者の主要な考えを把握する問題

男性と女性の短い会話を聞いて、女性または男性の主要な考えを問う問題です。会話が流れる前に、問題が問うているのが女性、男性どちらの主要な考えなのかをあらかじめ確認した後、会話を注意深く聞きます。話している人の意図、言いたいことが何なのか把握できなければなりません。女性または男性の最後の言葉が重要なヒントになることがあるので、最後まで注意して聞きましょう。

時々、間接的な表現の意味をちゃんと把握できるか確認する問題が出るので、日常会話での省略や間接的な表現の意図を把握する練習も重要です。

※ 다음을 듣고 여자의 중심 생각을 고르십시오.

第41回TOPIK Ⅰ 問題22

남자 : 저기 좀 보세요. 우리 동네에도 자전거 도로가 생겼어요.

여자 : 그렇네요. 도로에서 자전거를 탈 때마다 위험했는데 잘됐네요.

남자 : 그런데 신문에서 보니까 자전거 도로에서도 사고가 많이 나는 것 같아요.

여자 : 그래요? 그렇지만 자전거 도로가 생겨서 더 안전하게 탈 수 있을 것 같은데요.

① 동네에서 자전거를 타면 안 됩니다.
② 많은 사람들이 자전거를 타야 합니다.
③ 안전한 자전거 도로가 생겨서 좋습니다.
④ 자전거 도로에서도 사고가 날 수 있습니다.

正解は③。男性と女性が町に新しくできた自転車道路について話している。女性は自転車道路ができてよかった、これで自転車に安全に乗れると言っているので、③が答えである。

※次の音声を聞いて、女性の主要な考えを選びなさい。

男：あそこ、ちょっと見てください。この町にも自転車道路ができました。
女：そうですね。道路で自転車に乗るたびに危なかったんですけど、よかったですね。
男：でも、新聞で見たら、自転車道路でも事故がたくさん起きているようです。
女：そうですか？　でも、自転車道路ができて、より安全に乗れると思いますけど。

①町で自転車に乗ってはいけません。
②多くの人が自転車に乗らなければなりません。
③安全な自転車道路ができてうれしいです。
④自転車道路でも事故が起きることがあります。

問題パターン別練習

第37回TOPIK I 問題24

다음을 듣고 여자의 중심 생각을 고르십시오.

① 물건을 빨리 보내야 합니다.

② 물건은 오늘 중에 도착해야 합니다.

③ 물건이 도착하는 시간을 미리 알려 주어야 합니다.

④ 물건을 많이 보낼 때에는 전화를 해 주어야 합니다.

練習問題

1 다음을 듣고 남자의 중심 생각을 고르십시오.

① 계획한 일을 먼저 해야 합니다.

② 세일하는 상품은 빨리 사야 합니다.

③ 세일하는 상품은 좋지 않은 상품입니다.

④ 시간이 없으니 계획한 일만 해야 합니다.

2 다음을 듣고 여자의 중심 생각을 고르십시오.

① 출근을 늦게 하게 되어 힘듭니다.

② 출근을 늦게 하게 되어 좋습니다.

③ 출근을 늦게 하면 일이 늦게 끝납니다.

④ 출근을 늦게 하면 집중할 수 있습니다.

3 다음을 듣고 남자의 중심 생각을 고르십시오.

① 책을 읽으면 지루합니다.
② 약속은 무조건 잘 지켜야 합니다.
③ 도로 공사를 해서 기분이 나쁩니다.
④ 사정이 있어서 늦으면 이해할 수 있습니다.

4 다음을 듣고 <u>여자</u>의 중심 생각을 고르십시오.
① 인터넷 쇼핑은 위험합니다.
② 인터넷 쇼핑은 싸고 편리해서 좋습니다.
③ 물건을 살 때에는 직접 보고 사야 합니다.
④ 백화점에서 물건을 사면 믿을 수 있습니다.

解答・解説・訳

第37回TOPIK Ⅰ 問題24

여자 : 오늘 몇 시쯤 물건을 받을 수 있을까요?
남자 : 지금은 몇 시에 갈 수 있을지 잘 모르겠어요.
여자 : 아, 그래요? 그런데 앞으로는 오는 시간을 미리 알려 주면 좋겠어요.
남자 : 죄송합니다. 요즘 배달할 물건이 많아서 도착 시간을 말씀드리기 좀 어렵네요.

正解は③。女性と男性が電話で話している。女性は配達で届く品物を待っており、男性は品物を配達する人だ。女性が男性に到着する時間を前もって教えてもらえたらありがたいと言っているのを見ると、③が答え。

※次の音声を聞いて、<u>女性</u>の主要な考えを選びなさい。

女：今日、何時ごろ品物を受け取れるでしょうか?
男：今は何時に行けるか、よく分かりません。
女：あ、そうですか?　ところで、今後は来る時間を前もって教えてもらえたらありがたいです。

男：申し訳ありません。このごろ配達する品物が多くて、到着時間を申し上げるのが難しいんですよね。
①品物を早く送らなければいけません。
②品物は今日中に届かなければいけません。
③品物が届く時間を前もって教えてくれなければいけません。
④品物をたくさん送るときには電話をしてくれなければいけません。

1 여자 : 여기 좀 봐요. 세일 코너에 좋은 물건들이 많네요. 먼저 좀 보고 가요.
남자 : 여보, 청소기 사러 왔으니까 청소기를 먼저 사고 나중에 둘러봐요.
여자 : 아이 참. 나중에 오면 좋은 물건들이 없어질지 몰라요. 사람들이 다 사간단 말이에요.
남자 : 그래도 계획했던 일을 먼저 해야 시간이 절약되지요.

正解は①。女性と男性が一緒に買い物しながら会話をしている。男性は買おうと計画していた物をまず買ってこそ時間が節約できると思っているので、①が答え。②は女性の主要な考えである。

※次の音声を聞いて、男性の主要な考えを選びなさい。

女：ここ、ちょっと見てください。セールコーナーにいい物がたくさんありますね。先に見ていきましょう。
男：おまえ、掃除機を買いにきたんだから、先に掃除機を買って、後で見ましょう。
女：まったく。後で来たらいい物がなくなるかもしれませんよ。他の人がみんな買っていってしまいます。
男：それでも計画していたことを先にしてこそ時間が節約できるでしょう。
①計画したことを先にしなければいけません。
②セールをしている商品は早く買わなければいけません。
③セールをしている商品は良くない商品です。
④時間がないので計画したことだけしなければいけません。

2 남자 : 그 소식 들었어요? 다음 달부터 우리 회사 출근 시간이 한 시간 늦춰진대요.
여자 : 정말요? 그럼 10시까지 출근하면 되겠네요? 여유 있는 하루를 보낼 수 있겠어요.
남자 : 그렇지 않아요. 늦게 출근하면 짧은 시간에 빠르게 일을 해야 해요. 그

리고 해야 할 일을 다 하지 못해서 결국 늦게 퇴근해야 할지도 몰라요.

여자 : 더 집중해서 일하면 되죠. 아침마다 힘들었는데 정말 잘됐어요.

正解は②。二人は会社の出勤時間が遅くなることについて会話をしている。女性は出勤時間が遅くなると朝の時間に余裕ができていいと思っているので②が答え。出勤を遅くすれば集中できるとは限らないので、④は答えになり得ない。③は男性の考えである。

※次の音声を聞いて、女性の主要な考えを選びなさい。

男 : あの話、聞きましたか？　来月からうちの会社の出勤時間が1時間遅くなるそうです。

女 : 本当ですか？　それじゃ、10時までに出勤すればいいんですよね？　余裕のある一日を送れそうです。

男 : そうじゃありません。遅く出勤すると短い時間で速く仕事をしなければなりません。そして、しなければならない仕事を終えられず、結局遅く退勤しなければならないかもしれません。

女 : もっと集中して仕事すればいいでしょう。毎朝大変でしたが、本当によかったです。

①出勤を遅くすることになって大変です。

②出勤を遅くすることになってうれしいです。

③出勤を遅くすると仕事が遅く終わります。

④出勤を遅くすると集中できます。

3 여자 : (숨이 차는 목소리로) 늦어서 미안해요. 차를 타고 오는데 도로 공사를 하고 있어서 길이 많이 막혔어요.

남자 : 괜찮아요. 기다리는 동안 책을 읽어서 지루하지 않았어요.

여자 : 그래도 약속 시간을 지키지 않아서 기분이 나쁘지 않았어요?

남자 : 아니요. 급한 일이 있거나 문제가 있으면 늦을 수도 있지요.

正解は④。女性が男性との約束の時間に遅れた状況。男性は急用や問題があったら遅れることもあると話しているので、④が答えである。

※次の音声を聞いて、男性の主要な考えを選びなさい。

女 : (息切れした声で) 遅れてすみません。車に乗ってくる途中で道路工事をしていて道がすごく混んでいました。

男 : 大丈夫です。待っている間、本を読んでいて退屈じゃありませんでした。

女 : それでも、約束の時間を守らなくて気分悪くありませんでしたか？

男 : いいえ。急用があったり、問題があったら遅れることもあるでしょう。

①本を読むと退屈です。

②約束は無条件に守らなければいけません。

③道路工事をしていて気分が悪いです。
④事情があって遅れるのは理解できます。

4 여자 : 이 가방 어때요? 지난주에 인터넷 쇼핑몰에서 샀어요. 백화점보다 가격이 50%나 싸지 뭐예요.

남자 : 예쁘네요. 민주 씨는 인터넷 쇼핑몰을 자주 이용하나 봐요?

여자 : 네. 인터넷에서 물건을 사면 가격이 싸고, 배송을 해 주니까 편리해서 좋아요.

남자 : 그래요? 전 인터넷 쇼핑몰은 잘 이용하지 않아요. 직접 물건을 보고 사야 믿을 수가 있거든요.

正解は②。女性と男性がインターネットショッピングについて話している。女性がインターネットで品物を買うと値段が安く、配送をしてくれるから便利だと言っているので、②が答え。③は男性の考えである。

※次の音声を聞いて、女性の主要な考えを選びなさい。

女：このかばん、どうですか?　先週インターネットのショッピングモールで買いました。デパートより値段が50%も安かったんですよ。

男：きれいですね。ミンジュさんはインターネットのショッピングモールをよく利用するみたいですね?

女：はい。インターネットで品物を買うと値段が安くて、配送をしてくれるから便利でいいです。

男：そうですか?　私はインターネットのショッピングモールはあまり利用しません。直接品物を見て買ってこそ信じることができるんです。

①インターネットショッピングは危険です。
②インターネットショッピングは安くて便利なのでいいです。
③品物を買うときは、じかに見て買わなければいけません。
④デパートで品物を買えば信じられます。

聞き取り

問題パターン 6 ｜細部の内容を把握する問題

会話で提示された内容と同じものを選ぶ問題で、会話の内容をじっくり聞いて、同じものを選ばなければなりません。4個の選択肢に提示された行動が男性の行動なのか女性の行動なのか注意深く聞いて答えを選びます。聞いた内容と違う選択肢を一つずつ消しながら問題を解くのもいい方法です。

短い会話を聞いて細部の内容を把握する問題

※ 다음을 듣고 대화 내용과 같은 것을 고르십시오.

第41回TOPIK Ⅰ 問題18

남자 : 이번 주 토요일까지 장미 축제를 하는데 같이 갈래요?

여자 : 장미 축제요? 작년에 가 봤는데 정말 좋았어요.

남자 : 올해는 장미 색깔인 빨간색 옷을 입고 가면 무료로 들어갈 수 있어요.

여자 : 그래요? 그럼 만나서 같이 가요.

① 장미 축제는 올해가 처음입니다.
② 장미 축제는 이번 주 토요일에 시작합니다.
③ 두 사람은 장미 축제에 가서 만날 것입니다.
④ 빨간색 옷을 입으면 돈을 내지 않고 들어갑니다.

正解は④。무료はお金を払わないことを意味するので、④が正解になる。①は女性がバラ祭りに작년에 가 봤는데と言っているので、答えにはならない。祭りは이번 주 토요일까지と言っており、今週の土曜日に始まるのではなく終わるので、②は間違い。祭りの場所ではなく、二人は一緒に祭りにいくことになりそうなので、③も間違い。

※次の音声を聞いて、会話の内容と同じものを選びなさい。

男：今週土曜日までバラ祭りをやっているんですけど、一緒に行きますか?
女：バラ祭りですか?　去年行ってみたら、本当に良かったですよ。
男：今年はバラの色である赤色の服を着て行けば無料で入れます。
女：そうなんですか?　それでは、待ち合わせて一緒に行きましょう。

①バラ祭りは今年が初めてです。
②バラ祭りは今週土曜日に始まります。
③二人はバラ祭りに行って会うでしょう。
④赤色の服を着ればお金を払わずに入れます。

問題パターン別練習

※ 다음을 듣고 대화 내용과 같은 것을 고르십시오.

第37回TOPIK Ⅰ 問題20

① 남자는 부산에 빨리 가고 싶어 합니다.
② 남자는 친구와 부산에 가려고 합니다.
③ 남자는 20분 후에 표를 사려고 합니다.
④ 남자는 부산까지 앉아서 가고 싶어 합니다.

練習問題

1 ① 남자는 운전을 좋아합니다.
② 남자는 식당 음식을 좋아합니다.
③ 남자는 지금 배가 고프지 않습니다.
④ 남자는 집에 가서 밥을 먹고 싶어 합니다.

2 ① 여자는 기차역에 늦게 도착했습니다.
② 여자는 다음 기차를 기다리고 있습니다.
③ 여자는 사람들과 기차에 먼저 탈 겁니다.
④ 여자는 남자와 함께 다음 기차를 기다리려고 합니다.

3 ① 남자는 연극을 좋아합니다.
② 남자는 일요일에 영화를 보러 갈 겁니다.
③ 남자와 여자는 여행지에서 처음 만났습니다.

④ 남자와 여자는 연극을 보고 저녁을 먹을 겁니다.

4 ① 여자는 편의점에 있습니다.
② 약국은 백화점 옆에 있습니다.
③ 남자는 편의점에 갈 것입니다.
④ 남자는 백화점을 찾고 있습니다.

解答・解説・訳

第37回TOPIK I 問題20

남자 : 부산까지 가려고 하는데요. 기차가 몇 시에 있어요?
여자 : 네, 손님. 잠시만요.
(타자 두드리는 소리) 1시간 후에 있어요.
남자 : 저는 혼자라서 서서 가도 괜찮은데 더 빨리 갈 수 없을까요?
여자 : 아, 그러면 20분 후에 출발하는 기차가 있어요.

正解は①。女性は汽車の切符を売る職員で、男性は客である。男性は立って行ってもいいから早く行きたいと話しているので、①が答えである。男性は1人で釜山に行こうとしているので、②は答えにはならない。また、20分後に出発する汽車の切符を買おうとしているので、③は間違い。立って行ってもいいと言っているので、④も間違い。

※次の音声を聞いて、会話の内容と同じものを選びなさい。

男：釜山まで行こうと思うんですが。汽車は何時にありますか?
女：はい、お客さま。少々お待ちください。
(キーボードをたたく音) 1時間後にあります。
男：私は1人なので立って行ってもいいんですけど、もっと早く行けないでしょうか?
女：あ、でしたら20分後に出発する汽車があります。
①男性は釜山に早く行きたがっています。
②男性は友達と釜山に行こうとしています。
③男性は20分後に切符を買おうとしています。
④男性は釜山まで座って行きたがっています。

1 여자 : 아빠, 우리 식당에 들러서 저녁을 먹고 갈까요?
남자 : 집에 가서 식사를 하는 게 좋지 않을까? 직접 만든 음식이 건강에도 좋고.
여자 : 배가 고파요. 게다가 지금 길이 많이 막혀서 집에 가면 너무 늦어요.
남자 : 식당에서 밥을 먹고 나오면 퇴근 시간이라 길이 더 막힐 거야.

正解は④。男性と女性は父親と娘の間柄である。男性は家で作った料理が健康に良く、道がさらに渋滞する前に家に帰るのがいいと考えているので、④が答えである。男性は運転については何も言っていないので、①は答えにならない。また、食堂の食べ物が好きかどうかには触れていないので、②も答えにならない。男性が空腹かどうかはこの会話からは分からないので、③も答えにならない。

女：パパ、食堂に寄って夕飯を食べて行きましょうか?
男：家に帰って食事をするのがいいんじゃないか?　手料理が健康にもいいし。
女：おなかすきました。それに、今道がとても混んでいて、家に帰ったらすごく遅くなります。
男：食堂でご飯を食べて出てきたら、退勤時間だから道がもっと渋滞してるよ。
①男性は運転が好きです。
②男性は食堂の食べ物が好きです。
③男性は今、おなかがすいていません。
④男性は家に帰ってご飯を食べたがっています。

2 남자 : 모두 다 모였나요? 아직 한 분이 안 오신 것 같네요?
여자 : 네, 민주 씨가 아직 안 왔어요. 기차가 곧 출발하는데.
남자 : 그래요? 그럼 제가 민주 씨를 기다릴게요. 먼저 가세요.
여자 : 네, 그럼 저희는 먼저 기차에 타고 있을게요. 민주 씨가 많이 늦으면 다음 기차로 오세요.

正解は③。男性と女性の二人は団体で汽車に乗ろうとしているが、ミンジュさんという人が遅れそうな状況。男性がミンジュさんを待つと言い、女性は先に汽車に乗っていると言っているので、③が答え。この女性は遅れていないので、①は間違い。女性は他の人と汽車に乗るので、②と④は間違い。

男：全員集まりましたか?　まだ1人いらしていないようですね?
女：はい、ミンジュさんがまだ来ていません。汽車がもうすぐ出発するのに。
男：そうですか?　それでは、私がミンジュさんを待ちます。先に行ってください。
女：はい、それでは私たちは先に汽車に乗っています。ミンジュさんがすごく遅れたら次の汽車で来てください。

①女性は駅に遅れて到着しました。
②女性は次の汽車を待っています。
③女性は他の人たちと汽車に先に乗るでしょう。
④女性は男性と一緒に次の汽車を待とうとしています。

3 여자 : 이번 주 일요일에 뭐 하세요? 무료 연극 티켓이 있는데 같이 갈래요?
남자 : 좋아요. 무슨 연극이에요? 전 영화는 자주 보는데, 연극은 처음이에요.
여자 : 남자와 여자가 여행지에서 만나서 서로 사랑하게 되는 내용이에요.
남자 : 재미있겠어요. 연극을 보고 제가 맛있는 저녁을 살게요.

正解は④。一緒に演劇を見て男性が夕飯をおごると言っているので、④が答え。男性が演劇が好きかどうかについては話していないので、①は答えにならない。日曜日に見に行くのは演劇なので、②は間違い。男女が旅先で出会うのは演劇の話なので、③も間違い。

女：今週日曜日、お時間ありますか？　無料の演劇のチケットがあるんですが、一緒に行きませんか？
男：いいですよ。何の演劇ですか？　私は映画はよく見ますが、演劇は初めてです。
女：男と女が旅先で出会って、互いに好きになる内容です。
男：面白そうです。演劇を見て、私がおいしい夕飯をおごります。
①男性は演劇が好きです。
②男性は日曜日に映画を見に行くでしょう。
③男性と女性は旅先で初めて会いました。
④男性と女性は演劇を見て夕飯を食べるでしょう。

4 남자 : 실례합니다. 혹시 이 근처에 약국이 있나요? 두통약이 필요해서요.
여자 : 네, 길 건너에 있는 백화점 옆에 있어요.
남자 : 아, 백화점 옆에 있던 약국은 지난달에 문을 닫았어요.
여자 : 그래요? 저도 다른 곳은 몰라요. 저기 있는 편의점에서도 두통약은 팔 거예요.

正解は③。男性が女性に近くに薬局があるか聞いたところ、女性がなくなった薬局の代わりにコンビニを教えているので、③が答え。**저기 있는 편의점**と言っていることから、女性はコンビニから遠い所にいると分かるので、①は答えにならない。デパートの横の薬局は閉店していて今はないため、②は間違い。男性は薬局を探しているので、④も間違い。

男：失礼します。もしかして、この近くに薬局はありますか？　頭痛薬が必要でして。
女：はい、道の向こう側にあるデパートの横にあります。
男：あ、デパートの横にあった薬局は先月閉店しました。
女：そうですか？　私も他の所は知りません。あそこにあるコンビニでも頭痛薬は売っているでしょう。

①女性はコンビニにいます。
②薬局はデパートの横にあります。
③男性はコンビニに行くでしょう。
④男性はデパートを探しています。

2 長い会話を聞いて細部の内容を把握する問題

※ 다음을 듣고 물음에 답하십시오.

第36回TOPIK Ⅰ 問題28

여자 : 선생님, 안녕하세요? 다음 주부터 방학이라 인사드리러 왔어요.

남자 : 어, 어서 와요. (조금 쉬고) 이번 방학에는 뭐 할 거예요?

여자 : 방학을 좀 특별하게 보내고 싶어서 자전거 여행을 해 보려고요.

남자 : 음, 자전거 여행 좋죠. 힘들기는 하겠지만 좋은 경험이 될 거예요.

여자 : 네. 그리고 기타도 한번 배워 보려고 해요.

남자 : 새로운 걸 배워 보는 것도 좋겠네요.

들은 내용과 같은 것을 고르십시오.

① 여자는 요즘 기타를 배우고 있습니다.

② 여자는 방학에 여행을 할 계획입니다.

③ 여자는 자전거 여행이 힘들어서 싫습니다.

④ 여자는 다음 주에 선생님을 찾아갈 겁니다.

正解は②。女性は学期休みを特別に過ごすために自転車旅行をする計画だと言っているので、②が正解になる。ギターも習ってみようと思うと言っており、最近ではなく未来の計画なので、①は正解ではない。女性は自転車旅行をしたがっているので、③は間違い。また女性は来週から学期休みのため、今日先生を訪ねているので、④も間違い。

※次の音声を聞いて、問いに答えなさい。

女：先生、こんにちは。来週から学期休みなのであいさつに来ました。
男：あ、いらっしゃい。(少し休んで) この学期休みは何をするつもりですか?
女：学期休みを特別に過ごしたくて、自転車旅行をしてみようと思います。

男：うーん、自転車旅行、いいですね。大変でしょうが、いい経験になるでしょう。
女：はい。それと、ギターも一度習ってみようと思います。
男：新しいことを習ってみるのもいいですね。

聞いた内容と同じものを選びなさい。

①女性は最近ギターを習っています。
②女性は学期休みに旅行をする計画です。
③女性は自転車旅行がつらいので嫌です。
④女性は来週、先生を訪ねるでしょう。

問題パターン別練習

※ 다음을 듣고 물음에 답하십시오.

第37回TOPIK Ⅰ 問題30

들은 내용과 같은 것을 고르십시오.

① 여자는 남자에게 그릇을 보냈습니다.

② 여자는 지난주에 그릇을 주문했습니다.

③ 여자는 가게에 가서 그릇을 살 겁니다.

④ 여자는 내일 그릇을 받을 수 있을 겁니다.

練習問題

1 들은 내용과 같은 것을 고르십시오.

① 남자는 회색 서류 가방을 샀습니다.

② 남자는 인터넷으로 가방을 주문했습니다.

③ 남자는 가방의 모양이 마음에 들지 않습니다.

④ 남자는 가방을 찾으러 가게에 다시 갈 겁니다.

2 들은 내용과 같은 것을 고르십시오.

① 여자는 공항에 가는 길을 알지 못합니다.

② 여자의 동생은 방학마다 한국에 놀러 옵니다.

③ 여자는 비행기 시간과 동생 이름을 알려 줄 겁니다.

④ 여자와 남자는 내일 공항에 가서 동생을 만날 겁니다.

3 들은 내용과 같은 것을 고르십시오.

① 여자는 일이 많아서 감기에 걸렸습니다.

② 여자는 어젯밤부터 몸이 좋지 않습니다.

③ 여자는 퇴근 후 약국에 가서 약을 살 겁니다.

④ 여자는 어제 병원에 가서 치료를 받았습니다.

4 들은 내용과 같은 것을 고르십시오.

① 남자는 피아노 선생님입니다.

② 남자는 기초반 수업을 듣고 싶어 합니다.

③ 남자는 다음 주부터 중급반 수업을 듣습니다.

④ 남자는 어릴 때 피아노를 배운 적이 있습니다.

解答・解説・訳

第37回TOPIK Ⅰ 問題30

남자 : 안녕하세요? 여기 행복마트인데요. 지난주에 주문한 그릇 때문에 전화 드렸습니다.

여자 : 네, 연락하려고 했는데 주문한 그릇이 왜 이렇게 안 와요?

남자 : 원하시는 색깔이 가게에 없어서 공장에 주문을 했는데요. 생각보다 늦어져서요. 죄송합니다.

여자 : 그래요? 그럼 언제쯤 받을 수 있어요?

남자 : 내일 보낼 거니까 모레쯤은 도착할 겁니다.

여자 : 네, 알겠습니다.

正解は②。男性が女性に注文した器の配送が遅れている理由を話している。男性が最初に**지난주에 주문한 그릇 때문에**と言っているので、②が答え。男性が女性に器を明日送る予定なので、①は答えにならない。女性はすでに買った器の配送を待っているので、③は間違い。また、あさってくらいに到着する予定なので、④も間違い。

※次の音声を聞いて、問いに答えなさい。

男：こんにちは。こちら、幸せマートですが。先週注文なさった器のことでお電話いたしました。
女：はい、連絡しようと思っていたんですが、注文した器がどうしてこんなに来ないんですか?
男：お望みの色が店になくて、工場に注文をしたんですが。思ったより遅くなりまして。申し訳ありません。
女：そうですか?　それでは、いつごろ受け取れますか?
男：明日送るので、あさってくらいには届くと思います。
女：はい、分かりました。

聞いた内容と同じものを選びなさい。
①女性は男性に器を送りました。
②女性は先週、器を注文しました。
③女性は店に行って器を買うでしょう。
④女性は明日、器を受け取れるでしょう。

1 남자 : 서류 가방을 찾고 있는데요.
여자 : 네, 남자 가방은 이쪽에 있어요. 이 회색 가방이 인기가 좋아요.
남자 : 멋지네요. 그런데 회색 말고 검은색 가방이면 좋겠어요.
여자 : 검은색은 없어서 새로 주문을 해야 해요. 원하시면 주문을 해 드릴까요?
남자 : 그래요? 그럼 검은색 가방으로 주문해 주세요. 언제 찾으러 오면 될까요?
여자 : 가방이 도착하면 제가 전화를 드릴게요.

正解は④。男性は客で、女性はかばん屋の店員である。男性が探しているかばんがなく、注文をした後、かばんが届いたら女性が電話をすると言っているので、④が答え。男性は黒いかばんを注文したので、①は答えにならない。また、店に直接行って注文しているので、②は間違い。男性が気に入らなかったのは形ではなく色なので、③も間違い。

男：書類かばんを探しているんですが。
女：はい、男性用かばんはこちらにあります。このグレーのかばんが人気があります。
男：すてきですね。でも、グレーではなく黒いかばんがいいです。
女：黒はなくて、新たに注文しなければなりません。お望みなら注文しましょうか?
男：そうですか?　では、黒いかばんを注文してください。いつ取りに来ればいいでしょうか?
女：かばんが届いたらお電話差し上げます。

聞いた内容と同じものを選びなさい。

①男性はグレーの書類かばんを買いました。
②男性はインターネットでかばんを注文しました。
③男性はかばんの形が気に入りません。
④男性はかばんを取りにまた店に行くでしょう。

2 여자 : 내일 뭐 해요? 바쁘지 않으면 부탁 하나 해도 될까요?
남자 : 뭔데요? 도와 드릴게요.
여자 : 제 동생이 한국에 놀러 오는데, 내일 제가 바빠서 공항에 마중을 나갈 수가 없어서요.
남자 : 그래요? 걱정하지 말아요. 제가 대신 갈게요.
여자 : 아, 정말 고마워요. 동생이 한국에 처음 오는 거라서 길을 잘 모르거든요.
남자 : 네. 그럼 비행기 도착 시간과 동생 이름을 알려 주세요.

正解は③。忙しい女性に代わって男性が手助けすることにした状況。男性が最後に飛行機の到着時刻と弟／妹の名前を教えてくれと言っているので、③が答え。空港へ行く道については何も述べていないため、①は答えにならない。弟／妹が来るのは今回が初めてだと言っているので、②は間違い。迎えに行くのは男性1人なので、④も間違い。

女：明日、時間ありますか？　忙しくなかったら、一つお願いしてもいいですか？
男：何ですか？　手伝います。
女：私の弟／妹が韓国に遊びに来るんですが、私は明日忙しくて空港に迎えに行けなくて。
男：そうなんですね。心配しないでください。私が代わりに行きます。
女：あ、本当にありがとうございます。弟／妹は韓国に初めて来るので、道がよく分からなくて。
男：はい。それでは、飛行機の到着時間と弟／妹の名前を教えてください。

聞いた内容と同じものを選びなさい。
①女性は空港に行く道が分かりません。
②女性の弟／妹は学期休みのたびに韓国に遊びに来ます。
③女性は飛行機の時間と弟／妹の名前を教えてあげるでしょう。
④女性と男性は明日、空港に行って弟／妹に会うでしょう。

3 남자 : 지영 씨, 얼굴이 안 좋네요. 무슨 일 있어요?
여자 : 어젯밤부터 열이 나고 목이 아파요. 기침도 나오고요.
남자 : 감기에 걸린 거 아니에요? 병원에는 갔어요?
여자 : 아니요, 아직 못 갔어요. 일이 많아서 퇴근하고 가려고요.

남자 : 퇴근하고 나면 병원이 문을 닫을 거예요.

여자 : 아, 그렇겠네요. 점심시간에 가까운 약국에 다녀와야겠어요.

正解は②。女性が昨日の夜から熱があって喉が痛いと言っているので、②が答え。風邪をひいた原因については何も述べていないので、①は答えにならない。退勤後に病院に行くと間に合わないため、お昼の時間に薬局に行くと言っているので、③は間違い。女性はまだ病院に行っていないので、④も間違い。

男 : チヨンさん、顔色が良くないですね。何かありましたか?

女 : 昨日の夜から熱があって喉が痛いです。せきも出ます。

男 : 風邪をひいたんじゃないですか?　病院には行きましたか?

女 : いいえ、まだ行ってません。仕事が多いので、退勤してから行こうと思いまして。

男 : 退勤した後だと、病院は終わってるでしょう。

女 : あ、そうでしょうね。お昼の時間に近くの薬局に行ってきます。

聞いた内容と同じものを選びなさい。

① 女性は仕事が多くて風邪をひきました。
② 女性は昨日の夜から体調が良くありません。
③ 女性は退勤後、薬局に行って薬を買うでしょう。
④ 女性は昨日、病院に行って治療を受けました。

4 여자 : 어서 오세요. 어떻게 오셨어요?

남자 : 다음 주부터 피아노를 배우고 싶은데요.

여자 : 전에 피아노를 배운 적이 있으세요?

남자 : 네, 어릴 때 조금 배운 적이 있어서 간단한 곡은 연주할 수 있어요.

여자 : 그럼 중급반부터 시작을 해야겠네요. 그런데 중급반은 이미 사람이 다 차서 다음 달부터 수업을 들을 수 있어요.

남자 : 그래요? 그럼 다음 달부터 시작할게요.

正解は④。小さい頃少し習ったことがあると言っているので、④が答え。男性がピアノの先生であるかどうかは述べられていないので、①は答えにならない。男性は中級クラスの授業を受けることになったので、②は間違い。また男性が受ける授業は来週ではなく来月から始まるので、③も間違い。

女 : ようこそ。どういったご用件でしょうか?

男 : 来週からピアノを習いたいんですが。

女 : 以前ピアノを習ったことはありますか?

男：はい、小さい頃、少し習ったことがあって簡単な曲は演奏できます。
女：それでは、中級クラスから始めなければいけませんね。ところで、中級クラスはすでに満員で、来月から授業を受けることができます。
男：そうですか？　それでは、来月から始めます。

聞いた内容と同じものを選びなさい。
①男性はピアノの先生です。
②男性は基礎クラスの授業を受けたがっています。
③男性は来週から中級クラスの授業を受けます。
④男性は小さい頃、ピアノを習ったことがあります。

聞き取り

復習テスト

ここまで学んだ聞き取り領域のパターンごとの問題をまとめた復習テストです。
解答・解説はP.90-98にあります。使用する音声はTR12-16です。

※ [1~4] 다음을 듣고 〈보기〉와 같이 물음에 맞는 대답을 고르십시오.

보기

가 : 공부를 해요?

나 : ________________

❶ 네, 공부를 해요. ② 아니요, 공부예요.

③ 네, 공부가 아니에요. ④ 아니요, 공부를 좋아해요.

1. ① 네, 형이에요. ② 아니요, 형이 싫어요.
   ③ 네, 형이 많아요. ④ 아니요, 형이 없어요.

2. ① 네, 수영이에요. ② 아니요, 수영을 못 해요.
   ③ 네, 수영을 알아요. ④ 아니요, 수영이 아니에요.

3. ① 오른쪽으로 가요. ② 버스를 타고 가요.
   ③ 친구와 같이 가요. ④ 수업이 끝나고 가요.

4. ① 주말에 갔어요. ② 걸어서 갔어요.
   ③ 어머니와 갔어요. ④ 옷을 사러 갔어요.

※ **[5~6] 다음을 듣고 <보기>와 같이 이어지는 말을 고르십시오.**

보기

가 : 늦어서 미안해요.

나 : ______________________

① 고마워요. ❷ 아니에요.

③ 죄송해요. ④ 부탁해요.

5. ① 반갑습니다. ② 별말씀을요.
③ 죄송합니다. ④ 잘 부탁해요.

6. ① 네, 미안합니다. ② 네, 부탁합니다.
③ 네, 잘 먹겠습니다. ④ 네, 여기 있습니다.

※ **[7~10] 여기는 어디입니까? <보기>와 같이 알맞은 것을 고르십시오.**

보기

가 : 어서 오세요.

나 : 여기 수박 있어요?

① 학교 ② 약국 ❸ 시장 ④ 서점

7. ① 공항 ② 병원 ③ 빵집 ④ 호텔

8. ① 미술관 ② 백화점 ③ 옷가게 ④ 사진관

※ [9~10] **다음은 무엇에 대해 말하고 있습니까? 〈보기〉와 같이 알맞은 것을 고르십시오.**

보기

가 : 누구예요?

나 : 이 사람은 형이고, 이 사람은 동생이에요.

❶ 가족　　② 이름　　③ 선생님　　④ 부모님

9. ① 친구　　② 계절　　③ 방학　　④ 여행

10. ① 집　　② 회사　　③ 교통　　④ 시간

※ [11~12] **다음 대화를 듣고 알맞은 그림을 고르십시오.**

11. ①

②

③

12. ①

②

③

④

※ **[13~14] 다음을 듣고 <보기>와 같이 대화 내용과 같은 것을 고르십시오.**

보기

남자 : 요즘 한국어를 공부해요?

여자 : 네. 한국 친구한테서 한국어를 배워요.

① 남자는 학생입니다. ② 여자는 학교에 다닙니다.

③ 남자는 한국어를 가르칩니다. ❹ 여자는 한국어를 공부합니다.

13. ① 여자는 남자의 반 학생입니다.

② 여자는 학생의 이름을 모릅니다.

③ 남자는 학생에게 전화를 걸 것입니다.

④ 남자는 학생의 전화를 직접 받았습니다.

14. ① 남자는 커피를 싫어합니다.
② 남자는 여자의 일을 도와주었습니다.
③ 식사 후 여자는 남자에게 커피를 살 겁니다.
④ 두 사람은 오늘 저녁에 함께 식사를 할 겁니다.

※ **[15~16] 다음을 듣고 남자의 중심 생각을 고르십시오.**

15. ① 수학 학원에 가면 성적이 오를 것입니다.
② 수업 시간에 열심히 하면 성적이 오를 것입니다.
③ 수업 시간에 수학 공부를 열심히 하면 졸립니다.
④ 밤늦게까지 공부를 하면 수학을 잘할 수 있습니다.

16. ① 우유를 필요한 만큼만 사야 합니다.
② 가격이 비싼 우유가 더 맛있습니다.
③ 많은 양을 저렴한 가격에 사면 좋습니다.
④ 무조건 저렴한 가격의 우유를 사야 합니다.

※ [17~18] **다음을 듣고 물음에 답하십시오.**

17. 어떤 이야기를 하고 있는지 고르십시오.

① 소개 ② 부탁 ③ 신청 ④ 감사

18. 들은 내용과 같은 것을 고르십시오.

① 박현우 씨의 직업은 변호사입니다.
② 박현우 씨는 아내와 아들이 있습니다.
③ 박현우 씨는 영화 음악을 만들었습니다.
④ 박현우 씨는 제주도에서 살고 있습니다.

※ [19~20] **다음을 듣고 물음에 답하십시오.**

19. 두 사람이 무엇에 대해 이야기를 하고 있는지 고르십시오.

① 컴퓨터 사용 기간
② 컴퓨터를 고치는 방법
③ 컴퓨터 전원을 켜는 방법
④ 컴퓨터가 켜지지 않는 이유

20. 들은 내용과 같은 것을 고르십시오.

① 남자는 컴퓨터를 고쳤습니다.
② 남자는 새 컴퓨터를 살 것입니다.
③ 남자는 컴퓨터에 커피를 쏟았습니다.
④ 남자는 컴퓨터 전원을 켜는 방법을 모릅니다.

聞き取り復習テスト 解答・解説・訳

[1~4] 다음을 듣고 <보기>와 같이 물음에 맞는 대답을 고르십시오.

1. 여자:민수 씨가 형이에요?

正解：①네, 형이에요.

解説：네または아니요で答える問題。네, 형이에요、または아니요, 형이 아니에요と答えなければならない。

> [1~4] 次の音声を聞いて、例のように適切な答えを選びなさい。
>
> 1. 女：ミンスさんはお兄さんですか?
>
> ①はい、兄です。 ②いいえ、兄が嫌いです。
>
> ③はい、兄がたくさんいます。 ④いいえ、兄はいません。

2. 남자:수영을 잘해요?

正解：②아니요, 수영을 못 해요.

解説：네, 수영을 잘해요または아니요, 수영을 (잘) 못 해요と答えなければならない。

> 2. 男：水泳は上手ですか?
>
> ①はい、水泳です。 ②いいえ、水泳はできません。
>
> ③はい、水泳を知っています。 ④いいえ、水泳ではありません。

3. 남자:집에 언제 가요?

正解：④수업이 끝나고 가요.

解説：언제に対する返事である④が答えである。

> 3. 男：家にいつ帰りますか?
>
> ①右側に行きます。 ②バスに乗って帰ります。
>
> ③友達と一緒に帰ります。 ④授業が終わってから帰ります。

4. 여자:백화점에 누구하고 갔어요?

正解：③어머니와 갔어요.

解説：누구하고に対する返事である③が答えである。

4. 女：デパートに誰と行きましたか？
①週末に行きました。 ②歩いて行きました。
③母と行きました。 ④服を買いに行きました。

[5~6] 다음을 듣고 <보기>와 같이 이어지는 말을 고르십시오.

5. 남자：도와주셔서 고맙습니다.

正解：②**별말씀을요.**

解説：**고맙습니다**は感謝表現の一つ。感謝表現に適切な返事である②が答えである。

[5~6] 次の音声を聞いて、例のように次に続くものを選びなさい。

5. 男：手伝ってくださってありがとうございます。
①うれしいです。 ②どういたしまして。
③申し訳ありません。 ④よろしくお願いします。

6. 여자：옆에 있는 소금 좀 집어 주시겠어요?

正解：④**네, 여기 있습니다.**

解説：**-아/어 주시겠어요?**は依頼するときに使う表現。依頼の内容を聞いてあげる場合、④が適切な答えである。

6. 女：横にある塩、取ってもらえますか？
①はい、すみません。 ②はい、お願いします。
③はい、いただきます。 ④はい、どうぞ。

[7~8] 여기는 어디입니까? <보기>와 같이 알맞은 것을 고르십시오.

7. 남자：저는 내일 아침에 퇴원을 해요.
여자：이제 아프지 말고 건강하세요.

正解：②**병원**

解説：**퇴원**は具合の悪い人が**병원**（病院）に入院して数日過ごしてから家に帰ることを意味する。明日退院すると言っているのを見ると、まだ病院に入院している状況での会話である。

[7~8] ここはどこですか? 例のように適切なものを選びなさい。

7. 男：私は明日の朝、退院します。
女：もう病気をしないで、健康でいてください。
①空港　②病院　③パン屋　④ホテル

8. 여자: 이쪽으로 오시면 다른 작품도 있어요.
남자: 화가의 실력이 대단하네요.
正解：①**미술관**
解説：**작품**、**화가**という単語から、**미술관**（美術館）であることが分かる。特に、女性が**이쪽으로 오시면 다른 작품도 있어요**と案内していることから、美術館で一緒に作品を見ている状況である。

8. 女：こちらには、他の作品もあります。
男：画家の実力はすごいですね。
①美術館　②デパート　③服屋　④写真館

[9~10] 다음은 무엇에 대해 말하고 있습니까? <보기>와 같이 알맞은 것을 고르십시오.

9. 여자: 저는 여름이 좋아요. 여름마다 친구와 바다에 가요.
남자: 저는 시원한 가을이 좋아요.
正解：②**계절**
解説：**여름**、**가을**は**계절**（季節）の種類である。

[9~10] 次の音声は何について話をしていますか? 例のように適切なものを選びなさい。

9. 女：私は夏が好きです。毎年夏、友達と海に行きます。
男：私は涼しい秋が好きです。
①友達　②季節　③学期休み　④旅行

10. 남자: 출근 시간엔 지하철이 편리해요.
여자: 저희 집에서는 지하철역이 멀어서 버스를 타요.
正解：③**교통**

解説：지하철とHI스は公共の交通手段の種類である。

10. 男：出勤時間帯は地下鉄が便利です。
女：私の家からは地下鉄の駅が遠いのでバスに乗ります。
①家　②会社　③交通　④時間

[11~12] 다음 대화를 듣고 알맞은 그림을 고르십시오.

11. 남자：과일이 정말 신선하네요.
여자：네, 맛도 좋아요. 이거 한번 먹어 보시고 맛있으면 많이 사세요.
正解：③
解説：女性が男性に対して、果物を먹어 보시고 맛있으면 많이 사세요と言っていることから、女性は果物の試食コーナーで働いている店員で、男性は客であると考えられる。試食コーナーで女性店員と男性客が話している絵を選べばいい。

[11~12] 次の会話を聞いて、適切な絵を選びなさい。

11. 男：果物が本当に新鮮ですね。
女：はい、味もいいです。これ、一度召し上がってみて、おいしかったらたくさん買ってください。

12. 여자：(버스 도착, 문 열린다) 어떡해요. 버스 카드를 안 가지고 왔어요.
남자：그래요? 걱정하지 마세요. 제가 대신 낼게요.
正解：①
解説：女性と男性が一緒にバスに乗ろうとしているが、女性がバスカードを持たずに来てしまい慌てている状況である。二人がドアの開いたバスの前で話している絵を選べばいいので、①が答えである。

12. 女：（バス到着、ドア開く）どうしましょう。バスカードを持たずに来てしまいました。
男：本当ですか？ 心配しないでください。僕が代わりに払います。

[13~14] 다음을 듣고 <보기>와 같이 대화 내용과 같은 것을 고르십시오.

13. 여자：박 선생님, 조금 전에 학생한테서 전화가 왔었어요.
남자：그래요? 무슨 일로 전화를 했다고 하던가요?

여자 : 선생님 책상에 학생 이름과 전화번호를 적어 두었어요. 전화해 보세요.
남자 : 네, 고맙습니다.
正解 : ③ **남자는 학생에게 전화를 걸 것입니다.**
解説 : 女性が男性に、電話してきた生徒の名前と電話番号を書いてあげて**전화해 보세요**と言っているので、③が答えである。女性が誰なのかは述べられていないので、①は答えにはならない。女性は電話してきた生徒の名前を紙に書いているので、②は間違い。生徒の電話に出たのは男性本人ではなく女性なので、④も間違い。

> **[13~14] 次の音声を聞いて、例のように会話の内容と同じものを選びなさい。**
>
> 13. 女：パク先生、少し前に生徒から電話がありました。
> 男：そうですか？ どういう用件で電話をしたと言っていましたか？
> 女：先生の机に生徒の名前と電話番号を書いておきました。電話してみてください。
> 男：はい、ありがとうございます。
> ① 女性は男性のクラスの生徒です。
> ② 女性は生徒の名前を知りません。
> ③ 男性は生徒に電話をかけるでしょう。
> ④ 男性は生徒の電話を自分で受けました。

14. 남자 : 도와줘서 고마워요. 대신 제가 오늘 저녁에 밥을 살게요.
여자 : 좋아요. 식사 후에 제가 커피를 살게요.
남자 : 식사를 주문하면 커피도 함께 나와요. 다음에 커피를 사 주세요.
여자 : 그래요? 그럼 내일 아침 커피는 제가 살게요.
正解 : ④ **두 사람은 오늘 저녁에 함께 식사를 할 겁니다.**
解説 : 男性が最初に女性に**오늘 저녁에 밥을 살게요**と言い、女性が**좋아요**と答えているので、④が答えである。男性が女性に**다음에 커피를 사 주세요**と言っていることから、少なくとも嫌いではないことが分かるので、①は答えにならない。女性が男性の仕事を手伝ったので、②は間違い。女性が男性にコーヒーをおごるのは明日の朝なので、③も間違い。

14. 男：手伝ってくれてありがとうございます。代わりに私が今日の夕飯をおごります。
女：いいですよ。食後に私がコーヒーをおごります。
男：食事を注文すればコーヒーも一緒に出てきます。次回コーヒーをおごってください。
女：そうなんですか？ では、明日の朝のコーヒーは私がおごります。
①男性はコーヒーが嫌いです。
②男性は女性の仕事を手伝いました。
③食後、女性は男性にコーヒーをおごるでしょう。
④二人は今日、夕方に一緒に食事をするでしょう。

[15~16] 다음을 듣고 남자의 중심 생각을 고르십시오.

15. 여자:(속상한 목소리로) 아이 참, 성적이 또 떨어졌네. 선우 넌 어떻게 그렇게 수학을 잘하니?
남자:수업 시간에 집중해서 공부하고 매일 복습을 하면 잘할 수 있어.
여자:정말? 좋겠다. 난 밤늦게까지 공부를 해도 어려워. 수학 학원에 갈까?
남자:그러니까 수업 시간에 졸리지. 일찍 자고 수업 시간에 열심히 하면 잘할 수 있어.

正解：② 수업 시간에 열심히 하면 성적이 오를 것입니다.

解説：男性は、夜早く寝て授業時間に集中して勉強すれば数学ができると言っているので、②が答え。①は女性の考えである。

[15~16] 次の音声を聞いて、男性の主要な考えを選びなさい。

15. 女：（落ち込んだ声で）まったく、また成績が落ちたわ。ソヌ、あなたはどうしてそんなに数学ができるの？
男：授業時間に集中して勉強して、毎日復習をすればできるよ。
女：本当？ うらやましい。私は夜遅くまで勉強をしても難しいわ。数学の塾に行こうかしら？
男：だから授業時間に眠くなるんだよ。早く寝て授業時間に一生懸命やればできるよ。
①数学の塾に行けば成績が上がるはずです。
②授業時間に一生懸命やれば成績が上がるはずです。
③授業時間に数学の勉強を一生懸命やれば眠いです。
④夜遅くまで勉強をすれば数学ができるようになります。

16. 여자:이것 좀 보세요. 우유 하나를 사면 하나를 더 준대요. 가격은 비싸지만 절약이네요.

남자 : 두 개가 필요한 사람에게는 좋지만……. 우리 필요한 만큼만 사요.

여자 : 왜요? 저렴한 가격에 두 개를 사니까 좋잖아요. 우리 이 우유로 사요.

남자 : 그것보다 이 옆에 있는 우유 가격이 더 싸네요. 그리고 두 개는 너무 많아요.

正解 : ① 우유를 필요한 만큼만 사야 합니다.

解説 : 男性は、필요한 만큼만 사요、두 개는 너무 많아요と言っていることから、①が答え。④は무조건という単語のせいで答えになり得ない。③は女性の考えである。

16. 女 : これをちょっと見てください。牛乳を一つ買うともう一つくれるそうです。値段は高いけど、節約ですね。

男 : 二つ必要な人にとってはいいけど……。自分たちが必要な分だけ買いましょう。

女 : どうしてですか? 安い値段で2個買えるんですからいいじゃないですか。この牛乳を買いましょう。

男 : それよりこの横にある牛乳の方が値段が安いですね。それと、2個は多すぎます。

① 牛乳を必要な分だけ買わなければいけません。

② 値段の高い牛乳の方がおいしいです。

③ 多くの量を安い値段で買えばいいです。

④ 絶対に安い値段の牛乳を買わなければいけません。

[17~18] 다음을 듣고 물음에 답하십시오.

여자 : (음악 소리) 안녕하세요, 청취자 여러분. 최미영의 '음악열차'입니다. 오늘은 특별히 영화배우 박현우 씨를 초대했습니다. 박현우 씨는 이번 주에 개봉한 영화 '변호사'의 주인공이죠. 게다가 영화 주제곡도 직접 불렀다고 하네요. 예쁜 아내와 딸과 함께 제주도에서 살고 있다고 하는데요, 직접 이야기를 나눠 보겠습니다.

17. 正解 : ① 소개

解説 : 女性はラジオの司会である。ラジオのゲストとして招いた映画俳優を紹介している。

[17~18] 次の音声を聞いて、問いに答えなさい。

女：（音楽の音）こんにちは、リスナーの皆さん。チェ・ミヨンの「音楽列車」です。今日は特別に映画俳優のパク・ヒョヌさんをお招きしました。パク・ヒョヌさんは今週公開された映画『弁護士』の主役です。その上、映画の主題歌も自ら歌ったそうですね。美しい奥さまと娘さんと一緒に済州島で暮らしているそうですが、直接話をしてみようと思います。

17. どんな話をしているのか、選びなさい。
①紹介　②依頼　③申請　④感謝

18. 正解：④박현우 씨는 제주도에서 살고 있습니다.

解説：女性が예쁜 아내와 딸과 함께 제주도에서 살고 있다고 하는데요と言っていることから、④が答えである。弁護士というのはパク・ヒョヌさんが出演した映画のタイトルなので、①は正解にならない。パク・ヒョヌさんには妻と息子ではなく妻と娘がいるので、②は間違い。映画音楽を作ったのではなく自ら歌っているので、③も間違い。

18. 聞いた内容と同じものを選びなさい。
①パク・ヒョヌさんの職業は弁護士です。
②パク・ヒョヌさんは妻と息子がいます。
③パク・ヒョヌさんは映画音楽を作りました。
④パク・ヒョヌさんは済州島で暮らしています。

[19~20] 다음을 듣고 물음에 답하십시오.

남자：어, 이상하네. 갑자기 컴퓨터 전원이 켜지지 않아요.
여자：고장이 났나 봐요. 언제부터 그랬어요?
남자：모르겠어요. 어젯밤까지는 괜찮았는데……. 너무 많이 사용해서 고장이 났나 봐요.
여자：지난달에 새로 산 컴퓨터잖아요. 다른 문제는 없었어요?
남자：아, 어제 커피를 마시다가 조금 쏟았어요. 그것 때문일까요?
여자：그렇겠네요. 컴퓨터 주변에서는 음식물을 먹지 말고, 물이나 음료를 쏟지 않도록 조심해야 돼요.

19. 正解：④컴퓨터가 켜지지 않는 이유

解説：男性のコンピューターがつかない理由について話している。コンピューターがつかない理由は、昨日男性がコンピューターにコーヒーをこぼしたためである。

[19~20] 次の音声を聞いて、問いに答えなさい。

男：あ、おかしいな。突然コンピューターの電源が入りません。

女：故障したみたいですね。いつからそうでしたか?

男：分かりません。昨日の夜までは大丈夫だったのに……。使い過ぎて故障したみたいです。

女：先月新しく買ったコンピューターじゃないですか。他の問題はありませんでしたか?

男：あ、昨日コーヒーを飲んでいて少しこぼしました。そのせいでしょうか?

女：そのようですね。コンピューターの周りでは食べ物を食べず、水や飲み物をこぼさないように気を付けなければいけません。

19. 二人が何について話をしているのか、選びなさい。
①コンピューターの使用期間
②コンピューターを直す方法
③コンピューターの電源を入れる方法
④コンピューターがつかない理由

20. 正解：③ 남자는 컴퓨터에 커피를 쏟았습니다.

解説：女性が他の問題はなかったかと聞いたところ、男性が어제 커피를 마시다가 조금 쏟았어요と答えているので、③が答えである。男性はコンピューターをまだ直せていないので、①は正解にならない。新しいコンピューターを買うことについては触れられていないので、②は間違い。電源を入れる方法を知らないのではなく、コンピューターが故障して電源が入らないので、④も間違い。

20. 聞いた内容と同じものを選びなさい。
①男性はコンピューターを直しました。
②男性は新しいコンピューターを買うでしょう。
③男性はコンピューターにコーヒーをこぼしました。
④男性はコンピューターの電源を入れる方法を知りません。

問題パターン別対策
読解編

読解領域では、簡単な実用文と生活文を読んで内容を理解できているかを評価します。与えられる文の内容は家族、学校生活、職場生活、健康、教育などと関連したものです。試験時間は60分。この間に40問を解かなければなりません。

読　解

問題パターン 1 ｜ 話の素材を選ぶ問題

二つの文が共通して話している素材を選ぶ問題です。それぞれの文にはより大きな概念でまとめられる単語が提示されます。関係する単語を普段からセットで覚えるようにしておくと、問題を解くのに役立ちます。

※ 무엇에 대한 이야기입니까? 알맞은 것을 고르십시오.

第41回TOPIK I 問題31

선생님은 한국 사람입니다. 저는 프랑스 사람입니다.

① 가족　　② 나라　　③ 생일　　④ 친구

正解は②。한국と프랑스は나라（国）を表す単語である。

※何についての話ですか？ 適切なものを選びなさい。

先生は韓国人です。私はフランス人です。

①家族　　②国　　③誕生日　　④友達

整理しよう！ さまざまな話の素材に関連する単語

가족（家族） 아버지（父）、어머니（母）、형（弟から見た兄）、남동생（弟）、언니（妹から見た姉）、여동생（妹）、오빠（妹から見た兄）、누나（弟から見た姉）、부모（父母）、형제（兄弟）、자매（姉妹）、남매（男女の交じった兄弟姉妹）

과일（果物） 사과（リンゴ）、배（ナシ）、포도（ブドウ）、감（柿）、딸기（イチゴ）、바나나（バナナ）、오렌지（オレンジ）、참외（マクワウリ）、익다（熟す）、신선하다（新鮮だ）

날씨（天気） 눈（雪）、비（雨）、바람（風）、덥다（暑い）、선선하다（涼しい）、쌀쌀하다（肌寒い）、춥다（寒い）

요일（曜日） 월요일（月曜日）、화요일（火曜日）、수요일（水曜日）、목요일（木曜日）、금요일（金曜日）、토요일（土曜日）、일요일（日曜日）、평일（平日）、주말（週末）

취미（趣味） 독서（読書）、음악 듣기（音楽鑑賞）、노래 부르기（歌を歌うこと）、컴퓨터 게임하기（コンピューターゲームをすること）、영화 보기（映画鑑賞）、여행하기（旅行すること）

학교（学校） 선생님（先生）、학생（学生）、교과서（教科書）、교실（教室）、공부（勉強）、칠판（黒板）、입학（入学）、졸업（卒業）

問題パターン別練習

※ 무엇에 대한 이야기입니까? 알맞은 것을 고르십시오.

第36回TOPIK Ⅰ 問題33

한국에는 봄, 여름, 가을, 겨울이 있습니다. 지금은 가을입니다.

① 계절　② 나라　③ 시장　④ 휴일

練習問題

1 공윤진 씨는 간호사입니다. 하정은 씨는 회사원입니다.

① 가족　② 친구　③ 직업　④ 취미

2 사과를 샀습니다. 사과가 잘 익었습니다.

① 가게　② 과일　③ 요리　④ 식사

3 저는 스무 살입니다. 형은 저보다 세 살 더 많습니다.

① 계절　② 요일　③ 날짜　④ 나이

解答・解説・訳

第36回TOPIK Ⅰ 問題33

正解は①。**봄、여름、가을、겨울**は**계절**（季節）に関する単語である。

※何についての話ですか？ 適切なものを選びなさい。

韓国には春、夏、秋、冬があります。今は秋です。
①季節　②国　③市場　④休日

1 正解は③。간호사と회사원は직업（職業）の一種である。

コン・ユンジンさんは看護師です。ハ・ジョンウンさんは会社員です。
①家族　②友達　③職業　④趣味

2 正解は②。사과についての話。사과は과일（果物）の一種である。

リンゴを買いました。リンゴがよく熟しています。
①店　②果物　③料理　④食事

3 正解は④。自分と兄の나이（年齢）についての話。살は나이を数える単位である。

私は20歳です。兄は私より3歳年上です。
①季節　②曜日　③日付　④年齢

読　解

問題パターン 2 | 文脈に合った表現を選ぶ問題

1 短い文章を読んで適切な表現を選ぶ問題

選択肢の中からかっこの中に入る適切な表現を見つけて文を完成させる問題です。主に二つの文が提示され、それらの内容に合った答えを見つけなければなりません。かっこの中には助詞や名詞、動詞、形容詞、副詞が入ります。

※ (　　)에 들어갈 가장 알맞은 것을 고르십시오.

第37回TOPIK I 問題35

방이 춥습니다. 창문을 (　　　　　　　　).

① 그립니다　　② 놓습니다　　③ 닦습니다　　④ 닫습니다

正解は④。窓を「開ける」は**열다**、「閉める」は**닫다**。「部屋が寒い」と言っているので、かっこの中には「(窓を) 閉めます」を意味する**닫습니다**が入るのが自然である。(**창문을**) **닦다**もよく使われるが、「(窓を) 拭く」という意味なので答えにはならない。

※かっこに入る最も適切なものを選びなさい。

部屋が寒いです。窓を (　　　　　　)。

①描きます　　②置きます　　③拭きます　　④閉めます

整理しよう！

対象を表す助詞

①에게（に）、한테（に）

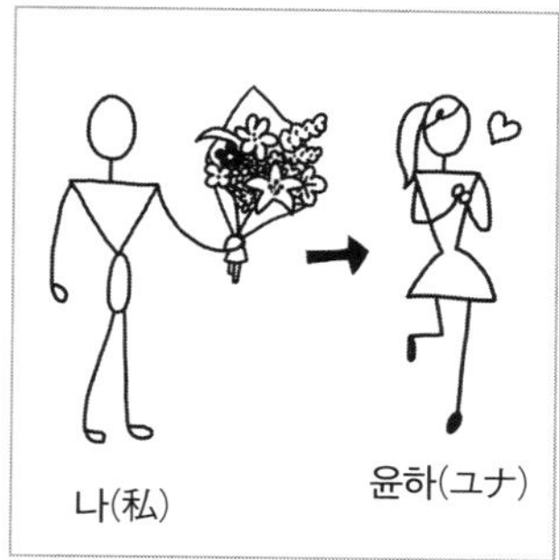

윤하에게 꽃을 줍니다.
ユナに花をあげます。
윤하한테 꽃을 줍니다.
ユナに花をあげます。

②와/과（と）、하고（と）、랑/이랑（と）

윤하와 꽃을 봅니다.
ユナと花を見ます。
윤하하고 꽃을 봅니다.
ユナと花を見ます。
윤하랑 꽃을 봅니다.
ユナと花を見ます。

時間を表す助詞

①부터（から）、에（に）、까지（まで）

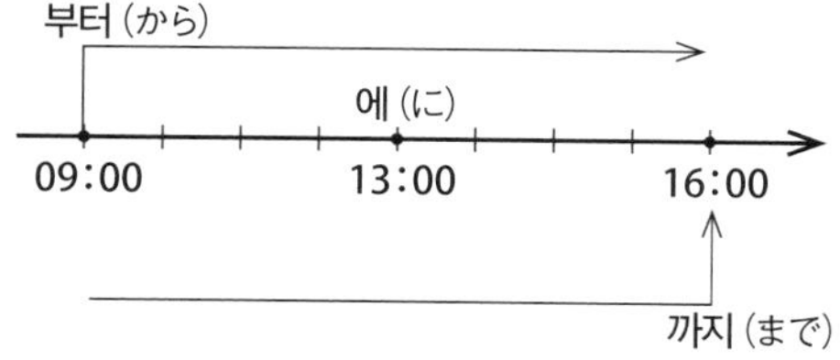

은행은 오전 9시부터 오후 4시까지 합니다.
銀行は午前9時から午後4時までやっています。
오후 1시에 은행에 갑니다.
午後1時に銀行に行きます。

場所を表す助詞

①에서（から）、을/를（を）、까지（まで）

서울에서 부산까지 5시간 걸립니다.
ソウルから釜山まで5時間かかります。
대전을 지나갑니다.
大田を通り過ぎます。

②에서（で）

공원에서 운동을 합니다.
公園で運動をします。

③에（に）

친구와 공원에 갑니다.
友達と公園に行きます。
병원은 공원 옆에 있습니다.
病院は公園の隣にあります。

※에と에서の対比

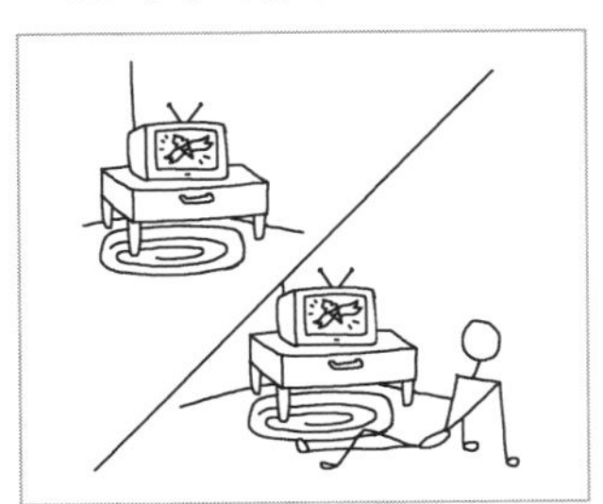

방에 텔레비전이 있습니다.
部屋にテレビがあります。
방에서 텔레비전을 봅니다.
部屋でテレビを見ます。

その他の助詞

①하고（と）、와/과（と）、도（も）

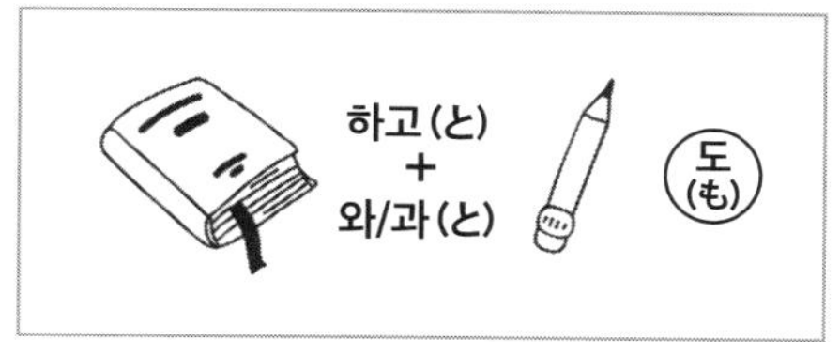

책하고 연필이 있습니다.
本と鉛筆があります。
책과 연필이 있습니다.
本と鉛筆があります。
책이 있습니다. 연필도 있습니다.
本があります。鉛筆もあります。

②보다（より）

민수는 현주보다 노래를 잘 부릅니다.
ミンスはヒョンジュより歌が上手です。

③처럼（のように）

민수는 가수처럼 노래를 잘 부릅니다.
ミンスは歌手のように歌が上手です。

問題パターン別練習

※ (　　)에 들어갈 가장 알맞은 것을 고르십시오.

第37回TOPIK I 問題37

운동을 많이 합니다. 그래서 (　　　　　　).

① 건강합니다　② 깨끗합니다　③ 따뜻합니다　④ 친절합니다

練習問題

1 오늘은 한국어 수업이 있습니다. 10시(　　　) 학교에 갑니다.

① 까지　② 부터　③ 에게　④ 에서

2 저는 (　　　　　　)입니다. 음악을 가르칩니다.

① 변호사　② 회사원　③ 선생님　④ 가수

3 빵을 (　　　　　　). 그래서 자주 먹습니다.

① 좋아합니다　② 싫어합니다　③ 즐거워합니다　④ 기뻐합니다

4 영화가 재미있었습니다. (　　　　　　) 보고 싶습니다.

① 참　② 곧　③ 꼭　④ 또

5 배가 고픕니다. 밥을 (　　　　　　　) 싶습니다.

① 자고　　② 먹고　　③ 입고　　④ 마시고

解答・解説・訳

第37回TOPIK Ⅰ 問題37

正解は①。体を健康に保つために**운동**を行う人が多い。つまり①が答えである。

※かっこに入る最も適切なものを選びなさい。

運動をたくさんします。だから (　　　　　　)。
①健康です　　②きれいです　　③暖かいです　　④親切です

1 正解は①。**까지**は特定の出来事や行動が終わることを表す。時間を表すときはよく**부터**と一緒に使われる。

今日は韓国語の授業があります。10時 (　　　　) 学校に行きます。
①までに　　②から　　③に　　④から

2 正解は③。**선생님**は学生に物事を教える人のことである。

私は (　　　　　　) です。音楽を教えています。
①弁護士　　②会社員　　③先生　　④歌手

3 正解は①。**그래서**は前の内容が後ろの内容の理由になるときに使う。従って、かっこの中にはパンをよく食べる理由が出てこなければならない。

パンが (　　　　　　)。だからよく食べます。
①好きです　　②嫌いです　　③楽しみます　　④喜びます

4 正解は④。**또**は何かを再びすることを意味する単語である。

映画が面白かったです。(　　　　) 見たいです。
①本当に　　②すぐ　　③必ず　　④また

5 正解は②。「食べる」の韓国語は**먹다**なので、②の**먹고**が答え。なお、水やジュースを「飲む」ことは**마시다**と表現する。

・밥을 먹다　ご飯を食べる

・물을 마시다　水を飲む

おなかがすきました。ご飯を（　　　）たいです。

①寝　　②食べ　　③着　　④飲み

2 長い文章を読んで適切な表現を選ぶ問題

選択肢の中から、前の「短い文章を読んで適切な表現を選ぶ」パターンと同じようにかっこの中に入る適切な表現を見つけて文を完成させる問題です。しかし、前のパターンよりも多くの文（4〜6文）が提示されるので、文の関係と文章全体の内容を理解することが重要です。また、語尾と接続副詞を知っておくことが重要です。

※ 다음을 읽고 물음에 답하십시오.

第41回TOPIK Ⅰ 問題49

우리 회사 지하에는 운동하는 방, 책을 읽는 방, 낮잠을 자는 방, 이야기하는 방이 있습니다. 이 방들은 점심시간에만 문을 엽니다. 우리 회사 사람들은 이곳을 좋아합니다. 이 방에 가고 싶은 사람들은 (㉠) 바로 지하로 갑니다. 식사 후에 짧은 시간 동안 하고 싶은 것을 할 수 있기 때문입니다.

㉠에 들어갈 알맞은 말을 고르십시오.

① 책을 읽고　② 잠을 자고　③ 일을 하고　④ 밥을 먹고

正解は④。**식사 후에 짧은 시간 동안 하고 싶은 것을 할 수 있기 때문**とあるので、④**밥을 먹고**が適切な答え。**식사하다**は**밥을 먹다**と同じ意味である。

※次の文章を読んで、問いに答えなさい。

うちの会社の地下には運動する部屋、本を読む部屋、昼寝をする部屋、話をする部屋があります。これらの部屋は昼休みだけ開いています。うちの会社の人はここが好きです。この部屋に行きたい人は（ ㉠ ）すぐ地下に行きます。食後に短い時間、したいことができるからです。

㉠に入る適切な言葉を選びなさい。

①本を読んで　②寝て　③仕事をして　④ご飯を食べて

整理しよう！

連結語尾

①-고 (～して)

저녁에는 책을 읽고 음악을 듣습니다.
夜には本を読んで、音楽を聴きます。

②-거나 (～するか)

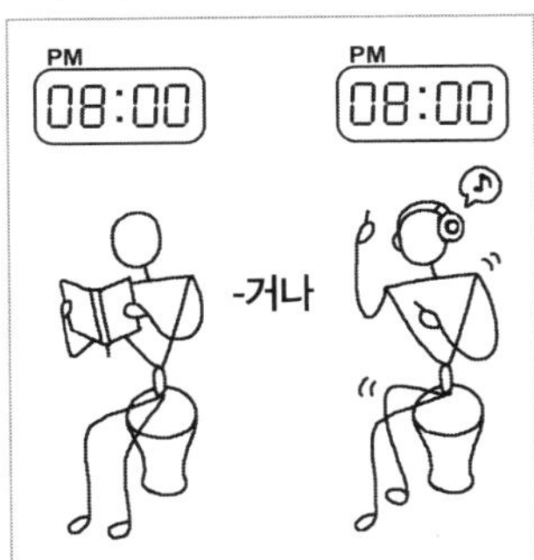

저녁에는 책을 읽거나 음악을 듣습니다.
夜には本を読むか、音楽を聴きます。

③-(으)면서 (～しながら)

저녁에는 책을 읽으면서 음악을 듣습니다.
夜には本を読みながら音楽を聴きます。

④ -아/어서 (〜して)、
-(으)니까 (〜するので)

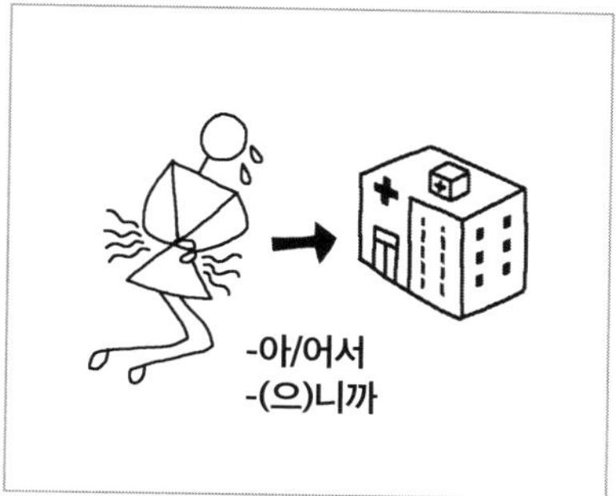

배가 아파서 병원에 갑니다.
おなかが痛くて病院に行きます。
배가 아프니까 병원에 갑니다.
おなかが痛いので病院に行きます。

⑤ -(으)면 (〜すれば、〜すると、
〜したら)

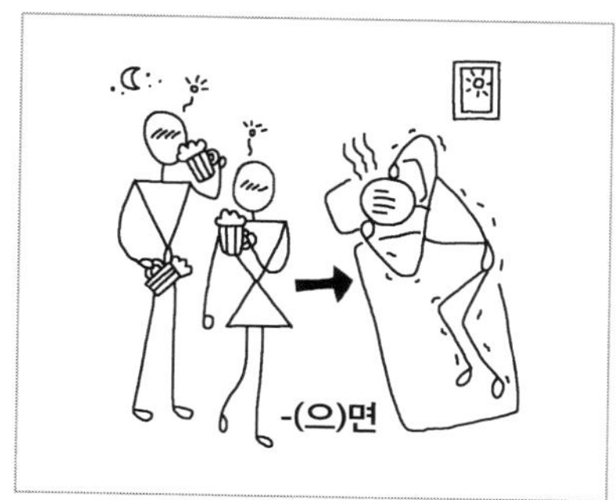

술을 많이 마시면 건강에 안 좋습니다.
たくさん酒を飲むと健康に悪いです。

⑥ -지만 (〜するけど)

이 글은 짧지만 어렵습니다.
この文は短いけど難しいです。

⑦ -(으)려고 (〜しようと)

부모님께 드리려고 꽃을 샀습니다.
両親に差し上げようと花を買いました。

問題パターン別練習

※ 다음을 읽고 물음에 답하십시오.

第35回TOPIK I 問題55

저는 안경이 여러 개 있습니다. 그래서 그때그때 다른 안경을 씁니다. 사람을 처음 만날 때는 부드러운 느낌의 안경을 씁니다. 운동을 할 때는 가벼운 안경을 씁니다. (㉠) 멋있게 보이고 싶을 때는 유행하는 안경을 씁니다. 이렇게 안경을 바꿔서 쓰면 기분이 좋아집니다.

㉠에 들어갈 알맞은 말을 고르십시오.

① 그러면 ② 그래서 ③ 그리고 ④ 그러니까

練習問題

1 저는 음식 만드는 것을 좋아합니다. 그래서 맛있는 음식을 자주 만듭니다. 그리고 이웃이나 친구들과 함께 먹습니다. 사람들이 제가 만든 음식을 맛있게 먹으면 기분이 좋습니다. 음식을 먹으면서 사람들과 더 (㉠) 있습니다.

㉠에 들어갈 알맞은 말을 고르십시오.

① 보낼 수 ② 멀어질 수 ③ 기다릴 수 ④ 친해질 수

2 다음 주 월요일에 수학 시험이 있습니다. 그 시험은 매우 어렵습니다. 혼자 시험 공부를 하면 모르는 것이 있어도 물어볼 곳이 없습니다. (㉠) 내일부터는 친구와 함께 도서관에서 공부하기로 했습니다.

친구도 저도 시험을 잘 보면 좋겠습니다.

㉠에 들어갈 알맞은 말을 고르십시오.

① 그래서　② 그러면　③ 그리고　④ 그렇지만

3 저는 내일 고향인 태국으로 다시 돌아갑니다. 그래서 그동안 고마웠던 한국 친구들에게 편지를 썼습니다. 선생님께 (㉠) 선물도 준비했습니다. 태국에 가면 친구들과 선생님이 많이 보고 싶을 겁니다.

㉠에 들어갈 알맞은 말을 고르십시오.

① 드리니까　② 드리면서　③ 드리려고　④ 드리지만

4 개는 사람들에게 많은 도움을 줍니다. 냄새를 맡아 잃어버린 물건이나 위험한 물건을 찾아 주기도 합니다. 사람이 아무리 냄새를 잘 맡아도 개만큼 냄새를 맡을 수 없기 때문입니다. (㉠) 사람의 100만 배 이상입니다.

㉠에 들어갈 알맞은 말을 고르십시오.

① 개가 물건을 찾는 능력은　② 개가 냄새를 맡는 능력은

③ 사람이 물건을 찾는 능력은　④ 사람이 냄새를 맡는 능력은

解答・解説・訳

第35回TOPIK Ⅰ 問題55

正解は③。**그리고**は前の内容と後ろの内容を並べてつなげるときに使う単語だ。「場合によって眼鏡を掛け換える」という内容が続いているので、**그리고**を使わなければならない。

※次の文章を読んで、問いに答えなさい。

私は眼鏡がいくつかあります。そのため、その時々で違う眼鏡を掛けます。人に初めて会うときは柔らかい感じの眼鏡を掛けます。運動をするときは軽い眼鏡を掛けます。(㉠)かっこよく見せたいときははやりの眼鏡を掛けます。このように眼鏡を掛け換えると、気分が良くなります。

㉠に入る適切な言葉を選びなさい。
①すると　②だから　③そして　④だから

1 正解は④。みんなと食べ物を一緒に食べながらより親しくなるという内容だ。人と親しくなることを**친해지다**と表現する。

私は食べ物を作るのが好きです。だからおいしい食べ物をよく作ります。そして、お隣さんや友達と一緒に食べます。みんなが私の作った食べ物をおいしそうに食べると気分がいいです。食べ物を食べながらみんなともっと(㉠)できます。

㉠に入る適切な言葉を選びなさい。
①送ることが　②遠くなることが　③待つことが　④親しくなることが

2 正解は①。**그래서**は前の内容が後ろの内容の理由になるときに使う。一人で勉強すると分からないことを聞けないため、友達と一緒に勉強するという内容。友達と一緒に勉強する理由が前に出ているので、**그래서**を使わなければならない。

来週月曜日に数学の試験があります。その試験はとても難しいです。一人で試験勉強をすると分からないことがあっても聞く所がありません。(㉠)明日からは友達と一緒に図書館で勉強することにしました。友達も私も試験がうまくいけばいいと思います。

㉠に入る適切な言葉を選びなさい。
①だから　②すると　③そして　④だけど

3 正解は③。**-려고**はある行動をする考えや計画を表す表現だ。先生にプレゼントを差し上げるつもりなので、**드리려고**を使わなければならない。語幹が母音や**ㄹ**で終わる動詞と一緒に使うときは**-려고**を使い、語幹が**ㄹ**以外の子音で終わる動詞と一緒に使うときは**-으려고**を使う。

・이제 학교에 가려고 한다　もう学校に行こうと思う
・이제 밥을 먹으려고 한다　もうご飯を食べようと思う

私は明日、故郷のタイにまた帰ります。だから、これまでの間お世話になった韓国の友人たちに手紙を書きました。先生に（ ㉠ ）プレゼントも準備しました。タイに帰ったら友人たちと先生にとても会いたくなると思います。

㉠に入る適切な言葉を選びなさい。

①差し上げるので　②差し上げながら
③差し上げようと　④差し上げますが

4 正解は②。人は犬ほど匂いをかげないと言っている。犬が匂いをかぐ能力は人より優れているという話だ。

犬は人に多くの手助けをします。匂いをかいでなくした物や危険な物を探してくれたりもします。人がいくらしっかり匂いをかいでも、犬ほど匂いをかげないためです。（ ㉠ ）人の100万倍以上です。

㉠に入る適切な言葉を選びなさい。

①犬が物を探す能力は　②犬が匂いをかぐ能力は
③人が物を探す能力は　④人が匂いをかぐ能力は

読　解

問題パターン 3 | 細部の内容を把握する問題

与えられた文章をしっかり読んで4個の選択肢の中で与えられた文章の内容と同じものや違うものを選ぶパターンです。数字を読めるようにして、意味が似ている別の単語をたくさん知っておかなければなりません。

1 実用文の内容を把握する問題

広告のチラシ、携帯メール、薬の袋、招待状など、実際の生活でよく目にするさまざまな種類の文章を読んで提示された内容を理解する問題です。文ではない単語のみで必要な情報が提示されたりもします。従って、問題をきちんと解くためには、単語で提示された情報を理解して文で表せなければなりません。提示された情報と合わないものを選ぶ問題なので、合う答えを選ぶミスをしないように気を付けなければいけません。

※ 다음을 읽고 맞지 않는 것을 고르십시오.

第37回TOPIK Ⅰ 問題40

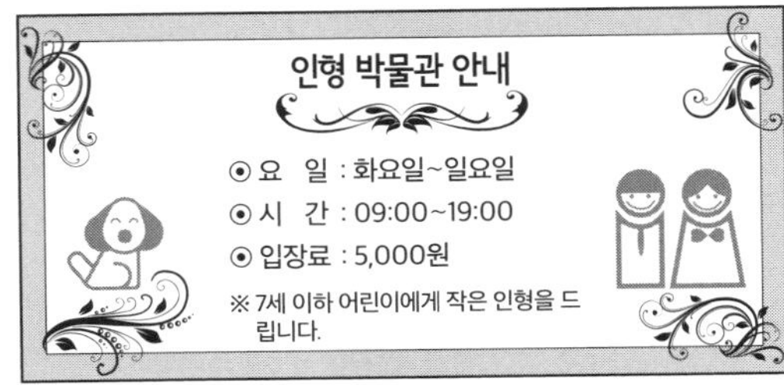

① 오천 원을 냅니다.　② 월요일에 문을 엽니다.
③ 어린이가 갈 수 있습니다.　④ 오후 일곱 시에 끝납니다.

正解は②。博物館は火曜日から日曜日までとあるので、月曜日には閉館している。

※次を読んで、合わないものを選びなさい。

人形博物館案内
⊙曜　日：火曜日～日曜日
⊙時　間：09:00～19:00
⊙入場料：5,000ウォン
※7歳以下の子どもに小さい人形を差し上げます。

①5,000ウォン払います。　②月曜日に開館します。
③子どもが行けます。　④午後7時に終わります。

整理しよう！

漢数詞

1	일	11	십일	30	삼십
2	이	12	십이	40	사십
3	삼	13	십삼	50	오십
4	사	14	십사	60	육십
5	오	15	십오	70	칠십
6	육	16	십육	80	팔십
7	칠	17	십칠	90	구십
8	팔	18	십팔	100	(일)백
9	구	19	십구	1,000	(일)천
10	십	20	이십	10,000	(일)만

場所を表す言葉

-실 (～室)	거실 (居間)、침실 (寝室)、화장실 (トイレ)、휴게실 (休憩室)、사무실 (事務室)、교실 (教室)、미용실 (美容院)
-장 (～場)	시장 (市場)、운동장 (運動場)、주차장 (駐車場)、극장 (劇場)、수영장 (プール)、스키장 (スキー場)、테니스장 (テニスコート)
-관 (～館)	도서관 (図書館)、영화관 (映画館)、미술관 (美術館)、박물관 (博物館)、체육관 (体育館)、대사관 (大使館)
-점 (～店)	백화점 (デパート)、서점 (書店)、음식점 (飲食店)、편의점 (コンビニ)
-원 (～院、～園)	병원 (病院)、공원 (公園)、동물원 (動物園)
-국 (～局)	방송국 (放送局)、약국 (薬局)、우체국 (郵便局)
外来語	레스토랑 (レストラン)、마트 (スーパー)、슈퍼마켓 (スーパーマーケット)、터미널 (ターミナル)

問題パターン別練習

※ 다음을 읽고 맞지 않는 것을 고르십시오.

第41回TOPIK I 問題41

시간	8월 7일(금)
19시	드라마 '우리 집 사람들'
20시	KBC 뉴스
21시	영화 '여름 기차'

① 영화는 뉴스 전에 합니다.

② 드라마는 한 시간 정도 합니다.

③ 뉴스는 저녁 여덟 시에 시작합니다.

④ 팔월 칠일 밤에 영화를 볼 수 있습니다.

練習問題

1

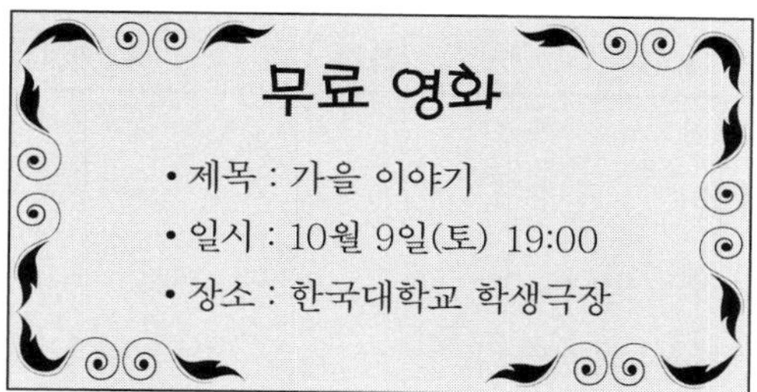

① 영화 가격은 비쌉니다.

② 영화는 토요일에 합니다.

③ 영화는 학생극장에서 합니다.

④ 영화는 저녁 7시에 시작합니다.

2

조아분식 메뉴

떡볶이 3,000원　　라면 3,000원　　김밥 3,500원

만두 4,000원　　비빔밥 6,500원

※ 계절 메뉴(여름) : 냉면 6,000원

① 만두는 사천 원입니다.

② 떡볶이와 김밥의 가격은 같습니다.

③ 냉면은 여름에만 먹을 수 있습니다.

④ 조아분식에서는 비빔밥을 먹을 수 있습니다.

3

2월 1일 버스표			
출발 시간	06시 40분	출발지	부산
도착 시간	11시 00분	도착지	서울
좌석	10B	가격	32,000원

① 열한 시에 도착합니다.

② 버스표는 삼만 이천 원입니다.

③ 서울에서 부산으로 가는 버스입니다.

④ 2월 1일 6시 40분에 출발합니다.

4

자동차 박물관 안내

- 요　일 : 월요일~토요일
- 시　간 : 09:30~18:00
- 입장료 : 어른 5,000원, 어린이 3,000원

① 일요일은 쉽니다.　② 오후 여섯 시에 끝납니다.

③ 어른은 오천 원을 냅니다.　④ 어린이는 갈 수 없습니다.

解答・解説・訳

第41回TOPIK Ⅰ 問題41

正解は①。映画はニュースの後に放映する。

※次を読んで、合わないものを選びなさい。

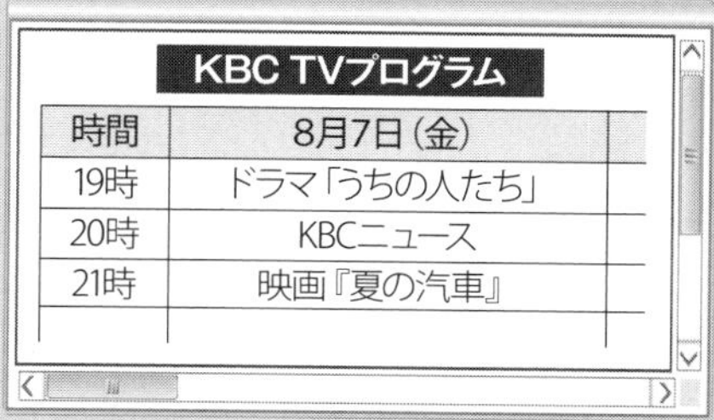

KBC TVプログラム

時間	8月7日（金）
19時	ドラマ「うちの人たち」
20時	KBCニュース
21時	映画『夏の汽車』

①映画はニュースの前にやります。　②ドラマは1時間程度やります。

③ニュースは夜8時に始まります。　④8月7日の夜、映画を見られます。

1 正解は①。무료とあるので、映画は無料である。

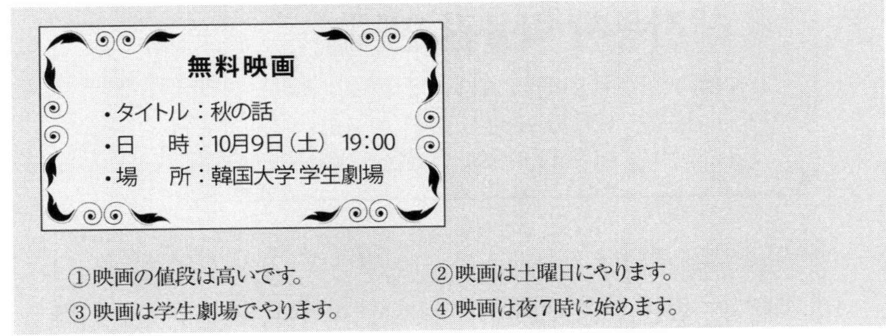

無料映画
・タイトル：秋の話
・日　時：10月9日（土）19:00
・場　所：韓国大学 学生劇場
①映画の値段は高いです。
②映画は土曜日にやります。
③映画は学生劇場でやります。
④映画は夜7時に始めます。

2 正解は②。トッポッキは3,000ウォンで、のり巻きは3,500ウォンである。

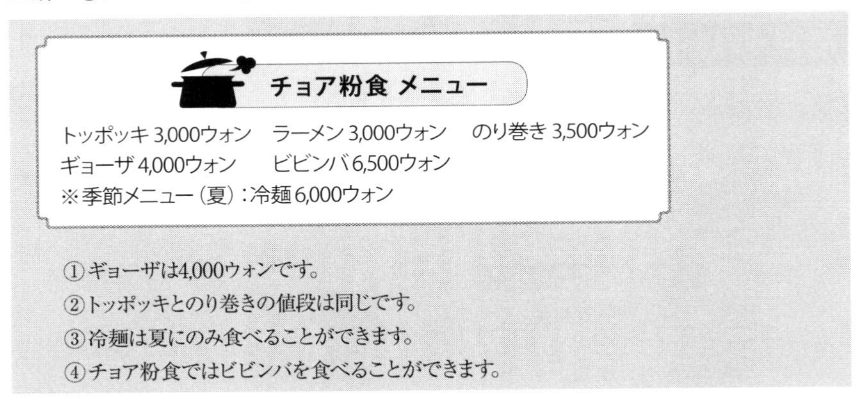

チョア粉食 メニュー
トッポッキ 3,000ウォン　ラーメン 3,000ウォン　のり巻き 3,500ウォン
ギョーザ 4,000ウォン　ビビンバ 6,500ウォン
※季節メニュー（夏）：冷麺 6,000ウォン
①ギョーザは4,000ウォンです。
②トッポッキとのり巻きの値段は同じです。
③冷麺は夏にのみ食べることができます。
④チョア粉食ではビビンバを食べることができます。

3 正解は③。出発地は釜山で、到着地はソウル。釜山からソウルに行くバスである。

2月1日 バスの切符			
出発時間	06時40分	出発地	釜山
到着時間	11時00分	到着地	ソウル
座席	10B	価格	32,000ウォン

①11時に到着します。
②バスの切符は32,000ウォンです。
③ソウルから釜山に行くバスです。
④2月1日6時40分に出発します。

4 正解は④。子どもも入れる。

自動車博物館の案内

・曜　日：月曜日～土曜日
・時　間：09:30～18:00
・入場料：大人 5,000ウォン、子ども 3,000ウォン

①日曜日は休みます。　②午後6時に終わります。
③大人は5,000ウォン払います。　④子どもは入れません。

2 叙述文の内容を把握する問題

与えられた文章を読んで、文章の内容と同じものを選ぶ問題です。「誰が、いつ、どこで、何を、どのように、なぜ」そのようなことをしたのかをしっかり把握するようにします。また、選択肢の内容だけで答えを推測して選ばないようにします。選択肢の内容が合っているように見えても、与えられた文章から分からない内容は答えにはなり得ません。

※ 다음의 내용과 같은 것을 고르십시오.

第36回TOPIK Ⅰ 問題43

저는 그림을 배웁니다. 주말마다 공원에 가서 그림을 그립니다. 가끔 어머니와 미술관에 가서 구경을 합니다.

① 저는 어머니와 공원에 갑니다.
② 어머니는 그림 공부를 합니다.
③ 저는 공원에서 그림을 그립니다.
④ 어머니는 혼자 미술관에 갑니다.

正解は③。**주말마다 공원에 가서 그림을 그립니다**とあるので、③が正解。母と一緒に行くのは美術館なので、①は正解にならない。絵を習っているのは母ではなく私なので、②は間違い。母は私と一緒に美術館に行っているので、④も間違い。

※次の内容と同じものを選びなさい。

私は絵を習っています。週末ごとに公園に行って絵を描きます。時々、母と美術館に行って見学をします。

①私は母と公園に行きます。
②母は絵の勉強をしています。
③私は公園で絵を描きます。
④母は一人で美術館に行きます。

問題パターン別練習

※ 다음의 내용과 같은 것을 고르십시오.

第35回TOPIK Ⅰ 問題54

저는 아침에 일어나서 혼자 운동을 합니다. 운동을 하면 즐겁습니다. 그런데 아침에 일찍 일어나는 것이 힘들어서 가끔 운동을 못 합니다. 그래서 다음 주부터는 저녁에 친구와 같이 운동을 하기로 했습니다. 이제 매일 운동을 할 것 같습니다.

① 이 사람은 저녁에 운동을 했습니다.
② 이 사람은 아침마다 친구를 만납니다.
③ 이 사람은 친구와 운동을 할 것입니다.
④ 이 사람은 친구와 약속을 하려고 합니다.

練習問題

1 저는 토요일마다 등산을 합니다. 등산을 하면 몸이 튼튼해집니다. 또 기분도 좋아집니다.

① 저는 운동을 많이 합니다.　② 저는 매주 산에 오릅니다.
③ 저는 토요일을 좋아합니다.　④ 저는 지금 기분이 좋습니다.

2 저는 모자를 좋아합니다. 모자를 쓰면 더 예쁘게 보입니다. 그래서 모자가 여러 개 있습니다. 옷의 색깔이나 장소에 따라 다른 모자를 씁니다.

① 저는 모자가 많습니다.
② 저는 예쁘게 생겼습니다.
③ 저는 모자를 예쁘게 만듭니다.
④ 저는 매일 같은 모자를 씁니다.

3 휴대폰으로 게임을 너무 오래 하면 건강에 좋지 않습니다. 눈이 피곤해지고, 목이 아픕니다. 또, 손목도 안 좋아집니다. 그렇기 때문에 휴대폰 게임은 많이 하지 않는 것이 좋습니다.

① 휴대폰 게임은 재미있습니다.
② 휴대폰 게임을 하면 눈이 좋아집니다.
③ 휴대폰 게임은 자주 하는 것이 좋습니다.
④ 휴대폰 게임을 오래 하면 손목에 좋지 않습니다.

4 저는 중국 사람이지만 한국에 살고 있습니다. 한국어를 공부하고 있지만, 아직 잘하지 못합니다. 저의 한국인 친구는 저에게 한국어를 가르쳐 주고, 저는 그 친구에게 중국어를 가르쳐 줍니다. 함께 공부하는 것이 재미있습니다.

① 저는 한국어를 잘합니다.
② 친구는 중국에 살고 있습니다.
③ 친구는 저에게 중국어를 배웁니다.
④ 저는 친구에게 한국어를 가르쳐 줍니다.

解答・解説・訳

第35回TOPIK I 問題54

正解は③。**다음 주부터는 저녁에 친구와 같이 운동을 하기로 했습니다**とあり、友達と運動をする予定であることが分かるので、③が正解である。また、**아침에 일어나서**とあるように現在は朝に運動をしているので、①は正解にならない。友達に会うことにしたのは夕方なので、②は間違い。すでに友達と約束をしているので、④も間違い。

※次の内容と同じものを選びなさい。

私は朝起きて一人で運動をします。運動をすると楽しいです。でも、朝早く起きるのがつらくて時々運動ができません。そのため、来週からは夕方に友達と一緒に運動をすることにしました。これから毎日運動をすると思います。

①この人は夕方に運動をしました。
②この人は毎朝友達に会います。
③この人は友達と運動をするでしょう。
④この人は友達と約束しようとしています。

1 正解は②。**매주**は「毎週」の意味。**마다**は「欠かさず全て」という意味であり、**토요일마다**は「全ての土曜日」という意味になる。従って、毎週土曜日に登山に行っていることが分かるので、②が正解である。運動をどの程度しているかについては述べられていないので、①は正解にはならない。土曜日が好きかどうか、また、今気分が良いかどうかについては述べていないので、③と④も間違い。

私は土曜日ごとに登山をします。登山をすると体が丈夫になります。また、気分も良くなります。

①私は運動をたくさんします。　②私は毎週山に登ります。
③私は土曜日が好きです。　④私は今、気分がいいです。

2 正解は①。**모자가 여러 개 있습니다**と言っていることから、帽子の数が多いと考えられるため、①が正解である。また、帽子をかぶることできれいになるとは述べているが、元からきれいであるとは述べていないので、②は正解にはならない。帽子を作るという内容は述べられていないので、③は間違い。服の色や場所によって違う帽子をかぶると述べているので、④も間違い。

私は帽子が好きです。帽子をかぶるとよりきれいに見えます。だから、帽子が何個かあります。服の色や場所によって違う帽子をかぶります。

①私は帽子がたくさんあります。　②私はきれいです。

③私は帽子をきれいに作ります。　④私は毎日同じ帽子をかぶります。

3 正解は④。**손목도 안 좋아집니다**と言っているので、④が正解である。携帯電話のゲームの面白さについては触れていないので、①は正解にならない。携帯電話のゲームをすると目が疲れてくるので、②は間違い。また、携帯電話のゲームは頻繁にやらない方がいいと言っているので、③も間違い。

携帯電話でゲームをあまりにも長い時間やると、健康に良くありません。目が疲れてくるし、首が痛くなります。また、手首も悪くなります。そのため、携帯電話のゲームはたくさんやらない方がいいです。

①携帯電話のゲームは面白いです。

②携帯電話のゲームをすると目が良くなります。

③携帯電話のゲームは頻繁にやるのがいいです。

④携帯電話のゲームを長い時間やると手首に良くありません。

4 正解は③。**저는 그 친구에게 중국어를 가르쳐 줍니다**と言っており、友達からするとこの人に中国語を習っていることになるので、③が正解である。この人はまだ韓国語が上手ではないと言っているので、①は正解にはならない。また、この人は韓国に住みながら友達に会っているので、②は間違い。この人が教えているのは韓国語ではなく中国語なので、④も間違い。

私は中国人ですが、韓国に住んでいます。韓国語を勉強していますが、まだ上手ではありません。私の韓国人の友達は私に韓国語を教えてくれて、私はその友達に中国語を教えてあげます。一緒に勉強するのが面白いです。

①私は韓国語が上手です。　②友達は中国に住んでいます。

③友達は私から中国語を学びます。　④私は友達に韓国語を教えてあげます。

読　解

問題パターン 4 主要な内容を把握する問題

与えられた文章を読んで、筆者が言おうとしている内容と理由を把握する問題です。文章全体の内容を理解できる能力が必要です。

1 文章の目的を把握する問題

筆者が文章を書いた理由を見つける問題です。与えられた文章で伝えようとしている内容が何であるのかを見つける能力が必要です。行事の招待、行事の時間と場所の確認、広告などの文章が提示されます。

※ 다음을 읽고 물음에 답하십시오.

第36回TOPIK Ⅰ 問題63

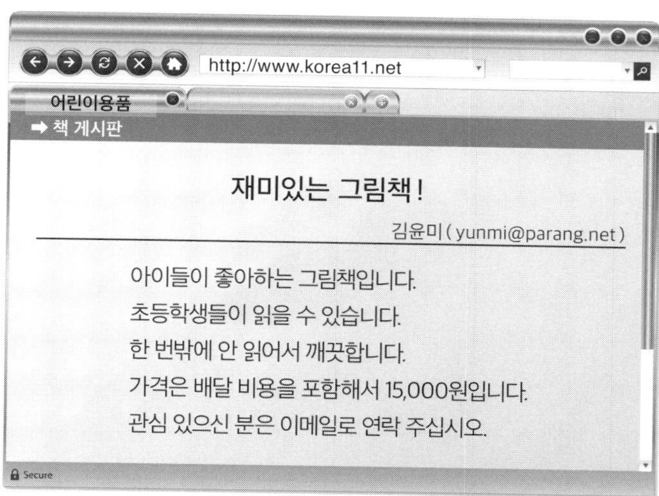
http://www.korea11.net

어린이용품

➡ 책 게시판

재미있는 그림책!

김윤미(yunmi@parang.net)

아이들이 좋아하는 그림책입니다.
초등학생들이 읽을 수 있습니다.
한 번밖에 안 읽어서 깨끗합니다.
가격은 배달 비용을 포함해서 15,000원입니다.
관심 있으신 분은 이메일로 연락 주십시오.

Secure

김윤미 씨는 왜 이 글을 썼습니까?

① 그림책을 팔고 싶어서　　② 그림책을 바꾸고 싶어서

③ 그림책을 소개하고 싶어서　　④ 그림책에 대해 물어보고 싶어서

正解は①。キム・ユンミさんは小学生が読めるきれいな状態の絵本を持っており、絵本の値段を書いていることからこの絵本を売りたいということが分かる。

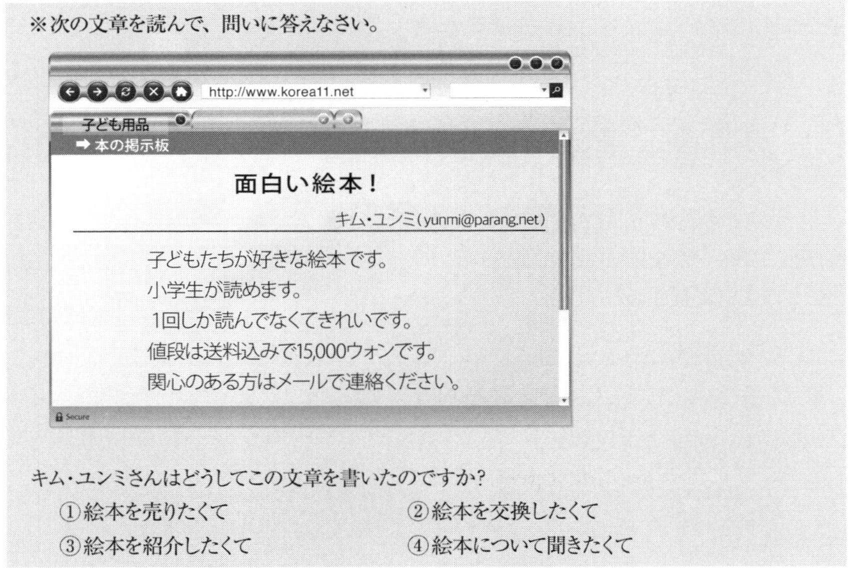

※次の文章を読んで、問いに答えなさい。

http://www.korea11.net
子ども用品
➡ 本の掲示板
面白い絵本！
キム・ユンミ(yunmi@parang.net)
子どもたちが好きな絵本です。
小学生が読めます。
1回しか読んでなくてきれいです。
値段は送料込みで15,000ウォンです。
関心のある方はメールで連絡ください。
Secure

キム・ユンミさんはどうしてこの文章を書いたのですか?

①絵本を売りたくて　　②絵本を交換したくて

③絵本を紹介したくて　　④絵本について聞きたくて

問題パターン別練習

※ 다음을 읽고 물음에 답하십시오.

第35回TOPIK Ⅰ 問題63

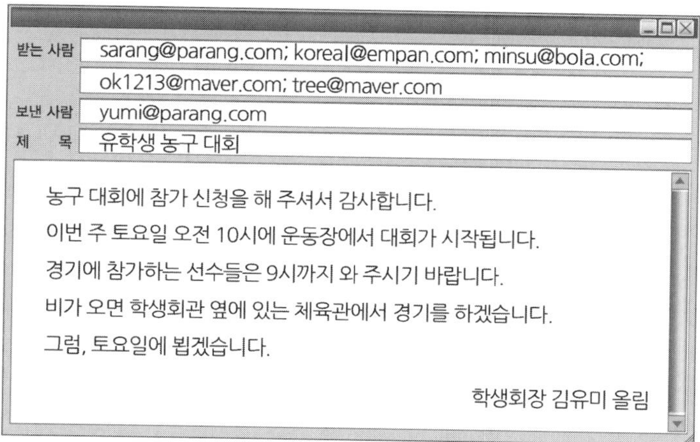
받는 사람 sarang@parang.com; koreal@empan.com; minsu@bola.com; ok1213@maver.com; tree@maver.com
보낸 사람 yumi@parang.com
제　목 유학생 농구 대회

농구 대회에 참가 신청을 해 주셔서 감사합니다.
이번 주 토요일 오전 10시에 운동장에서 대회가 시작됩니다.
경기에 참가하는 선수들은 9시까지 와 주시기 바랍니다.
비가 오면 학생회관 옆에 있는 체육관에서 경기를 하겠습니다.
그럼, 토요일에 뵙겠습니다.

학생회장 김유미 올림

유미 씨는 왜 이 글을 썼습니까?

① 대회 날짜를 바꾸려고

② 대회 참가 신청을 받으려고

③ 대회 참가 신청을 취소하려고

④ 대회 시간과 장소를 알려 주려고

練習問題

1

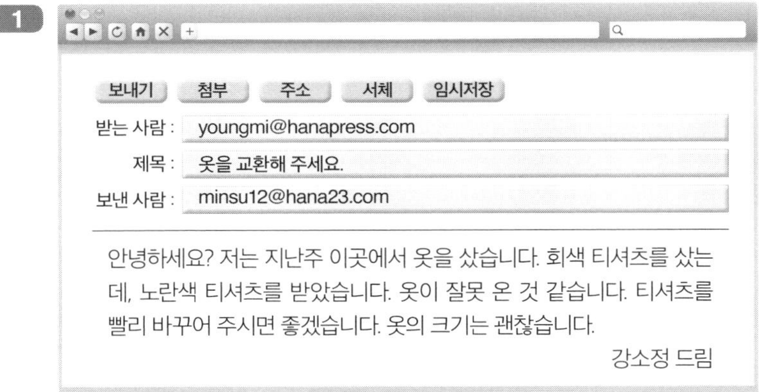

강소정 씨는 왜 이 글을 썼습니까?

① 옷을 사고 싶어서　　② 옷을 팔고 싶어서

③ 옷의 색을 바꾸고 싶어서　　④ 옷의 크기를 바꾸고 싶어서

2

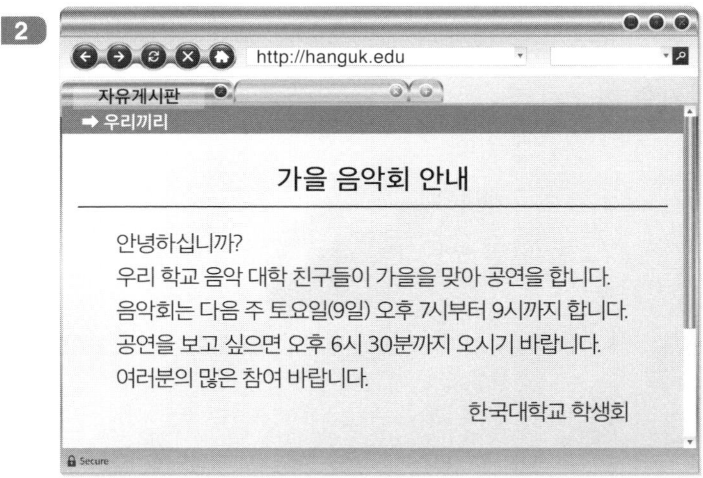

학생회에서는 왜 이 글을 썼습니까?

① 음악회를 취소하려고　② 음악회에 초대하려고
③ 음악회 참석에 감사하려고　④ 음악회 공연 신청을 받으려고

解答・解説・訳

第35回TOPIK Ⅰ 問題63

正解は④。이번 주 토요일 오전 10시에 운동장에서 대회가 시작됩니다と書いており、大会が行われる時間と場所を伝えている。

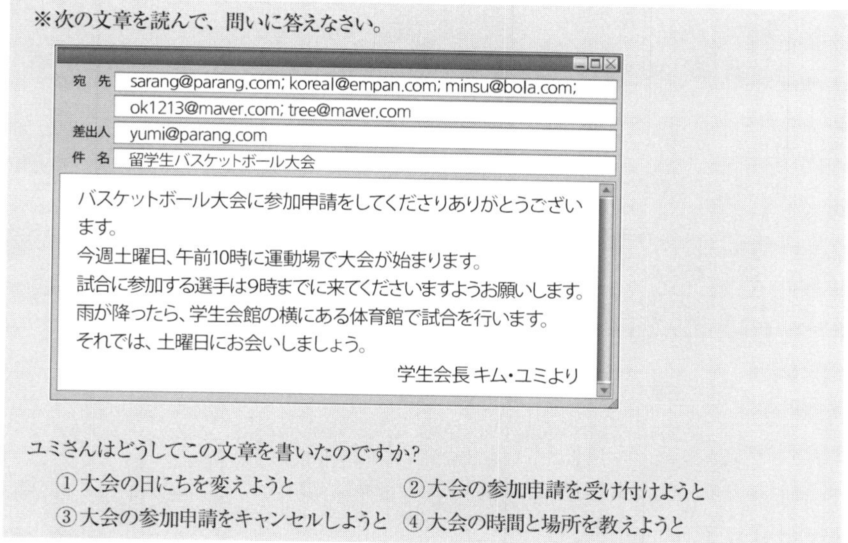
※次の文章を読んで、問いに答えなさい。

宛先 sarang@parang.com; koreal@empan.com; minsu@bola.com; ok1213@maver.com; tree@maver.com
差出人 yumi@parang.com
件名 留学生バスケットボール大会

バスケットボール大会に参加申請をしてくださりありがとうございます。
今週土曜日、午前10時に運動場で大会が始まります。
試合に参加する選手は9時までに来てくださいますようお願いします。
雨が降ったら、学生会館の横にある体育館で試合を行います。
それでは、土曜日にお会いしましょう。
学生会長 キム・ユミより

ユミさんはどうしてこの文章を書いたのですか?
①大会の日にちを変えようと　②大会の参加申請を受け付けようと
③大会の参加申請をキャンセルしようと　④大会の時間と場所を教えようと

1 正解は③。회색 티셔츠를 샀는데, 노란색 티셔츠를 받았습니다と書いていることから色が違っているということが分かり、また티셔츠를 빨리 바꾸어 주시면 좋겠습니다のように服の交換を希望していることが分かる。

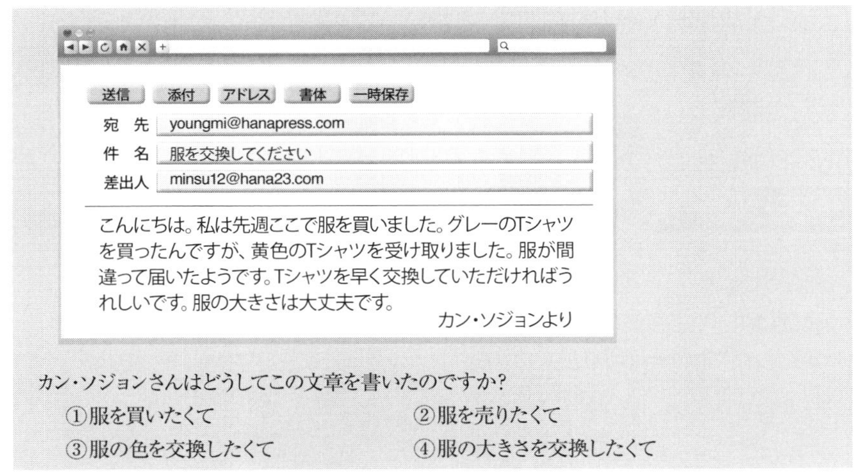

送信　添付　アドレス　書体　一時保存

宛　先　youngmi@hanapress.com

件　名　服を交換してください

差出人　minsu12@hana23.com

こんにちは。私は先週ここで服を買いました。グレーのTシャツを買ったんですが、黄色のTシャツを受け取りました。服が間違って届いたようです。Tシャツを早く交換していただければうれしいです。服の大きさは大丈夫です。

カン・ソジョンより

カン・ソジョンさんはどうしてこの文章を書いたのですか?

①服を買いたくて　②服を売りたくて

③服の色を交換したくて　④服の大きさを交換したくて

2 正解は②。公演の日時と場所を知らせ、**많은 참여 바랍니다**と書いていることから、公演に来てほしいという招待の内容であることが分かる。

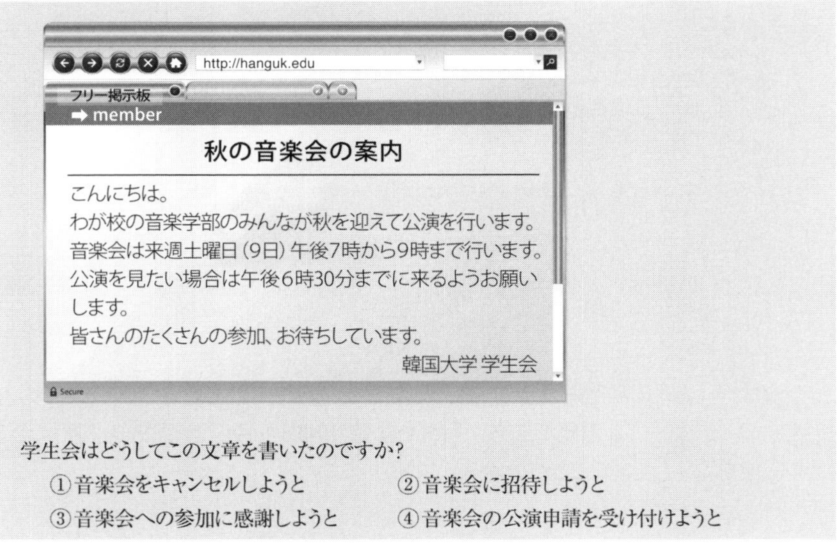

http://hanguk.edu

フリー掲示板

member

秋の音楽会の案内

こんにちは。

わが校の音楽学部のみんなが秋を迎えて公演を行います。

音楽会は来週土曜日(9日)午後7時から9時まで行います。

公演を見たい場合は午後6時30分までに来るようお願いします。

皆さんのたくさんの参加、お待ちしています。

韓国大学 学生会

学生会はどうしてこの文章を書いたのですか?

①音楽会をキャンセルしようと　②音楽会に招待しようと

③音楽会への参加に感謝しようと　④音楽会の公演申請を受け付けようと

2 文章の主題を把握する問題

文章の核心となる内容を見つける問題です。与えられた文章のタイトルを決めるつもりで問題に接するといいでしょう。

※ 다음을 읽고 물음에 답하십시오.

第36回TOPIK I 問題52

120 전화는 편리합니다. 이 전화는 외국인도 이용할 수 있습니다. 호텔을 예약하고 싶은 외국인은 여기에 전화하면 됩니다. 택시나 기차 예약도 도와줍니다. 또한 외국어로 관광 안내도 받을 수 있습니다. 120 전화는 24시간 전화를 받습니다.

무엇에 대한 이야기인지 고르십시오.

① 120 전화의 이용 시간　② 택시와 기차의 예약 방법
③ 120 전화의 서비스 내용　④ 한국에서 관광하기 좋은 장소

正解は③。120電話を利用してホテルやタクシー、汽車の予約が可能だという内容。これは120 전화의 서비스 내용である。

※次の文章を読んで、問いに答えなさい。

120電話は便利です。この電話は外国人も利用できます。ホテルを予約したい外国人はここに電話すればいいです。タクシーや汽車の予約も手伝ってくれます。また、外国語で観光案内もしてもらうことができます。120電話は24時間電話を受け付けています。

何についての話なのか、選びなさい。

①120電話の利用時間　②タクシーと汽車の予約方法
③120電話のサービス内容　④韓国で観光するのにいい場所

問題パターン別練習

※ 다음을 읽고 물음에 답하십시오.

第37回TOPIK Ⅰ 問題52

겨울에 기차를 타고 떠나는 '눈꽃 여행'이 있습니다. '눈꽃 여행'은 기차역에 내려서 즐거운 시간을 보내고 다음 역으로 가는 여행입니다. 첫 번째 역에서 내리면 눈길을 산책하고 얼음낚시를 합니다. 다음 역에서는 눈사람을 만듭니다. 그리고 마지막 역에서는 따뜻한 차를 마십니다.

무엇에 대한 이야기인지 고르십시오.

① 기차 안에서 볼 수 있는 것 ② 기차를 다시 탈 수 있는 곳

③ 눈꽃 여행을 갈 수 있는 날 ④ 눈꽃 여행에서 할 수 있는 일

練習問題

1 감기에 걸리면 열이 나고 머리가 아프기도 합니다. 그러나 조금만 조심하면 감기를 피할 수 있습니다. 무엇보다도 더러운 손으로 눈이나 코, 입을 만지지 않도록 합니다. 집에 와서는 손을 깨끗이 씻어야 합니다. 운동을 하고, 신선한 과일이나 채소를 먹는 것도 좋습니다.

무엇에 대한 이야기인지 고르십시오.

① 손을 깨끗이 씻는 방법 ② 감기에 걸리지 않는 방법

③ 손으로 얼굴을 만지는 방법 ④ 감기에 걸렸을 때 치료 방법

2 설날과 추석은 한국의 큰 명절입니다. 설날에는 떡국을 먹습니다. 떡국은 오래 사는 것을 바라는 의미입니다. 추석에는 송편을 먹습니다. 송편은 한 해의 결과에 대해 감사하며, 더 나은 미래를 바라는 의미입니다.

무엇에 대한 이야기인지 고르십시오.

① 한국의 설날　　② 한국의 추석
③ 한국의 미래　　④ 한국의 명절 음식

3 맛있는 것을 먹으면 기분이 좋아집니다. 그래서 사람들은 요리에 관심이 많습니다. 요즘에는 맛있는 음식점을 찾아가는 사람들이 특히 많아졌습니다. 요리 프로그램을 보고 집에서 만들기도 합니다. 요리사의 인기도 높아졌습니다.

무엇에 대한 이야기인지 고르십시오.

① 요리의 인기　　② 요리사의 음식점
③ 요리 프로그램의 소개　　④ 요리하는 사람들의 기분

解答・解説・訳

第37回TOPIK I 問題52

正解は④。**눈꽃 여행**では雪道の散歩と氷上での穴釣り、雪だるま作り、温かいお茶を飲むことができるという内容であり、**눈꽃 여행**でできることを述べている。

> ※次の文章を読んで、問いに答えなさい。
>
> 冬に汽車に乗って出発する「雪の花旅行」があります。「雪の花旅行」は駅で降りて楽しい時間を過ごし、次の駅に行く旅行です。最初の駅で降りると雪道を散歩して氷上で穴釣りをします。

次の駅では雪だるまを作ります。そして、最後の駅では温かいお茶を飲みます。

何についての話なのか、選びなさい。

①汽車の中で見られるもの　②汽車にもう一度乗れる場所
③雪の花旅行に行ける日　④雪の花旅行でできること

1 正解は②。風邪をひく前に風邪を防ぐことができる方法についての話である。

風邪をひくと熱が出て頭が痛くなったりもします。ですが、少し気を付ければ風邪を避けることができます。何よりも汚い手で目や鼻、口に触れないようにします。家に帰ったら手をきれいに洗わなければなりません。運動をして、新鮮な果物や野菜を食べるのもいいです。

何についての話なのか、選びなさい。

①手をきれいに洗う方法　②風邪をひかない方法
③手で顔に触る方法　④風邪をひいたときの治療方法

2 正解は④。韓国の名節である旧正月とチュソク（秋夕）のときに食べる食べ物についての話である。ソンピョン（松餅）とはうるち米で作られた月の形の餅のこと。

旧正月とチュソクは韓国の大きな名節です。旧正月にはトックク（雑煮）を食べます。トッククは長生きすることを願う意味です。チュソクにはソンピョンを食べます。ソンピョンは1年の結果について感謝し、より良い未来を願う意味です。

何についての話なのか、選びなさい。

①韓国の旧正月　②韓国のチュソク
③韓国の未来　④韓国の名節の食べ物

3 正解は①。料理に対する関心が高まり、料理番組と料理人の人気も伸びたという話である。

おいしい物を食べると気分が良くなります。そのため、人は料理に関心が高いです。最近ではおいしい飲食店を訪れる人が特に増えました。料理番組を見て家で作りもします。料理人の人気も高まりました。

何についての話なのか、選びなさい。

①料理の人気　②料理人の飲食店
③料理番組の紹介　④料理する人の気分

3 筆者の主要な考えを把握する問題

筆者が言おうとしている内容を把握する問題です。重要な内容と関係のある単語は繰り返し使われるので、この核心となる単語を見つける練習をするのがいいでしょう。与えられた文章の内容と選択肢の内容が同じでも、主要な考えではない場合は答えになりません。

※ 다음을 읽고 중심 생각을 고르십시오.

第37回TOPIK Ⅰ 問題46

저는 휴일에 친구 집에 가려고 합니다. 친구와 같이 드라마를 보려고 합니다. 이야기도 많이 할 겁니다.

① 저는 집에서 드라마를 보고 싶습니다.
② 저는 친구에게 이야기를 하러 갈 겁니다.
③ 저는 친구와 드라마 이야기를 할 겁니다.
④ 저는 친구와 함께 휴일을 지내고 싶습니다.

正解は④。休日に友達と一緒にドラマも見て、話もして過ごしたいという内容である。

※次の文章を読んで、主要な考えを選びなさい。

私は休日に友達の家に遊びに行こうと思います。友達と一緒にドラマを見ようと思います。話もたくさんするつもりです。

①私は家でドラマを見たいです。
②私は友達に話をしに行くでしょう。
③私は友達とドラマの話をするでしょう。
④私は友達と一緒に休日を過ごしたいです。

問題パターン別練習

※ 다음을 읽고 중심 생각을 고르십시오.

第41回TOPIK Ⅰ 問題47

일이 재미없으면 그 일을 오래 하기 힘듭니다. 그래서 저는 재미있는 일을 찾고 있습니다. 시간이 많이 걸리겠지만 즐겁게 할 수 있는 일을 찾을 겁니다.

① 저는 일을 많이 할 겁니다.
② 저는 일을 빨리 찾고 싶습니다.
③ 저는 지금 일을 시작할 겁니다.
④ 저는 재미있는 일을 하고 싶습니다.

練習問題

1 저는 경찰이 되고 싶습니다. 위험하기도 하지만, 사람들에게 도움이 될 수 있기 때문입니다. 꿈을 이루기 위해 매일 운동을 합니다.

① 저는 경찰이 되었습니다.
② 저는 사람들에게 도움을 줍니다.
③ 저는 사람들의 운동을 돕습니다.
④ 저는 경찰이 되기 위해 운동을 하고 있습니다.

2 민수 씨가 학교에 결석하였습니다. 배탈이 났기 때문입니다. 수업이 끝나고 민수 씨에게 병문안을 갈 겁니다.

① 민수 씨는 머리가 아픕니다.
② 저는 민수 씨가 걱정이 됩니다.
③ 저는 민수 씨와 약속이 있습니다.
④ 민수 씨는 매일 학교에 오지 않습니다.

3 다음 주에 친구가 먼 곳으로 이사를 갑니다. 그래서 이제 자주 만나기 어렵습니다. 친구가 이사를 가지 않으면 좋겠습니다.

① 저는 친구와 친한 사이입니다.
② 저는 다음 주에 이사를 갑니다.
③ 이제 친구를 자주 만날 수 있습니다.
④ 저는 친구가 이사 가는 것이 싫습니다.

解答・解説・訳

第41回TOPIK I 問題47

正解は④。仕事がつまらないと長くやるのは大変なので、楽しくできる仕事を見つけるつもりだという話である。

※次の文章を読んで、主要な考えを選びなさい。

仕事がつまらなかったら、その仕事を長くやるのは大変です。そのため、私は面白い仕事を探しています。時間がすごくかかるでしょうが、楽しくできる仕事を見つけるつもりです。

①私は仕事をたくさんやるでしょう。　②私は仕事を早く見つけたいです。
③私は今仕事を始めるでしょう。　④私は面白い仕事をしたいです。

1 正解は④。警察官という夢のために毎日運動しているという話である。

私は警察官になりたいです。危険でもありますが、人々の助けになれるからです。夢をかなえるために毎日運動をしています。

①私は警察官になりました。　②私は人々の手助けをします。

③私は人々の運動を手伝います。　④私は警察官になるために運動をしています。

2 正解は②。ミンスさんが下痢をして欠席したため、授業が終わったらお見舞いに行くつもりという話である。お見舞いに行くのはミンスさんを心配しているからだと考えられる。

ミンスさんが学校を欠席しました。下痢をしたからです。授業が終わったらミンスさんのお見舞いに行くつもりです。

①ミンスさんは頭が痛いです。　②私はミンスさんが心配です。

③私はミンスさんと約束があります。　④ミンスさんは毎日学校に来ていません。

3 正解は④。友達が遠い所に引っ越すと頻繁に会うのは難しいので、引っ越さなければいいのにと思っているという話である。

来週、友達が遠い所に引っ越します。そのため、今後頻繁に会うのは難しいです。友達が引っ越さなければいいのにと思います。

①私は友達と親しい仲です。　②私は来週引っ越します。

③今後友達に頻繁に会えます。　④私は友達が引っ越すのが嫌です。

読　解

問題パターン 5 文の関係を把握する問題

文と文の関係を理解する問題です。그리고（そして）、그러나（だが）、그래서（そのため）、그런데（ところが）、하지만（しかし）などの接続副詞や、이（この）、그（その）、저（あの）、이것（これ）、그것（それ）、저것（あれ）などの指示代名詞などを勉強して文を自然につなげられるようにします。

1 文の順序を決める問題

提示された四つの文を文章の流れに合うように並べる問題です。文と文の間の関係を理解できなければなりません。選択肢によって最初の文を確認できるので、選択肢を活用して問題を解くのもいい方法です。

※ 다음을 순서대로 맞게 나열한 것을 고르십시오.

第37回TOPIK Ⅰ 問題58

(가) 그래서 조금 비싸지만 더 인기가 많습니다.

(나) 요즘 마트에 특별한 색의 토마토들이 많습니다.

(다) 그중에서 특히 노란색 토마토가 인기가 있습니다.

(라) 노란색 토마토는 보통 토마토보다 맛이 더 답니다.

① (나)－(다)－(가)－(라)　　② (나)－(다)－(라)－(가)

③ (나)－(가)－(다)－(라)　　④ (나)－(가)－(라)－(다)

正解は②。初めに来るのは(나)で固定されており、2番目に来るのは(가)か(다)のどちら

かである。(가)を見ると文頭に그래서があるが、(나)の内容は(가)の根拠にはならないので、２番目に来るのは(가)ではなく(다)だと分かる。残りの順番を考えると、(다)で話に出てきた黄色いトマトの説明をしている(라)が続き、その後に普通のトマトとの比較をする(가)が続くのが自然である。従って(나)-(다)-(라)-(가)となり、②が正解である。

※次の文を適切な順に並べたものを選びなさい。

(가) そのため、少し高いですが、より人気があります。
(나) 最近、スーパーに特別な色のトマトがたくさんあります。
(다) その中で、特に黄色いトマトが人気があります。
(라) 黄色いトマトは普通のトマトよりも甘いです。

整理しよう！

■ 그리고（そして）

前の内容と後ろの内容を並べてつなげるとき使います。

- 밥을 먹습니다. 그리고 차를 마십니다.
  ご飯を食べます。そして、お茶を飲みます。

■ 그러나（だが）/ 그런데（ところが）/ 그렇지만（だけど）/ 하지만（しかし）

前の内容と後ろの内容が反するとき使います。

- 비가 옵니다. 그러나 우산이 없습니다.
  雨が降っています。だが、傘がありません。
- 비가 옵니다. 그런데 우산이 없습니다.
  雨が降っています。ところが、傘がありません。
- 비가 옵니다. 그렇지만 우산이 없습니다.
  雨が降っています。だけど、傘がありません。
- 비가 옵니다. 하지만 우산이 없습니다.
  雨が降っています。しかし、傘がありません。

■ 그래서（そのため）/ 그러니까（だから）

前の内容が後ろの内容の理由や原因のとき使います。

・배가 아픕니다. 그래서 병원에 갑니다.
おなかが痛いです。そのため、病院に行きます。

・배가 아픕니다. 그러니까 병원에 갑니다.
おなかが痛いです。だから、病院に行きます。

■ 그러면 (すると)

前の内容が後ろの内容の条件のとき使います。

・노래를 부릅니다. 그러면 기분이 좋아집니다.
歌を歌います。すると、気分が良くなります。

問題パターン別練習

※ 다음을 순서대로 맞게 나열한 것을 고르십시오.

第35回TOPIK Ⅰ 問題57

(가) 모든 동물은 잠을 잡니다.

(나) 하지만 개나 고양이는 열 시간쯤 잡니다.

(다) 말은 하루에 세 시간만 자도 괜찮습니다.

(라) 그런데 잠을 자는 시간은 동물마다 다릅니다.

① (가)－(나)－(다)－(라)　② (가)－(다)－(나)－(라)

③ (가)－(라)－(나)－(다)　④ (가)－(라)－(다)－(나)

練習問題

1 (가) 토니 씨가 전화를 했습니다.

(나) 그래서 전화를 받지 못했습니다.

(다) 저는 그때 도서관에 있었습니다.

(라) 집에 갈 때 토니 씨에게 전화를 했습니다.

① (가)－(나)－(다)－(라)　② (가)－(나)－(라)－(다)

③ (가)－(다)－(나)－(라)　④ (가)－(다)－(라)－(나)

2 (가) 우산을 찾아서 기분이 좋았습니다.

(나) 다행히 우산은 그곳에 있었습니다.

(다) 우산을 우체국에 두고 나왔습니다.

(라) 우산이 없는 것을 알고 다시 우체국에 갔습니다.

① (다)－(가)－(나)－(라)　　② (다)－(나)－(가)－(라)
③ (다)－(라)－(가)－(나)　　④ (다)－(라)－(나)－(가)

3 (가) 은정 씨는 산을 좋아합니다.
(나) 왜냐하면 공기가 맑기 때문입니다.
(다) 또, 산에 올라가면 건강에도 좋습니다.
(라) 그래서 은정 씨는 매주 등산을 합니다.

① (가)－(나)－(다)－(라)　　② (가)－(나)－(라)－(다)
③ (가)－(다)－(나)－(라)　　④ (가)－(라)－(나)－(다)

4 (가) 열심히 응원하다 보니 배가 고팠습니다.
(나) 아빠와 야구 경기를 보러 야구장에 갔습니다.
(다) 그래서 경기가 끝나고 비빔밥을 사 먹었습니다.
(라) 사람들이 많아 오래 기다려 표를 사고 야구장에 들어갔습니다.

① (나)－(가)－(다)－(라)　　② (나)－(다)－(가)－(라)
③ (나)－(다)－(라)－(가)　　④ (나)－(라)－(가)－(다)

解答・解説・訳

第35回TOPIK Ⅰ 問題57

正解は④。初めに来るのは(가)で固定されているので、2番目に来るのが(나)(다)(라)のどれになるかを考える。それぞれを読むと、(라)は動物の睡眠時間について広く述べており、(나)(다)はそれぞれの動物の具体例である。先に広く述べてから具体例を挙げるのが自然なので、(라)が2番目に来る。さらに残りの二つのうち、(나)は하지만で始まっており、もう一つの具体例に対する対比をしていることが分かるので、最後の二つは(다)-(나)の順になるのが自然である。従って(가)-(라)-(다)-(나)となり、④が正解である。

※次の文を適切な順に並べたものを選びなさい。

(가) 全ての動物は寝ます。
(나) しかし、犬や猫は10時間ほど寝ます。
(다) 馬は1日に3時間寝るだけでも大丈夫です。
(라) でも、寝る時間は動物ごとに違います。

1 正解は③。初めに来るのは(가)で固定されており、2番目に来るのは(나)か(다)のどちらかである。(나)を見ると文頭に그래서とあるが、(가)の内容は電話に出られない根拠にはならないので、不自然である。(다)を見ると、電話が来たときの状況となっているので自然である。3番目に来るものを考えると、(나)の그래서が(다)の内容を受けたものだと考えられるので、(나)が自然だと分かる。従って(가)-(다)-(나)-(라)となり、③が正解である。

(가) トニーさんが電話をしました。
(나) そのため、電話に出られませんでした。
(다) 私はその時、図書館にいました。
(라) 家に帰るとき、トニーさんに電話をしました。

2 正解は④。初めに来るのは(다)で固定されているので、2番目に来るのが(가)(나)(라)のどれになるかを考える。それぞれを読むと、傘がないことに気付いて探し始める内容の(라)が最も自然である。その後、郵便局にあったという内容の(나)、見つけた後の気持ちを述べた(가)が続くのが自然である。従って(다)-(라)-(나)-(가)となり、④が正解である。

(가) 傘を見つけて、気分が良かったです。
(나) 幸い、傘はそこにありました。
(다) 傘を郵便局に置いて出てきました。
(라) 傘がないことに気付いて、また郵便局に行きました。

3 正解は①。初めに来るのは(가)で固定されているので、2番目に来るのが(나)(다)(라)のどれになるかを考える。それぞれを読むと、(나)の文頭には왜냐하면があり、(가)で山が好きだと述べたことに対する理由として自然なので、(나)が2番目に来る。さらに(다)では山に登ることによるメリットをもう一つの理由として追加し、(라)ではそれらを理由に登山をするという結論にまとめている。従って(가)-(나)-(다)-(라)となり、①が正解である。

(가) ウンジョンさんは山が好きです。
(나) なぜなら、空気がきれいだからです。
(다) また、山に登ると健康にもいいです。
(라) だからウンジョンさんは毎週登山をします。

4 正解は④。初めに来るのは(나)で固定されているので、２番目に来るのが(가)(다)(라)のどれになるかを考える。それぞれを読むと、(가)と(다)は試合を応援した後のことを述べているのに対して、(라)は球場に入る前のことが書かれているため、(라)が順序として先に来るのが自然である。選択肢の中で２番目に(라)が来るのは④の一つのみなので、(나)-(라)-(가)-(다)となり、④が正解である。

(가) 一生懸命応援したら、おなかがすきました。
(나) パパと野球の試合を見に野球場に行きました。
(다) そのため、試合が終わってビビンバを買って食べました。
(라) 人が多く、長く待ってチケットを買い、球場に入りました。

2 文が入る場所を選ぶ問題

問題に提示された文が与えられた文章のどの位置に入らなければならないかを見つける問題です。与えられた文章に提示された四つの位置のうち、文章が最も自然につながる位置を見つけなければなりません。

※ 다음을 읽고 물음에 답하십시오.

第36回TOPIK I 問題59

저는 어릴 때부터 춤추는 것을 좋아했습니다. (㉠) 요즘도 매일 혼자 거울을 보면서 춤 연습을 합니다. (㉡) 주말에는 가끔 친구들과 같이 지하철역이나 공원에서 공연도 합니다. (㉢) 사람들의 박수 소리를 들으면 기분이 좋아져서 더 열심히 춤을 춥니다. (㉣)

다음 문장이 들어갈 곳을 고르십시오.

사람들은 우리의 춤을 보고 박수를 치면서 소리를 지릅니다.

① ㉠　　② ㉡　　③ ㉢　　④ ㉣

正解は③。週末には友人たちと公演をするが、このとき、人々の拍手の音を聞くともっと一生懸命踊ることができるとある。提示された文は人々が拍手をするという内容なので、사람들의 박수 소리를 들으면 기분이 좋아져서 더 열심히 춤을 춥니다という文の前に入れなければならない。

※次の文章を読んで、問いに答えなさい。

私は小さい頃から踊るのが好きでした。(㉠) 最近も毎日一人で鏡を見ながら踊りの練習をしています。(㉡) 週末には時々友人たちと一緒に地下鉄の駅や公園で公演もします。(㉢) 人々の拍手の音を聞くと気分が良くなってもっと一生懸命踊ります。(㉣)

次の文が入る場所を選びなさい。

人々は私たちの踊りを見て、拍手をしながら声を上げます。

① ㉠　　② ㉡　　③ ㉢　　④ ㉣

整理しよう！ 位置を表す指示代名詞

- 나는 여기/이곳에 있습니다.
  私はここにいます。
- 농구공도 여기/이곳에 있습니다.
  バスケットボールもここにあります。
- 기호는 거기/그곳에 있습니다.
  キホはそこにいます。
- 인형도 거기/그곳에 있습니다.
  人形もそこにあります。
- 자전거는 저기/저곳에 있습니다.
  自転車はあそこにあります。
- 이것은 농구공입니다.
  これはバスケットボールです。
- 그것은 인형입니다.
  それは人形です。
- 저것은 자전거입니다.
  あれは自転車です。

기호：우리 지난번에 갔던 그 바다 가자.
キホ：僕たち、前行ったあの海に行こう。
나：아, 그 바다? 그래, 나 거기 좋아해.
私：あ、あの海？ うん、私あそこ好き。

問題パターン別練習

※ 다음을 읽고 물음에 답하십시오.

第41回TOPIK Ⅰ 問題59

걷기는 많은 사람들이 쉽게 할 수 있는 운동입니다. (㉠) 걷는 것은 건강에 도움이 많이 됩니다. (㉡) 다리만 움직이면서 걷는 것이 아니고 온몸이 움직이게 되기 때문입니다. (㉢) 그런데 걷기 운동을 할 때에는 천천히 걷기 시작해서 조금씩 빨리 걷는 것이 좋습니다. (㉣) 이렇게 하는 것이 건강에 도움이 더 많이 됩니다.

다음 문장이 들어갈 곳을 고르십시오.

어린아이부터 나이가 많은 사람까지 모두 쉽게 할 수 있습니다.

① ㉠　　② ㉡　　③ ㉢　　④ ㉣

練習問題

1 저는 음악 듣는 것을 좋아합니다. (㉠) 음악을 들으면 마음이 편안해집니다. (㉡) 기분이 좋을 때는 신나는 음악을 듣습니다. (㉢) 하지만 기분이 나쁠 때는 느린 음악을 듣습니다. (㉣)

다음 문장이 들어갈 곳을 고르십시오.

그렇지만 기분에 따라 듣는 음악이 달라집니다.

① ㉠　　② ㉡　　③ ㉢　　④ ㉣

2 저는 사진 동아리에서 활동합니다. (㉠) 혼자 사진을 찍는 것보다 동아리 활동의 좋은 점이 더 많기 때문입니다. (㉡) 동아리 활

동을 하면 사람들에게 사진을 더 잘 찍는 법을 배울 수 있습니다. (㉢) 무엇보다 다양한 사람들을 만나서 친해질 수 있습니다. (㉣)

다음 문장이 들어갈 곳을 고르십시오.

또, 다 함께 좀 더 싸게 물건을 살 수도 있습니다.

① ㉠　　② ㉡　　③ ㉢　　④ ㉣

3 건강하기 위해서는 물을 충분히 마셔야 합니다. (㉠) 보통 하루에 2ℓ정도를 마시는 것이 좋습니다. (㉡) 또 너무 차거나 뜨거운 물을 마시는 것도 좋지 않습니다. (㉢) 커피나 녹차를 마신 후에는 더 많은 물을 마셔야 합니다. (㉣)

다음 문장이 들어갈 곳을 고르십시오.

그러나 운동을 하고 나서 한 번에 너무 많은 물을 마시면 위험합니다.

① ㉠　　② ㉡　　③ ㉢　　④ ㉣

解答・解説・訳

第41回TOPIK Ⅰ 問題59

正解は①。提示された文は、年齢と関係なく誰でもできるという内容なので、**걷기는 많은 사람들이 쉽게 할 수 있는 운동입니다**という文の後に来なければならない。

※次の文章を読んで、問いに答えなさい。

ウオーキングはたくさんの人が簡単にできる運動です。(㉠) 歩くことは健康に大いに役立ちます。(㉡) 脚だけ動かしながら歩くのではなく、全身が動くことになるからです。(㉢) ところで、ウオーキング運動をするときは、ゆっくり歩き始めて少しずつ速く歩くのがいいです。(㉣) このようにするのが、より健康に役立ちます。

次の文が入る場所を選びなさい。

子どもから年輩の人まで、皆簡単にできます。

①㉠　　②㉡　　③㉢　　④㉣

1 正解は②。提示された文は、気分によって異なる音楽を聴くという内容なので、気分によって聴く音楽の種類を述べる文の前に来なければならない。

私は音楽を聴くのが好きです。(㉠)音楽を聴くと気持ちが楽になります。(㉡)気分がいいときは楽しい音楽を聴きます。(㉢)しかし、気分が悪いときはゆったりした音楽を聴きます。(㉣)

次の文が入る場所を選びなさい。

ですが、気分によって聴く音楽が変わります。

①㉠　　②㉡　　③㉢　　④㉣

2 正解は③。写真サークルの活動のいい点を話している。最後の文に使われた무엇보다という表現は、「他のどんなことよりも」という意味を表す。従って、他のことが出てから、主に最後に使われる。提示された文はサークル活動のいい点のうちの一つを表すものなので、무엇보다という表現の前に来なければならない。

私は写真サークルで活動しています。(㉠)一人で写真を撮るよりサークル活動のいい点がより多いからです。(㉡)サークル活動をすると、他の人から写真をよりうまく撮る方法を学ぶことができます。(㉢)何より、さまざまな人に出会って親しくなることができます。(㉣)

次の文が入る場所を選びなさい。

また、みんなで一緒に、物を少し安く買うこともできます。

①㉠　　②㉡　　③㉢　　④㉣

3 正解は②。提示された文は運動をしてからいっぺんにあまりにもたくさんの水を飲むと危険だという内容だが、文中には또 너무 차거나 뜨거운 물을 마시는 것도 좋지 않습니다のように行ってはならない例がもう一つ挙げられており、文頭に또とあるため、この前に提示された文が来るのが自然である。

健康であるためには水を十分に飲まなければなりません。(㉠)普通、1日に2リットルほど飲むのがいいです。(㉡)また、冷たすぎたり熱すぎたりする水を飲むのも良くありません。(㉢)コーヒーや緑茶を飲んだ後は、より多くの水を飲まなければなりません。(㉣)

次の文が入る場所を選びなさい。

ですが、運動をして、いっぺんにあまりにもたくさんの水を飲むと危険です。

①㉠　②㉡　③㉢　④㉣

読　解

復習テスト

ここまで学んだ読解領域のパターンごとの問題をまとめた復習テストです。
解答・解説はP.167-173にあります。

※ [1~2] 무엇에 대한 이야기입니까? 〈보기〉와 같이 알맞은 것을 고르십시오.

보기

포도를 먹었습니다. 포도가 맛있었습니다.

① 시간　② 공부　❸ 과일　④ 날짜

1.

오늘은 수요일입니다. 내일은 목요일입니다.

① 장소　② 날짜　③ 시간　④ 요일

2.

수미 씨는 활발합니다. 미지 씨는 조용합니다.

① 취미　② 성격　③ 친구　④ 가족

※ [3~6] <보기>와 같이 (　　　　)에 들어갈 가장 알맞은 것을 고르십시오.

보기

머리가 (　　　). 그래서 약을 먹습니다.

① 좋습니다　❷ 아픕니다　③ 덥습니다　④ 짧습니다

3.

축구 경기가 있습니다. 학교 운동장(　　　) 경기를 합니다.

① 에　② 까지　③ 에서　④ 에게

4.

(　　　)에 갑니다. 책을 빌립니다.

① 가게　② 은행　③ 우체국　④ 도서관

5.

동물을 (　　　). 그래서 강아지를 키웁니다.

① 좋아합니다　② 싫어합니다
③ 무서워합니다　④ 부러워합니다

6.

가방이 (　　　) 무겁습니다. 들 수가 없습니다.

① 너무　② 약간　③ 점점　④ 점차

※ [7~8] 다음을 읽고 맞지 않는 것을 고르십시오.

7. 영화 시간표

시간	2월 1일(토)
10시 15분 ~ 12시 00분	만화 '후당이'
13시 00분 ~ 14시 20분	'그 사람'
15시 00분 ~ 17시 00분	'우주를 지켜라'
19시 05분 ~ 21시 30분	'겨울 노래'

① 총 네 편의 영화를 합니다.

② '겨울 노래'는 한 시간 정도 합니다.

③ 만화 '후당이'를 제일 먼저 볼 수 있습니다.

④ '그 사람'은 '우주를 지켜라' 전에 합니다.

8.

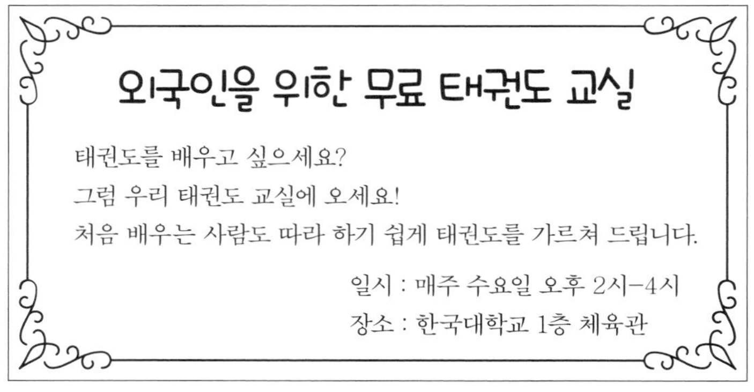

외국인을 위한 무료 태권도 교실
태권도를 배우고 싶으세요?
그럼 우리 태권도 교실에 오세요!
처음 배우는 사람도 따라 하기 쉽게 태권도를 가르쳐 드립니다.
일시 : 매주 수요일 오후 2시-4시
장소 : 한국대학교 1층 체육관

① 한국대학교에는 체육관이 있습니다.

② 태권도를 공짜로 배울 수 있습니다.

③ 매주 두 시간씩 태권도 교실이 열립니다.

④ 태권도를 모르는 사람은 참여할 수 없습니다.

※ **[9~10] 다음의 내용과 같은 것을 고르십시오.**

9.

> 지난 주말에 비행기를 타고 가족과 제주도에 갔습니다. 경치가 매우 아름다워서 사진을 많이 찍었습니다. 다음에도 또 가고 싶습니다.

① 저는 비행기를 못 탑니다.

② 제주도의 풍경은 아름답습니다.

③ 가족과 제주도를 가려고 합니다.

④ 저는 제주도 사진을 찍지 못했습니다.

10.

> 저는 기분이 좋지 않을 때 즐거운 노래를 듣습니다. 음악을 들으며 노래를 따라 부릅니다. 그러면 걱정이 줄고 마음이 편안해집니다.

① 저는 노래를 잘 부릅니다.

② 저는 노래를 들으면 마음이 편안해집니다.

③ 저는 마음이 편안할 때 즐거운 노래를 듣습니다.

④ 저는 노래를 들으며 따라 부르는 것이 즐겁지 않습니다.

※ [11~12] 다음을 읽고 중심 생각을 고르십시오.

11.

저는 수영 선수입니다. 다음 달에 수영 대회가 있습니다. 그래서 앞으로 더 열심히 연습할 겁니다.

① 저는 가끔 수영을 합니다.
② 저는 최근에 수영을 배웠습니다.
③ 다음 달에 수영 대회에 참여할 겁니다.
④ 수영 대회를 위해 더 노력하려 합니다.

12.

다음 달에 제가 좋아하는 가수가 한국에 옵니다. 그 가수는 노래도 잘 부르고, 춤도 잘 춥니다. 저는 그 가수의 공연을 꼭 보러 갈 겁니다.

① 제가 좋아하는 가수가 공연을 합니다.
② 제가 좋아하는 가수는 춤을 잘 춥니다.
③ 저는 제가 좋아하는 가수의 공연을 보고 싶습니다.
④ 저는 제가 좋아하는 가수처럼 노래를 잘 부르고 싶습니다.

※ **[13~14] 다음을 읽고 물음에 답하십시오.**

여행을 다닐 때 가방이 무거우면 다니기 힘듭니다. 그래서 여행을 갈 때는 꼭 필요한 짐만 챙기는 것이 좋습니다. 여행을 같이 가는 사람이 (㉠) 나누어 짐을 챙기는 것도 좋습니다. 그러나 우산과 약은 항상 가지고 다녀야 합니다. 갑자기 필요한 경우가 생길 수 있기 때문입니다.

13. ㉠에 들어갈 알맞은 말을 고르십시오.

① 있다면　② 있다고　③ 있어서　④ 있지만

14. 무엇에 대한 이야기인지 맞는 것을 고르십시오.

① 여행 짐을 챙기는 법　② 여행 친구를 사귀는 법
③ 우산을 갖고 다니는 법　④ 좋은 약을 발견하는 법

※ [15~16] 다음을 읽고 물음에 답하십시오.

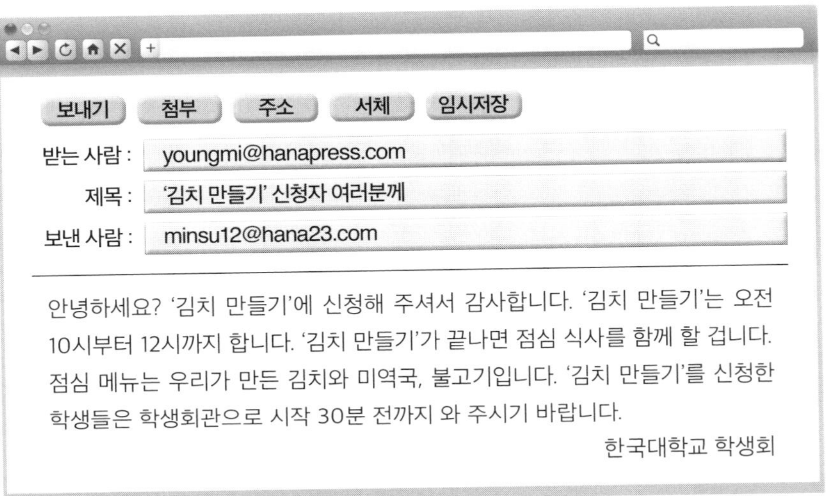
보내기 첨부 주소 서체 임시저장

받는 사람 : youngmi@hanapress.com

제목 : '김치 만들기' 신청자 여러분께

보낸 사람 : minsu12@hana23.com

안녕하세요? '김치 만들기'에 신청해 주셔서 감사합니다. '김치 만들기'는 오전 10시부터 12시까지 합니다. '김치 만들기'가 끝나면 점심 식사를 함께 할 겁니다. 점심 메뉴는 우리가 만든 김치와 미역국, 불고기입니다. '김치 만들기'를 신청한 학생들은 학생회관으로 시작 30분 전까지 와 주시기 바랍니다.

한국대학교 학생회

15. 학생회는 왜 이 글을 썼는지 맞는 것을 고르십시오.

① '김치 만들기'를 소개하려고

② '김치 만들기' 신청자를 확인하려고

③ '김치 만들기' 신청 방법을 안내하려고

④ '김치 만들기' 시간과 장소를 안내하려고

16. 이 글의 내용과 같은 것을 고르십시오.

① '김치 만들기'는 아침에 시작합니다.

② '김치 만들기'는 열 시간 동안 진행됩니다.

③ 신청자는 점심 도시락을 준비해 가야 합니다.

④ 신청자는 10시 30분까지 학생회관으로 가야 합니다.

※ **[17~18] 다음을 순서대로 맞게 나열한 것을 고르십시오.**

17.

(가) 제가 가장 많이 사용하는 것은 카메라 기능입니다.
(나) 요즘에는 휴대폰으로 많은 일을 할 수 있습니다.
(다) 그래서 카메라보다 휴대폰으로 사진을 더 자주 찍습니다.
(라) 휴대폰으로 찍은 사진도 카메라로 찍은 사진만큼 예쁘게 나옵니다.

① (나)-(가)-(다)-(라)
② (나)-(가)-(라)-(다)
③ (나)-(다)-(가)-(라)
④ (나)-(다)-(라)-(가)

18.

(가) 우리 마을은 바다가 유명합니다.
(나) 바다가 깨끗하고 경치가 아름답기 때문입니다.
(다) 이번 여름에도 많은 사람들이 우리 마을에 놀러 왔습니다.
(라) 그래서 해마다 여름이면 사람들이 우리 마을에 많이 찾아옵니다.

① (가)-(나)-(다)-(라)
② (가)-(나)-(라)-(다)
③ (가)-(다)-(나)-(라)
④ (가)-(라)-(나)-(다)

※ [19~20] **다음을 읽고 물음에 답하십시오.**

친구들과 식당에서 점심을 먹었습니다. (㉠) 그리고 자전거를 타러 공원에 갔습니다. (㉡) 그런데 공원에서 휴대폰을 잃어버렸습니다. (㉢) 한 시간 동안 친구들과 함께 찾았지만 휴대폰을 찾지 못했습니다. (㉣) 아저씨가 무척 고마웠습니다.

19. 다음 문장이 들어갈 곳을 고르십시오.

그때, 어떤 아저씨께서 휴대폰을 찾아 주셨습니다.

① ㉠ ② ㉡ ③ ㉢ ④ ㉣

20. 이 글의 내용과 같은 것을 고르십시오.

① 저는 식당 앞에서 자전거를 탔습니다.

② 자전거를 타다 휴대폰을 잃어버렸습니다.

③ 식당에서 점심을 먹은 후 친구들을 만났습니다.

④ 아저씨께서 휴대폰을 공원에서 가져가셨습니다.

読解復習テスト 解答・解説・訳

［1~2］ 무엇에 대한 이야기입니까? 〈보기〉와 같이 알맞은 것을 고르십시오.

1. 正解：④요일

解説：**수요일**と**목요일**は**요일**（曜日）を表す単語である。

> [1~2] 何についての話ですか？　例のように適切なものを選びなさい。
>
> 1. 今日は水曜日です。明日は木曜日です。
> ①場所　②日にち　③時間　④曜日

2. 正解：②성격

解説：**활발하다**（活発だ）という単語は性格が元気ではきはきしている人を表すとき使い、**조용하다**（物静かだ）という単語は口数があまりなくおとなしい人を表すときに使う。いずれも**성격**（性格）を表す単語である。

> 2. スミさんは活発です。ミジさんは物静かです。
> ①趣味　②性格　③友達　④家族

［3~6］ 〈보기〉와 같이 (　　)에 들어갈 가장 알맞은 것을 고르십시오.

3. 正解：③에서

解説：**~에서**は行動が行われる場所を表すとき使う。学校の運動場はサッカーの試合が行われる場所なので**~에서**を使わなければならない。

> [3~6] 例のように、かっこに入る最も適切なものを選びなさい。
>
> 3. サッカーの試合があります。学校の運動場（　　）試合をします。
> ①に　②まで　③で　④に

4. 正解：④도서관

解説：本を借りると言っているので、本を借りることのできる場所、つまり図書館を選べばいい。

> 4. （　　）に行きます。本を借ります。
> ①店　②銀行　③郵便局　④図書館

5. 正解：① 좋아합니다

解説：**그래서**は直前の内容を根拠にして述べる接続副詞なので、かっこの中には犬を飼う理由が入ると考えられる。②と③は否定的な感情なので犬を飼う理由とは考えにくい。また、犬を飼うことによってうらやましいという感情が解決できるわけではないので、④の場合は前後がつながらない。従って①が答えである。

5. 動物が（　　　）。だから犬を飼います。
①好きです　②嫌いです　③怖いです　④うらやましいです

6. 正解：① 너무

解説：**너무**には、ある程度を超える状態を表す単語である。

6. かばんが（　　　）重いです。持てません。
①あまりに　②少し　③だんだん　④次第に

［7~8］ 다음을 읽고 맞지 않는 것을 고르십시오.

7. 正解：② '겨울 노래'는 한 시간 정도 합니다.

解説：『冬の歌』は2時間25分間やる。

［7~8］次を読んで、合わないものを選びなさい。

7. 映画の時間表

時間	2月1日（土）
10時15分〜12時00分	アニメ『フダンちゃん』
13時00分〜14時20分	『その人』
15時00分〜17時00分	『宇宙を守れ』
19時05分〜21時30分	『冬の歌』

①全部で4編の映画をやります。
②『冬の歌』は1時間ほどやります。
③アニメ『フダンちゃん』を一番最初に見られます。
④『その人』は『宇宙を守れ』の前にやります。

8. 正解：④ 태권도를 모르는 사람은 참여할 수 없습니다.

解説：テコンドーを初めて習う人も参加できる。

8.

外国人のための無料テコンドー教室

テコンドーを習いたいですか?
それでは、わがテコンドー教室にお越しください!
初めて習う人も付いてきやすいようにテコンドーを教えます。

日時:毎週水曜日午後2時〜4時
場所:韓国大学1階体育館

①韓国大学には体育館があります。
②テコンドーをただで習うことができます。
③毎週2時間ずつテコンドー教室が開かれます。
④テコンドーを知らない人は参加できません。

[9~10] 다음의 내용과 같은 것을 고르십시오.

9. 正解:②제주도의 풍경은 아름답습니다.

解説:경치가 매우 아름다워서と言っているので、②が正解である。飛行機に乗って済州島に行っているので、①は間違い。家族と済州島に行ったのは先週末のことであり、今後行くつもりがあるかについては述べられていないので、③は正解にならない。写真をたくさん撮ったと言っているので、④も間違い。

[9~10] 次の内容と同じものを選びなさい。

9. 先週末、飛行機に乗って家族と済州島に行きました。景色がとても美しくて写真をたくさん撮りました。次もまた行きたいです。

①私は飛行機に乗れません。
②済州島の風景は美しいです。
③家族と済州島に行こうとしています。
④私は済州島の写真を撮れませんでした。

10. 正解:②저는 노래를 들으면 마음이 편안해집니다.

解説:私は気分が良くないときに歌を聴き、それに合わせて歌う。그러면(そうすると)、心が楽になると言っているので、②が答えである。歌がうまいかどうかについては述べられていないので、①は正解にならない。気分が良くないときに楽しい音楽を

聴くと言っているので、③は間違い。歌に合わせて歌うと心配が減って心が楽になると言っているので、④も間違い。

> 10.　私は気分が良くないとき、楽しい歌を聴きます。音楽を聴きながら歌に合わせて歌います。そうすると、心配が減って心が楽になります。
> ①私は歌がうまいです。
> ②私は歌を聴くと心が楽になります。
> ③私は心が楽なとき、楽しい歌を聴きます。
> ④私は歌を聴きながら歌に合わせて歌うのが楽しくありません。

［11~12］ 다음을 읽고 중심 생각을 고르십시오.

11. 正解：④수영 대회를 위해 더 노력하려 합니다.

解説：来月の水泳大会のために、より一生懸命努力するという内容である。③は内容には合っているが、この文章の主要な考えではないため、正解にはならない。

> ［11~12］ 次の文章を読んで、主要な考えを選びなさい。
>
> 11.　私は水泳選手です。来月水泳大会があります。だから、これからより一生懸命練習するつもりです。
> ①私は時々水泳をします。
> ②私は最近水泳を習いました。
> ③来月、水泳大会に参加するつもりです。
> ④水泳大会のためにより努力しようと思います。

12. 正解：③저는 제가 좋아하는 가수의 공연을 보고 싶습니다.

解説：来月、好きな歌手の公演を必ず見に行くという内容である。①と②は内容には合っているが、この文章の主要な考えではないため、正解にはならない。

> 12.　来月、私が好きな歌手が韓国に来ます。その歌手は歌もうまくて、ダンスも上手です。私はその歌手の公演を必ず見に行くつもりです。
> ①私が好きな歌手が公演をします。
> ②私が好きな歌手はダンスが上手です。
> ③私は私が好きな歌手の公演を見たいです。
> ④私は私が好きな歌手のように歌をうまく歌いたいです。

[13~14] 다음을 읽고 물음에 답하십시오.

13. 正解：①있다면

解説：-다면（～するなら）はまだ起きていないことを起きると考えて話すときに使う。旅行に一緒に行く人がいるかいないかまだ分からないので、있다면（いるなら）を使わなければならない。

[13~14] 次の文章を読んで、問いに答えなさい。

旅行に行くとき、かばんが重かったら歩き回るのが大変です。そのため、旅行に行くときは必ず必要な荷物のみ準備するのがいいです。旅行に一緒に行く人が（　㉠　）、分けて荷物を準備するのもいいです。しかし、傘や薬は常に持ち歩かなければいけません。突然必要になることがあるかもしれないからです。

13. ㉠に入る適切な言葉を選びなさい。
①いるなら　②いると　③いるので　④いるけど

14. 正解：①여행 짐을 챙기는 법

解説：旅行に行くとき、必要な荷物を準備する方法についての話である。

14. 何についての話なのか、合うものを選びなさい。
①旅行の荷物を準備する方法　②旅行友達と付き合う方法
③傘を持ち歩く方法　④いい薬を発見する方法

[15~16] 다음을 읽고 물음에 답하십시오.

15. 正解：④'김치 만들기' 시간과 장소를 안내하려고

解説：「キムチ作り」の時間と集合場所が書かれているので、④が答えである。

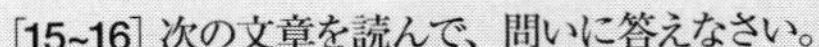
[15~16] 次の文章を読んで、問いに答えなさい。

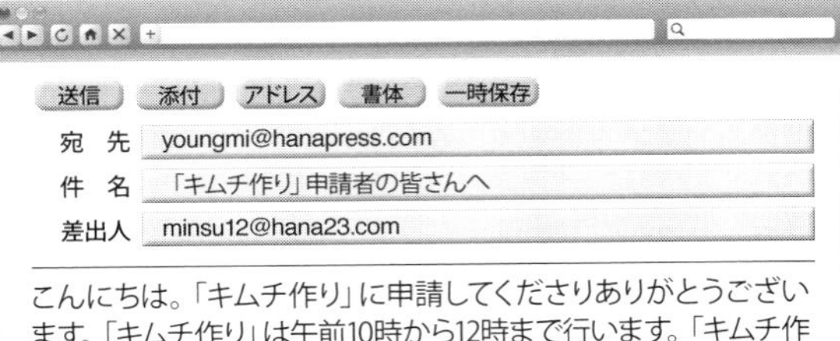
送信 添付 アドレス 書体 一時保存

宛 先 youngmi@hanapress.com

件 名 「キムチ作り」申請者の皆さんへ

差出人 minsu12@hana23.com

こんにちは。「キムチ作り」に申請してくださりありがとうございます。「キムチ作り」は午前10時から12時まで行います。「キムチ作り」が終わったら昼食を一緒に食べる予定です。昼食のメニューは、私たちが作ったキムチとわかめスープ、プルコギです。「キムチ作り」を申請した学生は、学生会館に開始30分前までに来てくださるようお願いします。

韓国大学 学生会

15. 学生会はどうしてこの文章を書いたのか、合うものを選びなさい。
① 「キムチ作り」を紹介しようと
② 「キムチ作り」申請者を確認しようと
③ 「キムチ作り」申請方法を案内しようと
④ 「キムチ作り」の時間と場所を案内しようと

16. 正解：① '김치 만들기'는 아침에 시작합니다.

解説：「キムチ作り」の開始時刻は10時であり、朝からであることが分かるので、①が答えである。「キムチ作り」の開始時刻が10時なのであり、10時間行うわけではないので、②は答えにならない。昼食は「キムチ作り」が終わった後に食べることができるとあり、弁当の準備については述べられていないので、③は間違い。集合時間は開始30分前なので、9時30分である。従って④も間違い。

16. この文章の内容と同じものを選びなさい。
① 「キムチ作り」は朝始まります。
② 「キムチ作り」は10時間の間、行われます。
③ 申請者はお昼の弁当を準備して行かなければいけません。
④ 申請者は10時30分までに学生会館に行かなければいけません。

[17~18] 다음을 순서대로 맞게 나열한 것을 고르십시오.

17. 正解：② (나)-(가)-(라)-(다)

解説：初めに来るのは(나)で固定されており、2番目に来るのは(가)か(다)のどちらかで

ある。このうち(다)を見ると、写真を撮るのにカメラよりも携帯電話をよく使うというものであり、文頭に**그래서**とあるので、(다)の前にはその根拠となる内容が来なければならない。よって(다)は2番目には来ないことが分かる。そして(가)はカメラ機能をよく使うという内容であり、(라)でカメラと携帯電話の比較をしている。この比較が(다)の根拠となる。従って(나)−(가)−(라)−(다)となり、②が正解である。

[17~18] 次の文を適切な順に並べたものを選びなさい。

17. (가) 私が一番多く使うのはカメラ機能です。
(나) 最近は携帯電話でたくさんのことができます。
(다) そのため、カメラより携帯電話で写真をより頻繁に撮ります。
(라) 携帯電話で撮った写真もカメラで撮った写真くらいきれいに出来ます。

18. 正解：② (가)−(나)−(라)−(다)

解説：初めに来るのは(가)で固定されているので、2番目に来るのが(나)(다)(라)のどれになるかを考える。それぞれを読むと、(나)には**-기 때문이다**が使われており、海がきれいで景色が美しいということがこの直前に述べられた内容の根拠であることが分かる。また(라)には文頭に**그래서**があるので、毎年夏に人々がやってくる根拠がこの前に来るということも分かる。(가)では海が有名であるという事実が述べられているが、有名である理由が(나)であると考えることができる。また、(나)を根拠として(라)の内容が述べられているとすると自然な流れになる。従って(가)−(나)−(라)−(다)となり、②が正解である。

18. (가) うちの村は海が有名です。
(나) 海がきれいで景色が美しいからです。
(다) 今年の夏にもたくさんの人がうちの村に遊びに来ました。
(라) そのため、毎年夏になると人々がうちの村にたくさん訪れます。

[19~20] 다음을 읽고 물음에 답하십시오.

19. 正解：④ ㉣

解説：提示された文は、おじさんが携帯電話を見つけてくださったという内容である。従って、おじさんがとてもありがたかったという文の前に来なければならない。与えられた文の**그때**は友人たちと携帯電話を探していたときを指す。

[19~20] 次の文章を読んで、問いに答えなさい。

友人たちと食堂で昼ご飯を食べました。(㉠)そして、自転車に乗りに公園に行きました。(㉡)でも、公園で携帯電話をなくしました。(㉢)1時間の間、友人たちと一緒に探しましたが、携帯電話を見つけられませんでした。(㉣)おじさんがとてもありがたかったです。

19. 次の文が入る場所を選びなさい。
その時、あるおじさんが携帯電話を見つけてくださいました。

①㉠　②㉡　③㉢　④㉣

20. 正解：② 자전거를 타다 휴대폰을 잃어버렸습니다.

解説：自転車に乗りに行った公園で携帯電話をなくしたとあるので、公園で自転車に乗っているときに携帯電話を落としたと考えられる。従って②が正解。自転車に乗ったのは公園なので、①は間違い。友人たちと一緒に食堂で昼ご飯を食べているので、③は間違い。おじさんは携帯電話を見つけて渡してくれたので、④も間違い。

20. この文章の内容と同じものを選びなさい。
① 私は食堂の前で自転車に乗りました。
② 自転車に乗っていて携帯電話をなくしました。
③ 食堂で昼ご飯を食べた後、友人たちに会いました。
④ おじさんが携帯電話を公園から持って行かれました。

模擬テスト1

1회 모의고사

TOPIK Ⅰ

듣기, 읽기

・制限時間は100分（聞き取り約40分、読解約60分）です。

・「聞き取り」は、ダウンロード音声（P.2参照）のTR17−26を使用します。

・解答用紙は巻末にあります。切り取ってお使いください。

・正解と問題ごとの配点はP.254に掲載されています。

수험번호(Applicaton No.)		
이름 (Name)	한국어(Korean)	
	영　어(English)	

듣기 (1번 ~ 30번)

※ **[1~4] 다음을 듣고 <보기>와 같이 물음에 맞는 답을 고르십시오.**

보기

가 : 공부를 해요?

나 : ______________________

❶ 네, 공부를 해요. ② 아니요, 공부예요.

③ 네, 공부가 아니에요. ④ 아니요, 공부를 좋아해요.

1. (4점)

① 네, 수박이에요. ② 네, 수박이 비싸요.

③ 아니요, 수박이 작아요. ④ 아니요, 수박이 없어요.

2. (4점)

① 네, 비예요. ② 네, 비가 와요.

③ 아니요, 비가 없어요. ④ 아니요, 비가 싫어요.

3. (3점)

① 2시에 가요. ② 매일 가요.

③ 동생하고 가요. ④ 백화점에 가요.

4. (3점)

① 제가 받고 싶어요.
② 생일에 받고 싶어요.
③ 친구한테 받고 싶어요.
④ 컴퓨터를 받고 싶어요.

※ [5~6] 다음을 듣고 <보기>와 같이 이어지는 말을 고르십시오.

보기

가 : 늦어서 미안해요.

나 : ____________________

① 고마워요.
❷ 아니에요.
③ 죄송해요.
④ 부탁해요.

5. (4점)

① 네, 미안해요.
② 네, 부탁해요.
③ 네, 잘 먹겠습니다.
④ 네, 그렇게 하세요.

6. (3점)

① 네, 그런데요.
② 네, 고맙습니다.
③ 네, 여기 있어요.
④ 네, 빌려 주세요.

※ [7~10] 여기는 어디입니까? <보기>와 같이 알맞은 것을 고르십시오.

보기

가 : 어서 오세요.

나 : 여기 수박 있어요?

① 학교 ② 약국 ❸ 시장 ④ 서점

7. (3점)

① 식당 ② 가게 ③ 회사 ④ 은행

8. (3점)

① 호텔 ② 병원 ③ 여행사 ④ 도서관

9. (3점)

① 약국 ② 식당 ③ 꽃집 ④ 편의점

10. (4점)

① 교실 ② 극장 ③ 서점 ④ 세탁소

※ **[11~14] 다음은 무엇에 대해 말하고 있습니까? <보기>와 같이 알맞은 것을 고르십시오.**

보기

가 : 누구예요?

나 : 이 사람은 형이고, 이 사람은 동생이에요.

❶ 가족 ② 이름 ③ 선생님 ④ 부모님

11. (3점)

① 시험 ② 계획 ③ 공부 ④ 약속

12. (3점)

① 여행 ② 고향 ③ 비행기 ④ 여행사

13. (4점)

① 날씨 ② 우산 ③ 시간 ④ 뉴스

14. (3점)

① 운동 ② 직업 ③ 취미 ④ 계획

※ [15~16] 다음 대화를 듣고 알맞은 그림을 고르십시오. (각 4점)

15. ① 

② 

③ 

④ 

16. ① 

② 

③ 

④ 

※ **[17~21] 다음을 듣고 <보기>와 같이 대화 내용과 같은 것을 고르십시오. (각 3점)**

보기

남자 : 요즘 한국어를 공부해요?

여자 : 네. 한국 친구한테서 한국어를 배워요.

① 남자는 학생입니다. ② 여자는 학교에 다닙니다.

③ 남자는 한국어를 가르칩니다. ❹ 여자는 한국어를 공부합니다.

17. ① 회사 앞 커피숍은 어제 문을 열었습니다.
② 회사 앞 커피숍은 한 달 후 문을 닫습니다.
③ 두 사람은 내일 점심시간에 커피숍에 갈 것입니다.
④ 회사 앞 커피숍에서는 커피를 사면 쿠키를 무료로 줍니다.

18. ① 남자는 목도리의 색깔이 마음에 듭니다.
② 여자는 남자에게 생일 선물을 주었습니다.
③ 여자는 남자의 생일에 친구를 만났습니다.
④ 남자는 오늘 여자와 생일파티를 할 겁니다.

19. ① 여자는 김 선생님의 결혼 소식을 모릅니다.
② 김 선생님의 예비 신부는 얼굴이 예쁩니다.
③ 남자와 여자는 결혼식장 앞에서 만날 겁니다.
④ 남자는 다음 달 셋째 주 토요일에 결혼을 할 겁니다.

20. ① 남자의 직업은 은행원입니다.
② 여자는 영화감독이 되려고 합니다.
③ 여자와 남자는 내일 함께 영화를 볼 겁니다.
④ 남자는 내일 아침에 영화를 볼 수 있습니다.

21. ① 남자는 셔츠의 소매 모양이 싫습니다.
② 여자는 남자에게 새 상품을 보낼 겁니다.
③ 이미 산 상품은 새것으로 바꿀 수 없습니다.
④ 남자는 셔츠의 사이즈를 더 큰 것으로 바꾸려고 합니다.

※ [22~24] 다음을 듣고 남자의 중심 생각을 고르십시오. (각 3점)

22. ① 지나친 운동은 건강에 좋지 않습니다.
② 운동은 무조건 많이 해야 건강에 좋습니다.
③ 헬스클럽에서 운동을 하면 다칠 수 있습니다.
④ 운동을 하지 않는 사람은 건강이 좋지 않습니다.

23. ① 예약을 하면 기다리지 않아서 좋습니다.
② 날씨가 좋지 않을 때에는 예약이 편리합니다.
③ 손님이 줄을 서서 기다리는 식당이 좋은 식당입니다.
④ 예약 없이 오는 손님들을 기다리게 하면 미안합니다.

24. ① 짐이 많을 때에는 자가용으로 이동해야 합니다.
② 부모님 댁에 갈 때는 자가용으로 가야 빠릅니다.
③ 아이들이 오랫동안 차 안에 있으면 병에 걸립니다.
④ 길이 막히는 명절에는 대중교통을 이용해야 합니다.

※ **[25~26] 다음을 듣고 물음에 답하십시오.**

25. 어떤 이야기를 하고 있는지 고르십시오. (3점)
① 안내 ② 부탁 ③ 초대 ④ 인사

26. 들은 내용과 같은 것을 고르십시오. (4점)
① 사람들은 지금 커피숍에 있습니다.
② 오십 분 후에 비행기가 출발합니다.
③ 도움이 필요하면 '한국커피숍'으로 가면 됩니다.
④ 남자는 가족과 함께 해외여행을 가는 중입니다.

※ **[27~28] 다음을 듣고 물음에 답하십시오.**

27. 두 사람이 무엇에 대해 이야기를 하고 있는지 고르십시오. (3점)
① 노래를 듣는 방법
② 노래를 찾는 방법
③ 노래를 만드는 방법
④ 노래를 잘 부르는 방법

28. 들은 내용과 같은 것을 고르십시오. (4점)

① 여자의 직업은 가수입니다.

② 여자와 남자는 노래방에 갈 겁니다.

③ 여자는 남자와 자주 노래를 부릅니다.

④ 여자는 노래 대회에서 1등을 했습니다.

※ [29~30] 다음을 듣고 물음에 답하십시오.

29. 두 사람은 왜 명동에 갑니까? (3점)

① 사진 전시회에 가고 싶어서

② 남자의 할머니와 약속이 있어서

③ 할머니 생신 선물을 사고 싶어서

④ 여자가 좋아하는 옷을 사고 싶어서

30. 들은 내용과 같은 것을 고르십시오. (4점)

① 남자의 할머니는 분홍색을 좋아합니다.

② 남자는 할머니 생신 선물로 구두를 살 겁니다.

③ 남자와 여자는 오늘 오후에 파티를 할 겁니다.

④ 남자는 이번 주 수요일에 여자와 약속이 있습니다.

읽기 (31번 ~ 70번)

※ [31~33] 무엇에 대한 이야기입니까? 〈보기〉와 같이 알맞은 것을 고르십시오. (각 2점)

보기

덥습니다. 바다에서 수영합니다.

❶ 여름 ② 날씨 ③ 나이 ④ 나라

31. 부모님이 계십니다. 누나도 있습니다.

① 가족 ② 형제 ③ 이름 ④ 친구

32. 지금은 봄입니다. 곧 여름이 옵니다.

① 시간 ② 날짜 ③ 달력 ④ 계절

33. 음악을 자주 듣습니다. 주말에는 피아노를 칩니다.

① 노래 ② 취미 ③ 직업 ④ 평일

※ [34~39] <보기>와 같이 (　　　)에 들어갈 가장 알맞은 것을 고르십시오.

보기
저는 (　　　)에 갔습니다. 책을 샀습니다. ① 극장　❷ 서점　③ 공원　④ 세탁

34. (2점)

책상 위에 책(　　　) 연필이 있습니다.

① 에　② 과　③ 을　④ 의

35. (2점)

비가 옵니다. 그런데 (　　　)이 없습니다.

① 공책　② 안경　③ 우산　④ 가방

36. (2점)

학교가 (　　　). 그래서 버스를 타고 갑니다.

① 멉니다　② 작습니다　③ 가깝습니다　④ 깨끗합니다

37. (3점)

채소를 (　　　) 좋아하지 않습니다.

① 매우　　② 깊이　　③ 무척　　④ 별로

38. (3점)

나는 대학생입니다. 한국어를 (　　　).

① 적습니다　　② 빌립니다　　③ 배웁니다　　④ 돕습니다

39. (2점)

날씨가 춥습니다. 눈도 (　　　).

① 옵니다　　② 붑니다　　③ 줍니다　　④ 놉니다

※ **[40~42] 다음을 읽고 맞지 않는 것을 고르십시오. (각 3점)**

40.

봄 학기 한국어 수업 시간 안내			
과목	**요일**	**시간**	**장소**
한국어 말하기	월, 수, 금	09:00-10:30	103호
한국어 듣기	월, 수, 금	11:00-12:30	103호
한국어 쓰기	화, 목	09:00-10:30	105호
한국어 읽기	화, 목	11:00-12:30	105호

① 봄 학기에는 네 과목을 수업합니다.
② '한국어 듣기'와 '한국어 쓰기'는 같은 요일에 수업합니다.
③ '한국어 말하기'와 '한국어 쓰기'는 같은 시간에 수업합니다.
④ '한국어 쓰기' 와 '한국어 읽기'는 같은 장소에서 수업합니다.

41.

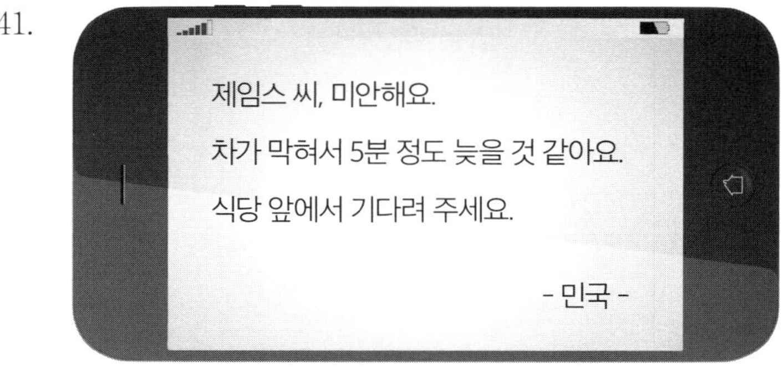

제임스 씨, 미안해요.
차가 막혀서 5분 정도 늦을 것 같아요.
식당 앞에서 기다려 주세요.
- 민국 -

① 민국 씨는 식당에 있습니다.

② 민국 씨는 5분 후에 도착할 겁니다.

③ 제임스 씨는 민국 씨를 만날 겁니다.

④ 제임스 씨는 식당 앞에서 기다릴 겁니다.

42.

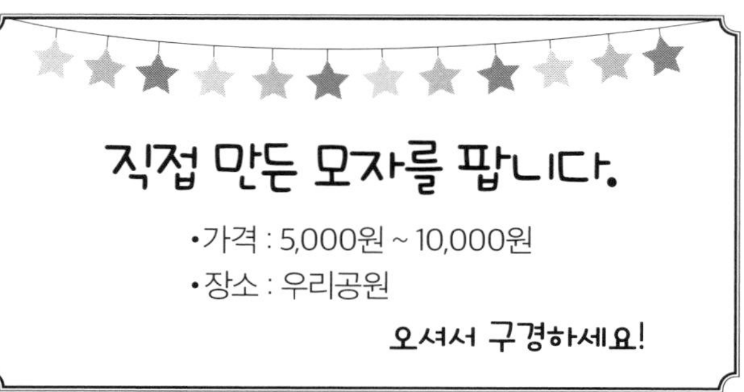

직접 만든 모자를 팝니다.
•가격 : 5,000원 ~ 10,000원
•장소 : 우리공원
오셔서 구경하세요!

① 모자의 가격은 모두 같습니다.

② 이 사람은 모자를 팔고 싶습니다.

③ 이 사람이 모자를 직접 만들었습니다.

④ 모자를 사고 싶으면 우리공원으로 갑니다.

※ [43~45] 다음의 내용과 같은 것을 고르십시오.

43. (3점)

저녁에 친구를 만났습니다. 친구와 저녁을 먹고 영화를 보았습니다. 영화가 늦게 끝났습니다.

① 친구만 영화를 보았습니다.

② 영화가 일찍 시작했습니다.

③ 저녁을 먹고 친구를 만났습니다.

④ 친구와 늦게까지 함께 있었습니다.

44. (2점)

오늘은 동생 생일입니다. 동생에게 축하 편지를 썼습니다. 그리고 모자를 사 주었습니다.

① 동생 생일은 어제였습니다.

② 저는 생일 선물을 받았습니다.

③ 동생에게 모자를 선물했습니다.

④ 동생이 저에게 편지를 썼습니다.

45. (3점)

저는 요리를 잘합니다. 맛있는 음식을 해서 친구들을 가끔 초대합니다. 친구들이 맛있게 먹으면 기분이 좋습니다.

① 친구는 맛있게 요리를 합니다.

② 저는 요리하는 것이 어렵습니다.

③ 저는 친구들에게 음식을 해 줍니다.

④ 저는 맛있는 음식을 먹으면 기분이 좋습니다.

※ [46~48] **다음을 읽고 중심 생각을 고르십시오.**

46. (3점)

저는 오늘 무척 바쁩니다. 오전에는 학교에 가서 수업을 듣고, 오후에는 편의점에서 아르바이트를 합니다. 저녁에는 친구를 만나러 갈 겁니다.

① 오후에 일을 합니다.
② 오전에 학교에 갑니다.
③ 저는 오늘 할 일이 많습니다.
④ 저녁에 친구와 약속이 있습니다.

47. (3점)

저는 주말마다 친구들과 야구를 합니다. 야구가 끝나면 함께 저녁을 먹습니다. 친구들과 운동을 하면 더욱 친해질 수 있습니다.

① 저는 야구를 잘합니다.
② 저는 매주 야구를 합니다.
③ 운동을 하고 저녁을 먹습니다.
④ 운동을 통해 친구들과 친해집니다.

48. (2점)

지선 씨는 활발히 활동하는 것을 좋아합니다. 은정 씨는 조용히 생각하는 것을 좋아합니다. 그러나 둘은 매우 친합니다.

① 지선 씨는 활발합니다.

② 은정 씨는 조용합니다.

③ 지선 씨와 은정 씨는 함께 자주 어울립니다.

④ 지선 씨와 은정 씨는 성격이 다르지만 친합니다.

※ **[49~50] 다음을 읽고 물음에 답하십시오. (각 2점)**

저는 수학 선생님입니다. 학교에서 학생들을 가르칩니다. 수업 시간이 끝나면 학생들의 숙제를 검사합니다. 또 다음날 (㉠) 내용도 준비합니다. 방학에는 가끔 여행을 갑니다.

49. ㉠에 들어갈 알맞은 말을 고르십시오.

① 가르칠 ② 가르친

③ 가르쳤던 ④ 가르쳤을

50. 이 글의 내용과 같은 것을 고르십시오.

① 저는 수학을 배웁니다.

② 저는 방학마다 여행을 갑니다.

③ 저는 학교에 갈 준비를 합니다.

④ 저는 학생들에게 숙제를 내 줍니다.

※ **[51~52] 다음을 읽고 물음에 답하십시오.**

> 김치는 종류도 다양하고, 맛도 다양합니다. 계절마다 다른 채소를 (㉠) 김치를 담그기 때문입니다. 지역에 따라서도 담그는 김치 종류가 다릅니다. 또, 같은 김치도 집집마다 담그는 방법이 달라 맛이 다릅니다. 한국에서 여러 김치를 맛보는 것도 좋은 경험이 될 수 있습니다.

51. ㉠에 들어갈 알맞은 말을 고르십시오. (3점)

① 이용해서　　② 이용해도

③ 이용하고　　④ 이용하면

52. 이 글의 내용과 같은 것을 고르십시오. (2점)

① 김치는 다 같은 맛을 냅니다.

② 김치 종류는 지역에 따라 다릅니다.

③ 집에서 담근 김치가 제일 맛있습니다.

④ 한국에서 다양한 종류의 김치를 먹을 수 없습니다.

※ **[53~54] 다음을 읽고 물음에 답하십시오.**

> 한글은 세종대왕이 만드셨습니다. 한글의 모음은 사람과 땅과 하늘을 의미합니다. 한글의 자음은 목구멍과 입과 같은 발음 기관의 모양을 따라 만들어졌습니다. 그래서 한글은 소리 나는 것은 모두 (㉠) 있습니다. 또 누구나 쉽게 글자를 배울 수 있습니다.

53. ㉠에 들어갈 알맞은 말을 고르십시오. (2점)

① 들을 수　② 부를 수
③ 적을 수　④ 걸을 수

54. 이 글의 내용과 같은 것을 고르십시오. (3점)

① 한글은 배우기 어렵습니다.
② 한글을 만든 사람은 누군지 모릅니다.
③ 한글의 모음은 사람 모양과 비슷합니다.
④ 한글의 자음은 발음 기관을 본떠 만들었습니다.

※ **[55~56] 다음을 읽고 물음에 답하십시오.**

> 저희 집 앞에는 전통 시장이 있습니다. 전통 시장에서는 신선한 재료를 싼값에 팝니다. 떡볶이와 치킨과 같은 맛있는 음식도 만들어 팝니다. 시장에서 열심히 일하시는 분들을 보면 저도 힘이 납니다. (㉠) 물건을 사지 않아도 가끔 시장 구경을 갑니다. 저는 전통 시장이 좋습니다.

55. ㉠에 들어갈 알맞은 말을 고르십시오. (2점)

① 그러면　② 그러나
③ 그래도　④ 그래서

56. 이 글의 내용과 같은 것을 고르십시오. (3점)

① 전통 시장은 값이 쌉니다.

② 저는 시장에서 일을 합니다.

③ 전통 시장은 저희 집과 멉니다.

④ 저는 물건을 살 때만 전통 시장에 갑니다.

※ **[57~58] 다음을 순서대로 맞게 나열한 것을 고르십시오.**

57. (2점)

(가) 인터넷이 발달되었기 때문입니다. (나) 그러나 요즘에는 집에서도 쉽게 알 수 있습니다. (다) 옛날에는 다른 나라의 소식을 알기 어려웠습니다. (라) 그래서 다른 나라에 사는 친구들과도 인터넷을 통해 사귈 수 있습니다.

① (다)－(가)－(나)－(라)　② (다)－(나)－(가)－(라)

③ (다)－(나)－(라)－(가)　④ (다)－(라)－(가)－(나)

58. (3점)

(가) 지난 주말에 친구들과 여행을 갔습니다. (나) 그때 어떤 아저씨께서 길을 알려 주셨습니다. (다) 길을 쉽게 찾게 되어서 정말 다행이었습니다. (라) 그런데 버스를 잘못 타서 길을 잃어버렸습니다.

① (가)－(나)－(다)－(라)　② (가)－(다)－(나)－(라)

③ (가)–(라)–(나)–(다)　　　④ (가)–(라)–(다)–(나)

※ [59~60] 다음을 읽고 물음에 답하십시오.

> 산에는 다양한 식물과 동물이 살고 있습니다. (㉠) 그런데 어떤 사람들은 산에 있는 식물과 동물을 집으로 가져오기도 합니다. (㉡) 산에 먹을 것이 없으면 동물들이 죽을 수 있습니다. (㉢) 산에 있는 식물과 동물을 산에 살게 하는 것도 자연을 지키는 것입니다. (㉣) 우리의 작은 행동이 자연을 지킬 수 있습니다.

59. 다음 문장이 들어갈 곳을 고르십시오. (2점)

> 그러면 산에 사는 동물들이 먹을 것을 찾을 수 없게 됩니다.

① ㉠　　② ㉡　　③ ㉢　　④ ㉣

60. 이 글의 내용과 같은 것을 고르십시오. (3점)
① 산에는 동물만 살고 있습니다.
② 산에는 많은 종류의 식물이 살고 있습니다.
③ 자연을 지키는 일은 아무나 할 수 없습니다.
④ 산에 있는 식물을 집으로 가져오는 사람은 없습니다.

※ [61~62] **다음을 읽고 물음에 답하십시오.** (각 2점)

어제는 친구의 생일이었습니다. 그래서 친구에게 친구의 사진을 넣은 컵을 만들어 주었습니다. 그 컵은 세상에 (㉠) 없습니다. 친구가 컵을 보고 무척 좋아했습니다. 저도 그런 친구를 보고 기분이 좋았습니다. 친구가 항상 행복하면 좋겠습니다.

61. ㉠에 들어갈 알맞은 말을 고르십시오.

① 하나만　　② 하나씩

③ 하나밖에　　④ 하나만큼

62. 이 글의 내용과 같은 것을 고르십시오.

① 친구의 생일은 지났습니다.

② 친구는 컵을 만들었습니다.

③ 친구와 함께 사진을 찍었습니다.

④ 친구는 언제나 기분이 좋습니다.

※ **[63~64] 다음을 읽고 물음에 답하십시오.**

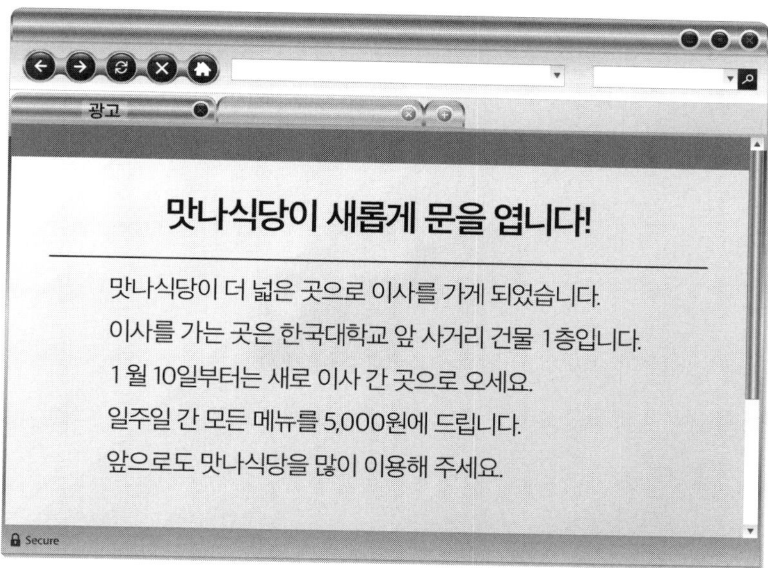

63. 맛나식당에서는 왜 이 글을 썼는지 맞는 것을 고르십시오. (2점)

① 맛나식당의 문을 닫으려고

② 맛나식당의 메뉴를 알리려고

③ 맛나식당의 가격을 올리려고

④ 맛나식당의 이사 소식을 알리려고

64. 이 글의 내용과 같은 것을 고르십시오. (3점)

① 1월 9일에는 맛나식당이 이사 간 곳으로 가면 됩니다.

② 맛나식당은 한국대학교에서 멀리 떨어진 곳에 있습니다.

③ 1월 15일에는 맛나식당에서 오천 원에 밥을 먹을 수 있습니다.

④ 앞으로 맛나식당의 메뉴는 언제나 5,000원에 먹을 수 있습니다.

※ [65~66] **다음을 읽고 물음에 답하십시오.**

> 잠자기 전에 휴대폰을 사용하면 잠들기까지 시간이 오래 걸립니다. 또, 깊이 (㉠) 없습니다. 휴대폰에서 나오는 빛 때문입니다. 따라서 다음 날 더 피곤함을 느낍니다. 이것은 건강에 좋지 않습니다. 그러므로 잠자기 전에는 휴대폰을 사용하지 않는 것이 좋습니다.

65. ㉠에 들어갈 알맞은 말을 고르십시오. (2점)

① 쉴 수　　② 깰 수

③ 잠들 수　　④ 만날 수

66. 이 글의 내용과 같은 것을 고르십시오. (3점)

① 휴대폰을 오래 사용하면 피곤합니다.

② 휴대폰의 빛은 잠을 못 들게 합니다.

③ 잠을 많이 자면 건강에 좋지 않습니다.

④ 잠자기 전에 휴대폰을 사용하면 잠이 잘 옵니다.

※ [67~68] **다음을 읽고 물음에 답하십시오. (각 3점)**

> 커피는 많은 사람이 좋아하는 음료입니다. 커피를 마시면 정신이 맑아지고 스트레스가 줄어듭니다. 운동 전에 커피를 (㉠) 운동을 할 때 더 많은 힘을 낼 수 있습니다. 또, 입 안의 냄새도 나지 않게 합니다. 그렇지만 커피를 너무 많이 마시면, 밤에 깊게 잠을 잘 수 없습니다. 그래서 하루에 3잔 이상 마시지 않는 것이 좋습니다.

67. ㉠에 들어갈 알맞은 말을 고르십시오.

① 마셔도　② 마시니
③ 마시고　④ 마시면

68. 이 글의 내용과 같은 것을 고르십시오.

① 커피가 입 냄새를 나게 합니다.
② 커피를 좋아하는 사람들은 많지 않습니다.
③ 커피를 5잔 마시면 밤에 잠을 잘 잘 수 있습니다.
④ 스트레스를 받을 때 커피를 마시면 도움이 됩니다.

※ [69~70] 다음을 읽고 물음에 답하십시오. (각 3점)

아이들이 미래에 하고 싶은 직업을 체험해 볼 수 있는 곳이 있습니다. 다른 곳에서는 쉽게 할 수 없는 일들을 해 볼 수 있기 때문에 (㉠). 아이들은 이곳에서 소방관이 되어 직접 불을 꺼 볼 수도 있고, 요리사가 되어 음식을 만들어 볼 수도 있습니다. 또, 의사가 되어 보거나 영화배우가 되어 볼 수도 있습니다. 여러 직업을 해 보면 자신이 정말 하고 싶은 일을 찾는 것에 도움이 됩니다.

69. ㉠에 들어갈 알맞은 말을 고르십시오.

① 인기가 없습니다
② 인기가 높습니다
③ 어렵지 않습니다
④ 어렵게 느껴집니다

70. 이 글의 내용으로 알 수 있는 것을 고르십시오.

① 점점 더 많은 아이들이 이곳을 찾습니다.
② 아이들은 소방관이 하는 일을 보기만 합니다.
③ 아이들은 자신이 원하는 직업을 체험해 볼 수 있습니다.
④ 아이들은 이곳에서 한 가지 직업만 체험해 볼 수 있습니다.

模擬テスト2

2회 모의고사

TOPIK Ⅰ

듣기, 읽기

・制限時間は100分（聞き取り約40分、読解約60分）です。

・「聞き取り」は、ダウンロード音声（P.2参照）のTR27−36を使用します。

・解答用紙は巻末にあります。切り取ってお使いください。

・正解と問題ごとの配点はP.286に掲載されています。

수험번호(Applicaton No.)		
이름 (Name)	한국어(Korean)	
	영　어(English)	

듣기 (1번 ~ 30번)

※ **[1~4] 다음을 듣고 <보기>와 같이 물음에 맞는 대답을 고르십시오.**

보기

가 : 공부를 해요?

나 : ____________________

❶ 네, 공부를 해요.　　② 아니요, 공부예요.

③ 네, 공부가 아니에요.　　④ 아니요, 공부를 좋아해요.

1. (4점)

① 네, 시간이에요.　　② 네, 시간이 왔어요.

③ 아니요, 시간이 없어요.　　④ 아니요, 시간이 많아요.

2. (4점)

① 네, 머리가 길어요.　　② 네, 머리가 있어요.

③ 아니요, 머리가 없어요.　　④ 아니요, 머리가 작아요.

3. (3점)

① 3층이에요.　　② 10분 후예요.

③ 만 원이에요.　　④ 공포영화예요.

4. (3점)

① 형이에요. ② 동생이 찍었어요.

③ 작년에 찍었어요. ④ 가족사진이에요.

※ **[5~6] 다음을 듣고 <보기>와 같이 이어지는 말을 고르십시오.**

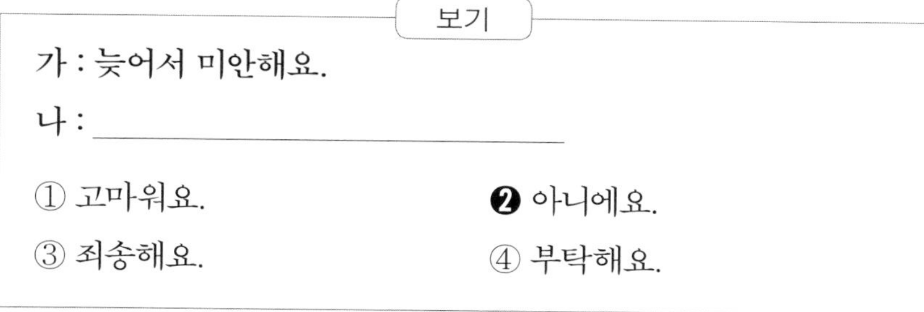
보기

가 : 늦어서 미안해요.

나 : ______________________

① 고마워요. ❷ 아니에요.

③ 죄송해요. ④ 부탁해요.

5. (4점)

① 미안해요. ② 잘 먹을게요.

③ 그러지 마세요. ④ 그렇게 해 볼게요.

6. (3점)

① 네, 반가워요. ② 네, 잘 부탁해요.

③ 네, 다시 걸게요. ④ 네, 제가 이혜진인데요.

※ [7~10] 여기는 어디입니까? 〈보기〉와 같이 알맞은 것을 고르십시오.

보기			
가 : 어서 오세요.			
나 : 여기 수박 있어요?			
① 학교	② 약국	❸ 시장	④ 서점

7. (3점)

① 빵집 ② 공원 ③ 병원 ④ 약국

8. (3점)

① 꽃집 ② 학교 ③ 안내소 ④ 옷 가게

9. (3점)

① 시장 ② 가게 ③ 미술관 ④ 문구점

10. (4점)

① 비행기 ② 터미널 ③ 여행사 ④ 우체국

※ [11~14] 다음은 무엇에 대해 말하고 있습니까? 〈보기〉와 같이 알맞은 것을 고르십시오.

보기

가 : 누구예요?

나 : 이 사람은 형이고, 이 사람은 동생이에요.

❶ 가족　　② 이름　　③ 선생님　　④ 부모님

11. (3점)

① 값　　② 비　　③ 날짜　　④ 과일

12. (3점)

① 시간　　② 취미　　③ 직업　　④ 운동

13. (4점)

① 휴일　　② 계획　　③ 음식　　④ 건강

14. (3점)

① 집　　② 돈　　③ 이사　　④ 가구

※ [15~16] 다음 대화를 듣고 알맞은 그림을 고르십시오. (각 4점)

15. ① 

② 

③ 

④ 

16. ① 

② 

③ 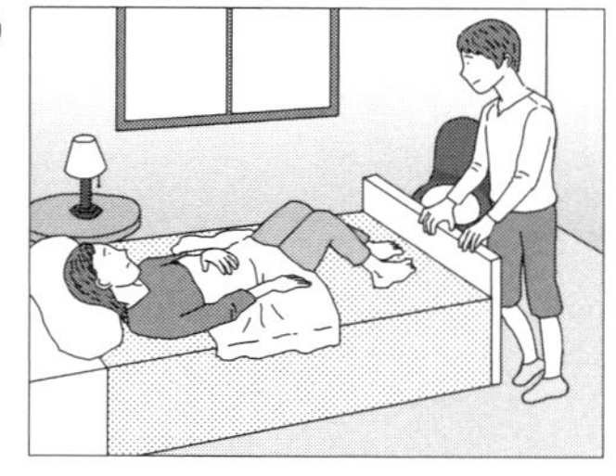

④ 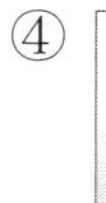
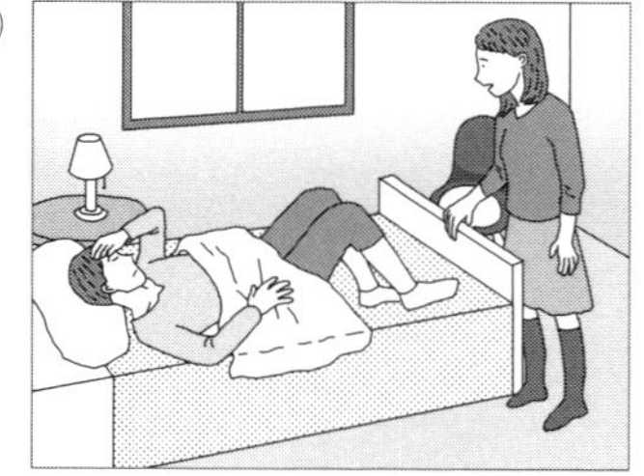

※ **[17~21] 다음을 듣고 <보기>와 같이 대화 내용과 같은 것을 고르십시오. (각 3점)**

> 보기
>
> 남자 : 요즘 한국어를 공부해요?
>
> 여자 : 네. 한국 친구한테서 한국어를 배워요.
>
> ① 남자는 학생입니다. ② 여자는 학교에 다닙니다.
>
> ③ 남자는 한국어를 가르칩니다. ❹ 여자는 한국어를 공부합니다.

17. ① 여자는 등산을 좋아하지 않습니다.
② 남자는 매주 토요일에 등산을 합니다.
③ 남자는 산에 올라가는 것을 좋아하지 않습니다.
④ 두 사람은 토요일에 비가 오면 집에 있을 겁니다.

18. ① 남자는 어제 여자와 점심을 먹었습니다.
② 여자는 병원에 가서 치료를 받을 겁니다.
③ 여자는 어제 점심시간에 많이 바빴습니다.
④ 남자는 여자의 병을 치료해 주려고 합니다.

19. ① 남자는 영화배우입니다.
② 여자는 성우가 되고 싶습니다.
③ 남자는 여자와 영화를 볼 겁니다.
④ 여자는 만화 영화를 만들고 싶습니다.

20. ① 여자는 휴가 때 여행을 다녀왔습니다.
② 남자는 중요한 일을 처리해서 좋습니다.
③ 여자는 남자와 함께 휴가를 보냈습니다.
④ 남자는 몸이 아파서 여행을 취소했습니다.

21. ① 남자는 휴대폰을 새로 사고 싶습니다.
② 여자는 내일 오후 5시에 다시 올 겁니다.
③ 여자는 휴대폰을 바닥에 떨어뜨렸습니다.
④ 남자는 휴대폰을 물과 수건으로 닦을 겁니다.

※ [22] 다음을 듣고 남자의 중심 생각을 고르십시오. (3점)

22. ① 시골에는 노인 시설이 필요합니다.
② 공기가 좋은 시골에서 살고 싶습니다.
③ 젊은 사람들은 도시에서 살아야 합니다.
④ 도시에는 병원과 노인 시설이 없어서 불편합니다.

※ [23~24] 다음을 듣고 여자의 중심 생각을 고르십시오. (각 3점)

23. ① 물감은 새것이 좋습니다.
② 물건은 최대한 아껴 써야 합니다.
③ 물건은 한꺼번에 많이 사 두어야 합니다.
④ 중요한 물건은 미리 준비해 두어야 편리합니다.

24. ① 시계를 꼭 가지고 다녀야 합니다.
  ② 늦을 때는 기다리지 않아도 됩니다.
  ③ 늦을 때는 미리 연락을 해야 합니다.
  ④ 어른이 되면 걱정하지 않아도 됩니다.

※ **[25~26] 다음을 듣고 물음에 답하십시오.**

25. 여자가 왜 이 이야기를 하고 있는지 맞는 것을 고르십시오. (3점)
  ① 상품을 광고하려고　　② 상품을 주문하려고
  ③ 잃어버린 물건을 찾아 주려고　　④ 안내데스크 위치를 알려 주려고

26. 들은 내용과 같은 것을 고르십시오. (4점)
  ① 식품 코너는 2층에 있습니다.
  ② 지갑의 색깔은 검은색입니다.
  ③ 지갑 안에는 아무것도 들어 있지 않습니다.
  ④ 지갑의 주인은 2층 안내데스크로 가면 됩니다.

※ **[27~28] 다음을 듣고 물음에 답하십시오.**

27. 두 사람이 무엇에 대해 이야기를 하고 있는지 고르십시오. (3점)
  ① 주말에 하는 일
  ② 사진을 찍는 방법
  ③ 친구들과 만나는 장소
  ④ 스트레스를 푸는 방법

28. 들은 내용과 같은 것을 고르십시오. (4점)

① 여자의 취미는 등산입니다.

② 여자는 일요일마다 사진을 찍습니다.

③ 여자는 사진을 찍어서 판매할 겁니다.

④ 여자는 남자와 주말에 만나기로 했습니다.

※ [29~30] 다음을 듣고 물음에 답하십시오.

29. 여자는 남자에게 왜 전화를 했습니까? (3점)

① 세탁소를 광고하려고

② 셔츠 사이즈를 확인하려고

③ 세탁을 끝낸 옷을 배달하려고

④ 셔츠가 망가져서 새것으로 사 주려고

30. 들은 내용과 같은 것을 고르십시오. (4점)

① 남자의 집에는 오전에 아무도 없습니다.

② 여자는 남자에게 셔츠 살 돈을 줄 겁니다.

③ 여자는 백화점에 가서 새 셔츠를 살 겁니다.

④ 남자는 내일 오후에 중요한 모임이 있습니다.

읽기 (31번 ~ 70번)

※ [31~33] 무엇에 대한 이야기입니까? 〈보기〉와 같이 알맞은 것을 고르십시오. (각 2점)

보기			
덥습니다. 바다에서 수영합니다.			
❶ 여름	② 날씨	③ 나이	④ 나라

31. 오늘은 비가 옵니다. 춥습니다.

① 날씨　　② 방학　　③ 계절　　④ 우산

32. 저는 이지은입니다. 이 사람은 토니입니다.

① 학생　　② 나이　　③ 이름　　④ 나라

33. 오늘은 3월 20일입니다. 내일은 3월 21일입니다.

① 생일　　② 날짜　　③ 하루　　④ 요일

※ [34~39] <보기>와 같이 (　　　)에 들어갈 가장 알맞은 것을 고르십시오.

보기

저는 (　　　)에 갔습니다. 책을 샀습니다.

① 극장　❷ 서점　③ 공원　④ 세탁

34. (2점)

호연이가 재경이(　　　) 키가 큽니다.

① 보다　② 부터　③ 한테　④ 랑

35. (2점)

날씨가 흐립니다. (　　　)이 많습니다.

① 눈　② 바람　③ 구름　④ 하늘

36. (2점)

목이 마릅니다. 물을 (　　　).

① 닦습니다　② 놓습니다　③ 마십니다　④ 그립니다

37. (3점)

친구가 약속에 늦습니다. 친구를 (　　　).

① 기다립니다　② 돌아갑니다　③ 물어봅니다　④ 지나갑니다

38. (3점)

> 과일을 좋아합니다. 그중에서 바나나를 (　　　) 좋아합니다.

① 별로　② 전혀　③ 아직　④ 제일

39. (2점)

> 청소를 자주 합니다. 그래서 (　　　).

① 건강합니다　② 깨끗합니다　③ 복잡합니다　④ 심심합니다

※ **[40~42] 다음을 읽고 맞지 않는 것을 고르십시오. (각 3점)**

40.

4월	
4/월	동연 씨와 저녁 약속
5/화	한국어 수업
6/수	동생 생일
7/목	한국어 수업
8/금	윤하 씨와 등산
9/토	한국어 수업
10/일	쇼핑

① 금요일에 등산을 합니다.

② 4월 6일은 동생 생일입니다.

③ 주말에 저녁 약속이 있습니다.

④ 한국어 수업은 일주일에 세 번 있습니다.

41.

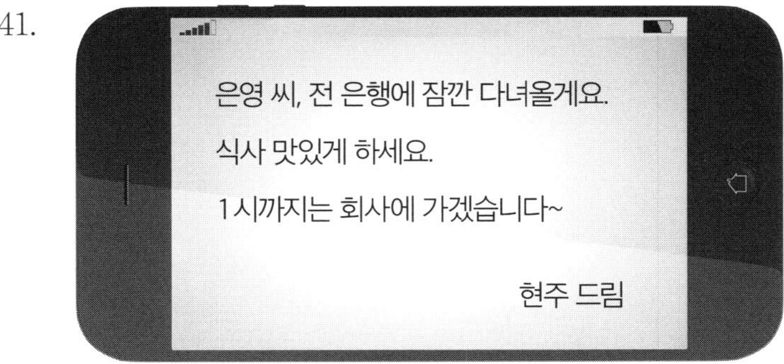

은영 씨, 전 은행에 잠깐 다녀올게요.
식사 맛있게 하세요.
1시까지는 회사에 가겠습니다~
현주 드림

① 현주 씨는 은행에 갑니다.

② 은영 씨는 점심을 먹습니다.

③ 현주 씨는 한 시까지 회사에 갑니다.

④ 은영 씨가 현주 씨에게 문자를 보냈습니다.

42.

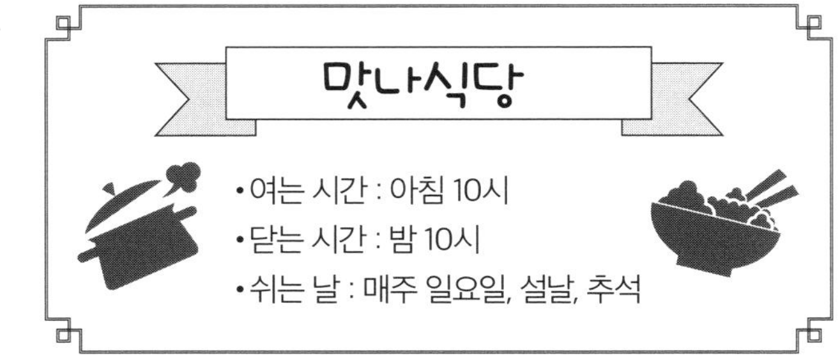

맛나식당
•여는 시간 : 아침 10시
•닫는 시간 : 밤 10시
•쉬는 날 : 매주 일요일, 설날, 추석

① 추석에는 식당이 쉽니다.

② 맛나식당은 아침 10시에 문을 엽니다.

③ 일요일에 맛나식당에 가면 밥을 먹을 수 없습니다.

④ 밤 11시에 맛나식당에 가면 밥을 먹을 수 있습니다.

※ [43~45] **다음의 내용과 같은 것을 고르십시오.**

43. (3점)

저는 매일 아침 수영을 하고 학교에 갑니다. 오후에는 수업을 듣고, 도서관에서 공부를 합니다. 저녁에는 친구를 만나거나 아르바이트를 갑니다.

① 저는 아침마다 수영을 합니다.
② 저는 저녁에 도서관에 갑니다.
③ 저는 친구와 아르바이트를 합니다.
④ 저는 도서관에서 공부를 하고 수업을 듣습니다.

44. (2점)

떡볶이는 맵지만 맛있습니다. 한국에 처음 왔을 때는 매워서 먹지 못했습니다. 그러나 지금은 떡볶이를 제일 좋아합니다.

① 떡볶이는 맵지 않습니다.
② 이제는 떡볶이를 잘 먹습니다.
③ 저는 지금도 떡볶이를 먹지 못합니다.
④ 저는 처음부터 떡볶이를 잘 먹었습니다.

45. (3점)

누나와 같이 도서관에 갔습니다. 누나는 누나가 읽고 싶던 소설책을 찾았습니다. 그러나 그 책은 다른 사람이 빌려 갔습니다.

① 누나는 소설책을 빌렸습니다.

② 누나는 소설책을 돌려주었습니다.

③ 누나는 소설책을 읽고 싶었습니다.

④ 누나는 소설책을 사고 싶었습니다.

※ **[46~48] 다음을 읽고 중심 생각을 고르십시오.**

46. (3점)

저는 일본 사람이지만 한국에 살고 있습니다. 가족과 매일 전화 통화를 합니다. 그렇지만 가족이 많이 보고 싶습니다.

① 저는 일본 사람입니다.

② 저는 가족이 그립습니다.

③ 저는 한국에 살고 있습니다.

④ 저는 가족과 매일 연락합니다.

47 (3점)

저는 만화를 좋아합니다. 만화를 보면 재미있는 생각을 할 수 있고, 기분이 좋아집니다. 그래서 기분이 좋지 않거나 심심할 때 만화를 자주 봅니다.

① 저는 기분이 좋습니다.

② 저는 재미있는 사람입니다.

③ 저는 만화를 보면 재미없습니다.

④ 저는 만화 보는 것이 즐겁습니다.

48. (2점)

저는 커피를 많이 마십니다. 그래서 밤에 잠을 깊이 자지 못합니다. 커피 양을 줄여야겠습니다.

① 저는 잠이 부족합니다.

② 저는 커피를 좋아합니다.

③ 이제 커피를 조금만 마실 겁니다.

④ 특히 밤에 커피를 많이 마십니다.

※ **[49~50] 다음을 읽고 물음에 답하십시오.** (각 2점)

버스를 타고 서울을 돌아보는 '서울 버스 여행'이 있습니다. 이 여행은 원하는 관광지에 내려 자유로운 시간을 보내고 다른 관광지로 버스를 타고 가는 여행입니다. 이 여행은 버스를 타고 다니기 때문에 매우 편합니다. 또 원하는 만큼 관광지에서 시간을 보낼 수 있습니다. 버스에서 내리지 않아도 서울의 관광지를 (㉠) 있습니다.

49. ㉠에 들어갈 알맞은 말을 고르십시오.

① 쓸 수

② 볼 수

③ 먹을 수

④ 말할 수

50. 이 글의 내용과 같은 것을 고르십시오.

① '서울 버스 여행'의 좋은 점

② '서울 버스 여행'에서 할 수 없는 것

③ '서울 버스 여행'에서 갈 수 있는 곳

④ '서울 버스 여행'을 갈 수 있는 시간

※ [51~52] 다음을 읽고 물음에 답하십시오.

> 나무나 꽃이 크기 위해서는 햇빛이 필요합니다. 우리 몸도 건강하기 위해서는 햇빛이 꼭 필요합니다. 우리 몸에 햇빛이 (㉠) 뼈가 약해집니다. 또 기분이 안 좋아지기도 합니다. 그래서 아침이나 낮에 바깥에서 운동을 하면 좋습니다.

51. ㉠에 들어갈 알맞은 말을 고르십시오. (3점)

① 부족해서　　② 부족하고

③ 부족하나　　④ 부족하면

52. 무엇에 대한 이야기인지 맞는 것을 고르십시오. (2점)

① 운동을 하는 이유　　② 나무가 크는 방법

③ 햇빛이 중요한 이유　　④ 기분이 좋아지는 방법

※ [53~54] **다음을 읽고 물음에 답하십시오.**

저는 한국 드라마를 좋아합니다. 그래서 한국 드라마를 보며 한국어를 공부했습니다. 드라마를 보면 한국 사람들이 하는 말을 배울 수 있습니다. 자연스러운 발음을 따라 연습할 수 있습니다. 사람들이 하는 말도 더 잘 들리게 됩니다. 무엇보다 (㉠) 재미있습니다.

53. ㉠에 들어갈 알맞은 말을 고르십시오. (2점)

① 드라마로 춤을 배우면 ② 드라마로 공부를 하면

③ 한국어로 이야기를 하면 ④ 한국어로 노래를 부르면

54. 이 글의 내용과 같은 것을 고르십시오. (3점)

① 한국 드라마를 보는 것은 자연스럽습니다.

② 한국 드라마를 보는 사람들은 말이 많습니다.

③ 한국 드라마를 보는 사람은 귀가 잘 들립니다.

④ 한국 드라마를 보는 것은 한국어 공부에 도움이 됩니다.

※ [55~56] **다음을 읽고 물음에 답하십시오.**

> 김밥에는 종류가 많습니다. 김밥 속에 넣는 재료에 따라 종류가 달라지기 때문입니다. 자기가 좋아하는 재료를 많이 넣을 수 있습니다. (㉠) 재료가 들어 있기 때문에 맛이 좋습니다. 또 건강에도 좋습니다. 그래서 김밥은 많은 사람들이 좋아하는 음식입니다.

55. ㉠에 들어갈 알맞은 말을 고르십시오. (2점)

① 어느　② 여러　③ 무슨　④ 저런

56. 이 글의 내용과 같은 것을 고르십시오. (3점)

① 김밥은 몸에 좋지 않습니다.
② 김밥은 맛이 모두 똑같습니다.
③ 김밥에 넣는 재료는 다양합니다.
④ 김밥을 싫어하는 사람이 많습니다.

※ [57~58] **다음을 순서대로 맞게 나열한 것을 고르십시오.**

57. (2점)

> (가) 사계절이 뚜렷하기 때문입니다.
> (나) 한국의 과일은 무척 달고 맛있습니다.
> (다) 또, 계절마다 나오는 과일이 다릅니다.
> (라) 그래서 다양한 과일을 맛볼 수 있습니다.

① (나)-(가)-(다)-(라) ② (나)-(가)-(라)-(다)
③ (나)-(다)-(라)-(가) ④ (나)-(라)-(가)-(다)

58. (3점)

(가) 사람들이 건강에 관심이 많아졌습니다.
(나) 또, 운동을 매일 하는 것도 중요합니다.
(다) 그래서 건강에 대한 정보를 많이 찾습니다.
(라) 건강하기 위해서는 무엇보다 몸에 좋은 음식을 다양하게 먹는 것이 중요합니다.

① (가)-(나)-(다)-(라) ② (가)-(나)-(라)-(다)
③ (가)-(다)-(나)-(라) ④ (가)-(다)-(라)-(나)

※ [59~60] 다음을 읽고 물음에 답하십시오.

저희 집은 다음 달에 이사를 합니다. (㉠) 그런데 아직 쓸 수 있는 물건이 많았습니다. (㉡) 이 물건들은 인터넷으로 싼 값에 팔려고 합니다. (㉢) 그러면 필요한 사람들이 이 물건을 살 것입니다. (㉣) 물건을 팔기 전에 물건을 깨끗이 닦아야겠습니다.

59. 다음 문장이 들어갈 곳을 고르십시오. (2점)

그래서 미리 안 쓰는 물건들을 정리했습니다.

① ㉠ ② ㉡ ③ ㉢ ④ ㉣

60. 이 글의 내용과 같은 것을 고르십시오. (3점)

① 저희 집은 이사를 했습니다.
② 물건을 닦지 않아도 됩니다.
③ 인터넷으로 물건을 팔 겁니다.
④ 필요한 물건을 싸게 샀습니다.

※ [61~62] 다음을 읽고 물음에 답하십시오. (각 2점)

어제는 형과 함께 박물관에 갔습니다. 박물관에는 유명한 화가의 그림이 있었습니다. 그 그림 앞에는 많은 사람들이 있었습니다. 우리도 그림을 보려고 그림 앞으로 갔습니다. 그 그림은 책에서 (㉠) 훨씬 더 멋있었습니다. 앞으로 책을 볼 때마다 박물관에서 본 그림이 생각날 것 같습니다.

61. ㉠에 들어갈 알맞은 말을 고르십시오.

① 본 것보다
② 본 것으로
③ 본 것처럼
④ 본 것까지

62. 이 글의 내용과 같은 것을 고르십시오.

① 박물관에 혼자 갔습니다.
② 박물관에서 책을 읽었습니다.
③ 박물관에서 화가를 만났습니다.
④ 박물관에서 그림을 보았습니다.

※ [63~64] 다음을 읽고 물음에 답하십시오.

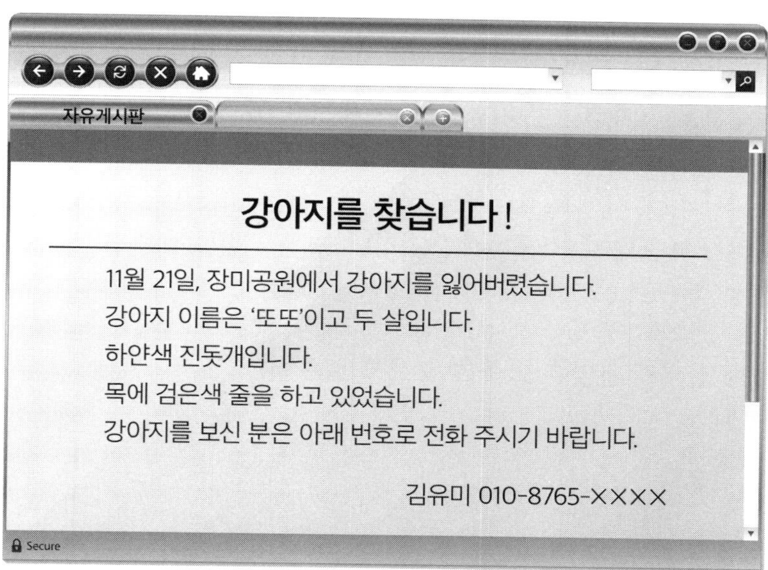

자유게시판
강아지를 찾습니다!
11월 21일, 장미공원에서 강아지를 잃어버렸습니다.
강아지 이름은 '또또'이고 두 살입니다.
하얀색 진돗개입니다.
목에 검은색 줄을 하고 있었습니다.
강아지를 보신 분은 아래 번호로 전화 주시기 바랍니다.
김유미 010-8765-XXXX
Secure

63. 김유미 씨는 왜 이 글을 썼는지 맞는 것을 고르십시오. (2점)

① 강아지를 사려고
② 강아지를 찾으려고
③ 강아지와 산책을 가려고
④ 강아지 생일을 알려 주려고

64. 이 글의 내용과 같은 것을 고르십시오. (3점)

① 강아지는 장미를 좋아합니다.
② 강아지는 장미공원에서 삽니다.
③ 강아지는 검정 옷을 입고 있습니다.
④ 강아지 주인의 이름은 김유미입니다.

※ [65~66] **다음을 읽고 물음에 답하십시오.**

요즘에는 필요한 물건을 직접 만들어 쓰는 사람들이 많습니다. 물건을 만들기 위해서는 시간과 노력이 필요합니다. 그러나 물건을 직접 만들면 내가 원하는 모양과 크기에 꼭 맞게 (㉠) 있습니다. 만들어진 물건을 사는 것보다 가격도 쌉니다. 또, 직접 만들었기 때문에 더 소중하게 느껴집니다.

65. ㉠에 들어갈 알맞은 말을 고르십시오. (2점)

① 살 수
② 만들 수
③ 필요할 수
④ 소중할 수

66. 이 글의 내용과 같은 것을 고르십시오. (3점)

① 필요한 물건은 금방 만들 수 있습니다.
② 내가 만든 물건은 크기가 모두 똑같습니다.
③ 만들어진 물건은 내가 만든 것보다 가격이 비쌉니다.
④ 요즘에는 물건을 시장에서 직접 사는 사람들이 많습니다.

※ [67~68] **다음을 읽고 물음에 답하십시오.** (각 3점)

> 해마다 부산에서는 '부산국제영화제'를 합니다. '부산국제영화제'에서는 세계 여러 나라의 영화를 볼 수 있습니다. 또 유명한 배우와 감독들도 만날 수 있습니다. '부산국제영화제'를 즐기면서 부산 여행을 할 수도 있습니다. 부산에는 멋진 바다도 있고, 구경할 것도 많기 때문입니다. 그래서 내년에는 친구들과 '부산국제영화제'에 (㉠).

67. ㉠에 들어갈 알맞은 말을 고르십시오.

① 갔습니다　　② 가 봅니다
③ 갈 것입니다　　④ 가게 됩니다

68. 이 글의 내용과 같은 것을 고르십시오.

① 부산에는 볼 것이 없습니다.
② '부산국제영화제'에는 배우들도 참여합니다.
③ 가족들과 '부산국제영화제'에 가고 싶습니다.
④ 작년에는 '부산국제영화제'를 하지 않았습니다.

※ [69~70] **다음을 읽고 물음에 답하십시오.** (각 3점)

> 수업 시간 전에는 엘리베이터에 사람이 많아서 오래 기다려야 합니다. 그런데 한국어 수업을 듣는 교실은 5층에 있습니다. 어제는 엘리베이터를 기다리다가 계단으로 걸어 올라갔습니다. 조금 힘은 들었지만 운동이 되는 것 같았습니다. 그래서 앞으로도 계속 계단으로 (㉠). 그러면 건강에도 좋을 것입니다.

69. ㉠에 들어갈 알맞은 말을 고르십시오.

① 운동할 겁니다　　② 다니려고 합니다

③ 다니지 않겠습니다　　④ 운동하고 있습니다

70. 이 글의 내용으로 알 수 있는 것을 고르십시오.

① 한국어 수업을 듣는 학생이 많습니다.

② 건강을 위해서 계단을 이용하는 사람이 많습니다.

③ 이제 수업에 갈 때 엘리베이터를 타지 않을 겁니다.

④ 엘리베이터를 오래 기다리면 수업에 지각을 하게 됩니다.

模擬テスト3

3회 모의고사

TOPIK Ⅰ

듣기, 읽기

・制限時間は100分（聞き取り約40分、読解約60分）です。

・「聞き取り」は、ダウンロード音声（P.2参照）のTR37−46を使用します。

・解答用紙は巻末にあります。切り取ってお使いください。

・正解と問題ごとの配点はP.316に掲載されています。

수험번호(Applicaton No.)		
이름 (Name)	한국어(Korean)	
	영　어(English)	

듣기 (1번 ~ 30번)

※ **[1~4] 다음을 듣고 〈보기〉와 같이 물음에 맞는 대답을 고르십시오.**

보기

가 : 공부를 해요?

나 : ____________________

❶ 네, 공부를 해요. ② 아니요, 공부예요.

③ 네, 공부가 아니에요. ④ 아니요, 공부를 좋아해요.

1. (4점)

① 네, 힘이 세요. ② 네, 힘이 커요.

③ 아니요, 힘이 들어요. ④ 아니요, 힘이 작아요.

2. (4점)

① 네, 운동이에요. ② 네, 운동을 싫어해요.

③ 아니요, 운동이 아니에요. ④ 아니요, 운동을 안 좋아해요.

3. (3점)

① 2년 살았어요. ② 친구와 살았어요.

③ 서울에서 살았어요. ④ 3년 전에 살았어요.

4. (3점)

① 다음에 또 만나요.
② 부모님과 만나요.
③ 영화관에서 만나요.
④ 오후 5시에 만나요.

※ [5~6] 다음을 듣고 〈보기〉와 같이 이어지는 말을 고르십시오.

보기

가 : 늦어서 미안해요.

나 : ____________________

① 고마워요.
❷ 아니에요.
③ 죄송해요.
④ 부탁해요.

5. (4점)

① 괜찮습니다.
② 축하합니다.
③ 어서 오세요.
④ 처음 뵙겠습니다.

6. (3점)

① 네, 부탁해요.
② 네, 알겠어요.
③ 네, 그렇습니다.
④ 네, 알려 주세요.

※ **[7~10] 여기는 어디입니까? <보기>와 같이 알맞은 것을 고르십시오.**

보기

가 : 어서 오세요.

나 : 여기 수박 있어요?

① 학교　② 약국　❸ 시장　④ 서점

7. (3점)

① 호텔　② 병원　③ 사진관　④ 미용실

8. (3점)

① 가게　② 교실　③ 동물원　④ 터미널

9. (3점)

① 산　② 바다　③ 운동장　④ 놀이터

10. (4점)

① 회사　② 공항　③ 도서관　④ 기차역

※ **[11~14] 다음은 무엇에 대해 말하고 있습니까? 〈보기〉와 같이 알맞은 것을 고르십시오.**

> 보기
>
> 가 : 누구예요?
>
> 나 : 이 사람은 형이고, 이 사람은 동생이에요.
>
> ❶ 가족　　② 이름　　③ 선생님　　④ 부모님

11. (3점)

① 공원　　② 주차장　　③ 규칙　　④ 건물

12. (3점)

① 시계　　② 직업　　③ 교통　　④ 지각

13. (4점)

① 책　　② 전공　　③ 계획　　④ 숙제

14. (3점)

① 친구　　② 국적　　③ 이사　　④ 결혼

※ [15~16] 다음 대화를 듣고 알맞은 그림을 고르십시오. (각 4점)

15. ①

②

③

④

16. ①

②

③

④

※ [17~21] 다음을 듣고 <보기>와 같이 대화 내용과 같은 것을 고르십시오. (각 3점)

보기

남자 : 요즘 한국어를 공부해요?

여자 : 네. 한국 친구한테서 한국어를 배워요.

① 남자는 학생입니다. ② 여자는 학교에 다닙니다.

③ 남자는 한국어를 가르칩니다. ❹ 여자는 한국어를 공부합니다.

17. ① 남자는 한옥마을 직원입니다.
② 여자는 지금 한옥마을에 있습니다.
③ 여자는 남자를 한옥마을로 데려다 주었습니다.
④ 남자는 버스 정류장의 위치를 알려 주었습니다.

18. ① 여자는 약속 장소에 늦게 도착했습니다.
② 두 사람은 약속 시간보다 늦게 만났습니다.
③ 두 사람은 3층 커피숍에서 다시 만날 겁니다.
④ 여자는 지금 김 선생님과 커피숍에 있습니다.

19. ① 여자는 남자에게 책을 선물할 겁니다.
② 여자는 부모님께 책을 보내려고 합니다.
③ 두 사람은 함께 선물을 포장하고 있습니다.
④ 두 사람은 부모님께 드릴 선물을 고르고 있습니다.

20. ① 여자는 영화관 매표소 직원입니다.
② 여자는 영화 표 할인 방법을 모릅니다.
③ 남자는 학생증을 가져오지 않았습니다.
④ 남자는 지금 영화관에서 영화를 보고 있습니다.

21. ① 두 사람은 함께 차 안에 있습니다.
② 여자는 안전벨트를 매지 않았습니다.
③ 남자는 교통사고가 나서 크게 다쳤습니다.
④ 남자는 앞으로 안전벨트를 매지 않을 겁니다.

※ **[22~24] 다음을 듣고 <u>남자</u>의 중심 생각을 고르십시오. (각 3점)**

22. ① 축제는 주말에 해야 합니다.
② 축제를 하면 길이 막혀서 싫습니다.
③ 축제 때문에 도로가 복잡해도 참아야 합니다.
④ 축제는 사람이 많은 출퇴근 시간에 해야 합니다.

23. ① 새로운 경험을 할 생각에 기쁩니다.
② 익숙하지 않은 외국 생활이 걱정됩니다.
③ 시간이 조금 지나면 금방 편해질 겁니다.
④ 외국에 살 때에는 외국 음식을 먹어야 합니다.

24. ① 게임은 밤늦게 해야 재미있습니다.
② 잠을 늦게 자면 스트레스가 생깁니다.
③ 게임을 오래 하면 건강에 좋지 않습니다.
④ 게임을 하면 스트레스가 풀려 정신 건강에 좋습니다.

※ **[25~26] 다음을 듣고 물음에 답하십시오.**

25. 여자가 왜 이 이야기를 하고 있는지 맞는 것을 고르십시오. (3점)
① 설명 ② 초대 ③ 주문 ④ 문의

26. 들은 내용과 같은 것을 고르십시오. (4점)
① 바자회는 학교 운동장에서 열립니다.
② 바자회 후에는 먹을거리 장터가 열립니다.
③ 바자회는 월요일 수업이 끝난 후에 열립니다.
④ 학생들과 부모님들이 바자회 물건을 준비했습니다.

※ **[27~28] 다음을 듣고 물음에 답하십시오.**

27. 두 사람이 무엇에 대해 이야기를 하고 있는지 고르십시오. (3점)
① 백화점에 가는 방법
② 남자 옷을 파는 방법
③ 물건을 교환하는 방법
④ 인터넷에서 쇼핑하는 방법

28. 들은 내용과 같은 것을 고르십시오. (4점)

① 남자는 저렴한 물건을 좋아합니다.

② 여자는 남자와 함께 백화점에 갈 겁니다.

③ 여자는 인터넷 쇼핑몰에서 원피스를 샀습니다.

④ 남자는 인터넷 쇼핑몰에서 물건을 자주 삽니다.

※ [29~30] 다음을 듣고 물음에 답하십시오.

29. 여자는 왜 꽃다발을 사 왔습니까? (3점)

① 남자에게 주려고

② 꽃을 보고 싶어서

③ 할인 행사를 해서

④ 어머니께 선물하려고

30. 들은 내용과 같은 것을 고르십시오. (4점)

① 여자의 어머니는 내일 공연을 합니다.

② 남자는 어머니와 함께 공연에 갈 겁니다.

③ 남자는 내일 꽃집에 가서 꽃을 살 겁니다.

④ 여자는 남자에게 영화 티켓을 선물했습니다.

읽기 (31번 ~ 70번)

※ [31~33] 무엇에 대한 이야기입니까? <보기>와 같이 알맞은 것을 고르십시오. (각 2점)

보기

덥습니다. 바다에서 수영합니다.

❶ 여름 ② 날씨 ③ 나이 ④ 나라

31. 떡볶이를 먹습니다. 맵습니다.

① 식당 ② 시장 ③ 쇼핑 ④ 음식

32. 백화점에 갑니다. 신발을 삽니다.

① 쇼핑 ② 장소 ③ 주말 ④ 취미

33. 한국어 수업은 203호에서 합니다. 영어 수업은 301호에서 합니다.

① 장소 ② 취미 ③ 날짜 ④ 시간

※ [34~39] 〈보기〉와 같이 (　　)에 들어갈 가장 알맞은 것을 고르십시오.

보기			
저는 (　　　)에 갔습니다. 책을 샀습니다.			
① 극장	❷ 서점	③ 공원	④ 세탁

34. (2점)

7시(　　　) 영화관에 갑니다. 30분 후에 영화가 시작됩니다.

① 부터　　② 에게　　③ 하고　　④ 까지

35. (2점)

날짜를 모릅니다. (　　　)을 봅니다.

① 책　　② 달력　　③ 하늘　　④ 생일

36. (2점)

다리가 아픕니다. 의자에 (　　　).

① 앉습니다　　② 알립니다　　③ 적습니다　　④ 나옵니다

37. (3점)

수영을 좋아합니다. 그래서 수영장에 (　　　) 갑니다.

① 오래　　② 다시　　③ 자주　　④ 아까

38. (3점)

신호등이 초록불입니다. 길을 (   ).

① 뛰니다　　② 건넙니다　　③ 만듭니다　　④ 멈춥니다

39. (2점)

기분이 좋습니다. 춤을 (   ) 싶습니다.

① 신고　　② 추고　　③ 부르고　　④ 그리고

※ **[40~42] 다음을 읽고 맞지 <u>않는</u> 것을 고르십시오. (각 3점)**

40.

① 도쿄는 비가 옵니다.

② 서울은 날씨가 맑습니다.

③ 베이징이 가장 덥습니다.

④ 서울은 도쿄보다 덥습니다.

41.

사랑 영화관 이용 가격	
요일	가격
월~목	7,000원
금	8,000원
토~일	9,000원

※영화 시작 10분 전까지 예약을 취소할 수 있습니다.

① 요일에 따라 가격이 다릅니다.

② 화요일에는 팔천 원을 냅니다.

③ 주말 가격은 평일보다 비쌉니다.

④ 영화가 시작되면 예약을 취소할 수 없습니다.

42.

사랑의 김치 만들기

김치를 만들어 어려운 이웃에게 나누어요.

• 일시 : 11월 21일(토) 오전 10시

• 장소 : 희망공원

• 신청 : 02-9876-××××로 전화 주세요.

※ 참여하시는 분께는 점심을 드립니다.

① 김치를 담급니다.

② 열 시에 시작합니다.

③ 전화로 신청을 합니다.

④ 점심을 함께 만듭니다.

※ [43~45] 다음의 내용과 같은 것을 고르십시오.

43. (3점)

어제 친구와 동대문 시장에 처음 갔습니다. 그곳에는 예쁜 옷과 가방들이 많았습니다. 쇼핑 온 사람들도 많았습니다.

① 저는 오늘 쇼핑을 했습니다.

② 저는 동대문 시장에 자주 갑니다.

③ 동대문 시장에는 사람이 많았습니다.

④ 동대문 시장에서 친구를 처음 만났습니다.

44. (2점)

저는 노래를 배웁니다. 매일 학교에 가서 노래 연습을 합니다. 친구와 음악회도 자주 갑니다.

① 저는 혼자 음악회에 갑니다.

② 저는 음악회에 가지 않습니다.

③ 저는 친구와 노래를 배웁니다.

④ 저는 날마다 노래 연습을 합니다.

45. (3점)

내일 저녁에 한국에 사는 친구가 우리 집에 옵니다. 그래서 아침부터 집을 깨끗이 청소했습니다. 내일은 친구가 좋아하는 음식을 준비할 겁니다.

① 나는 한국에 삽니다.

② 아침에 청소를 했습니다.

③ 음식을 많이 만들었습니다.

④ 친구가 오늘 집에 방문합니다.

※ **[46~48] 다음을 읽고 중심 생각을 고르십시오.**

46. (3점)

정훈 씨는 키가 매우 큽니다. 보통 옷 가게에서는 정훈 씨 몸에 맞는 옷을 찾기 어렵습니다. 그래서 정훈 씨는 인터넷으로 옷을 삽니다.

① 정훈 씨는 키가 커서 멋있습니다.

② 정훈 씨는 키가 커서 옷이 많습니다.

③ 정훈 씨는 키가 커서 옷을 사기 힘듭니다.

④ 정훈 씨는 키가 커서 인터넷에서 옷 가게를 쉽게 찾습니다.

47. (3점)

다음 달에 엄마와 한국으로 여행을 갈 겁니다. 그래서 한국어 공부도 열심히 하고 있습니다. 빨리 다음 달이 되면 좋겠습니다.

① 엄마는 한국에 가고 싶습니다.

② 엄마는 한국어를 배우고 싶습니다.

③ 저는 한국 여행을 빨리 하고 싶습니다.

④ 저는 한국어 공부를 빨리 시작하고 싶습니다.

48. (2점)

요즘 건강에 관심이 많습니다. 그래서 몸에 좋은 것들에 대해 많이 공부합니다. 운동을 매일 하는 것은 건강에 좋습니다.

① 저는 건강합니다.

② 저는 매일 운동을 합니다.

③ 저는 운동에 대해 공부합니다.

④ 저는 몸에 좋은 것에 관심이 많습니다.

※ **[49~50] 다음을 읽고 물음에 답하십시오. (각 2점)**

다음 달에 한국어 말하기 대회가 있습니다. 저는 대회에 나가기 위해 매일 말하기 연습을 하고 있습니다. 처음에는 말하기를 잘하지 못했습니다. 그래서 선생님과 친구들이 연습을 도와주었습니다. 덕분에 처음보다 더 잘 (㉠) 되었습니다. 선생님과 친구들이 무척 고맙습니다.

49. ㉠에 들어갈 알맞은 말을 고르십시오.

① 쓸 수 있게 ② 들을 수 있게

③ 읽을 수 있게 ④ 말할 수 있게

50. 이 글의 내용과 같은 것을 고르십시오.

① 저는 종종 말하기 연습을 합니다.

② 저는 한국어 말하기 대회에 나갑니다.

③ 저는 처음부터 말하기를 잘하였습니다.

④ 저는 친구들이 연습하는 것을 도와줍니다.

※ [51~52] 다음을 읽고 물음에 답하십시오.

사람들은 손으로 많은 일을 합니다. 그래서 손은 쉽게 더러워집니다. 더러운 손으로 음식을 먹거나 입이나 귀 등을 만지면 더러운 것들이 몸속으로 들어옵니다. 그러면 병에 걸리기 쉽습니다. (㉠) 건강하기 위해서는 손을 깨끗이 씻어야 합니다.

51. ㉠에 들어갈 알맞은 말을 고르십시오. (3점)

① 따라서　　② 하지만

③ 그래도　　④ 그런데

52. 무엇에 대한 이야기인지 맞는 것을 고르십시오. (2점)

① 손이 하는 일　　② 손을 씻는 방법

③ 손으로 하면 안 되는 일　　④ 손을 씻는 것이 중요한 이유

※ [53~54] **다음을 읽고 물음에 답하십시오.**

> 한국의 큰 도시에는 지하철이 있습니다. 지하철을 타면 정확한 시간에 도착할 수 있습니다. 버스는 길이 막힐 수 있지만, 지하철은 길이 막히지 않기 때문입니다. 또 모르는 길을 갈 때도 지하철을 타면 쉽게 갈 수 있습니다. 지하철역이 여러 곳에 있기 때문입니다. (㉠) 저는 버스보다 지하철을 자주 이용합니다.

53. ㉠에 들어갈 알맞은 말을 고르십시오. (2점)

① 그리고　　② 그러면

③ 그래서　　④ 그래도

54. 이 글의 내용과 같은 것을 고르십시오. (3점)

① 저는 버스를 더 많이 탑니다.

② 버스를 타면 길이 막힐 일이 없습니다.

③ 지하철역은 버스 정류장 옆에 있습니다.

④ 처음 가는 길을 갈 때는 지하철을 타면 좋습니다.

※ [55~56] **다음을 읽고 물음에 답하십시오.**

> 저는 형과 비슷하게 생겼습니다. 얼굴도 비슷하고, 키도 비슷합니다. 또 좋아하는 옷도 비슷합니다. 그래서 (㉠) 형의 옷을 빌려 입습니다. 그러면 사람들이 저를 형으로 생각합니다. 제가 봐도 형과 많이 닮은 것 같습니다.

55. ㉠에 들어갈 알맞은 말을 고르십시오. (2점)

① 매우 ② 가끔 ③ 전혀 ④ 잠깐

56. 이 글의 내용과 같은 것을 고르십시오. (3점)

① 저는 형보다 키가 훨씬 큽니다.

② 저는 형에게 옷을 빌려 줍니다.

③ 저와 형은 비슷한 옷을 좋아합니다.

④ 저와 형은 얼굴이 많이 다르게 생겼습니다.

※ [57~58] 다음을 순서대로 맞게 나열한 것을 고르십시오.

57. (2점)

(가) 저는 운동하는 것을 싫어했습니다. (나) 그 이후로 운동을 열심히 하게 되었습니다. (다) 그런데 열심히 달리고 나니 기분이 좋았습니다. (라) 그러던 어느 날 학교에서 달리기 시합을 했습니다.

① (가)-(나)-(다)-(라) ② (가)-(나)-(라)-(다)

③ (가)-(라)-(나)-(다) ④ (가)-(라)-(다)-(나)

58. (3점)

(가) 집에 돌아오니 무척 피곤했습니다.
(나) 오늘은 아침부터 매우 바빴습니다.
(다) 오후에는 학교에서 시험공부를 했습니다.
(라) 아침 일찍 일어나 커피숍 아르바이트를 갔습니다.

① (나)-(가)-(다)-(라) ② (나)-(다)-(가)-(라)
③ (나)-(라)-(가)-(다) ④ (나)-(라)-(다)-(가)

※ **[59~60] 다음을 읽고 물음에 답하십시오.**

저는 해외 출장을 자주 다닙니다. (㉠) 출장을 다니면 여러 나라의 문화를 느낄 수 있어 좋습니다. (㉡) 그러나 가족과 친구들을 자주 볼 수 없습니다. (㉢) 요즘에는 인터넷을 통해 얼굴을 보며 대화할 수 있습니다. (㉣) 얼굴을 보면, 멀리 있어도 함께 있는 것 같습니다.

59. 다음 문장이 들어갈 곳을 고르십시오. (2점)

그래서 출장을 가면 전화나 메일을 많이 이용합니다.

① ㉠ ② ㉡ ③ ㉢ ④ ㉣

60. 이 글의 내용과 같은 것을 고르십시오. (3점)

① 저는 가족과 함께 출장을 다닙니다.

② 저는 해외 출장 다니는 것이 불편합니다.

③ 저는 출장에 가면 인터넷은 사용하지 않습니다.

④ 저는 출장에 가면 친구들에게 전화를 자주 합니다.

※ [61~62] 다음을 읽고 물음에 답하십시오. (각 2점)

컴퓨터나 휴대폰을 사용할 때는 눈을 자주 감지 않게 됩니다. 그래서 눈물이 쉽게 마릅니다. 눈물이 (㉠) 눈이 아프고 피곤합니다. 그러면 눈이 나빠질 수 있습니다. 눈물이 마르지 않게 하기 위해서는 자주 눈 운동을 하는 것이 좋습니다. 또, 멀리 있는 것을 보는 것도 좋습니다.

61. ㉠에 들어갈 알맞은 말을 고르십시오.

① 마르면　　② 마르나

③ 마르고　　④ 마르는데

62. 이 글의 내용과 같은 것을 고르십시오.

① 눈이 아프면 눈물이 납니다.

② 눈 운동은 눈물을 마르게 합니다.

③ 멀리 있는 것을 보면 눈이 나빠집니다.

④ 컴퓨터를 오래 하면 눈물이 쉽게 마릅니다.

※ [63~64] **다음을 읽고 물음에 답하십시오.**

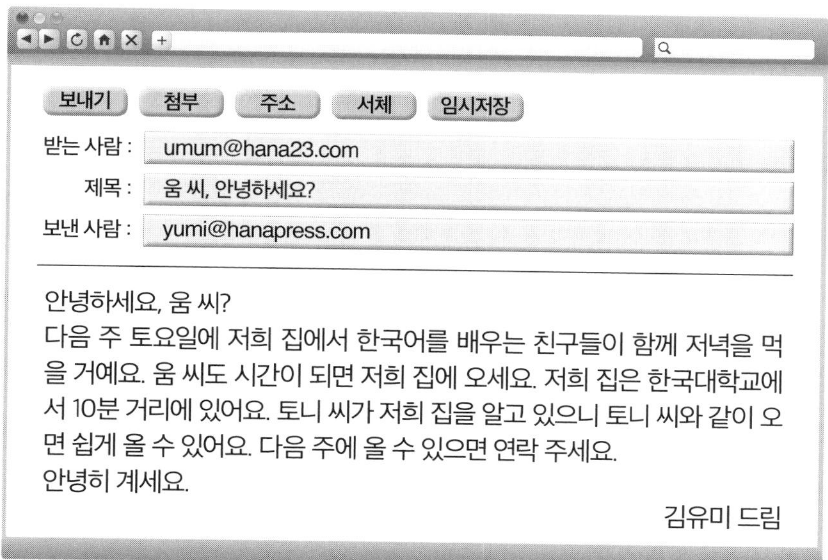

보내기 첨부 주소 서체 임시저장

받는 사람 : umum@hana23.com

제목 : 움 씨, 안녕하세요?

보낸 사람 : yumi@hanapress.com

안녕하세요, 움 씨?
다음 주 토요일에 저희 집에서 한국어를 배우는 친구들이 함께 저녁을 먹을 거예요. 움 씨도 시간이 되면 저희 집에 오세요. 저희 집은 한국대학교에서 10분 거리에 있어요. 토니 씨가 저희 집을 알고 있으니 토니 씨와 같이 오면 쉽게 올 수 있어요. 다음 주에 올 수 있으면 연락 주세요.
안녕히 계세요.

김유미 드림

63. 김유미 씨는 왜 이 글을 썼는지 맞는 것을 고르십시오. (2점)

① 움 씨를 저녁 식사에 초대하려고

② 움 씨를 한국대학교에서 만나려고

③ 움 씨에게 집의 위치를 알려 주려고

④ 움 씨에게 토니 씨를 소개시켜 주려고

64. 이 글의 내용과 같은 것을 고르십시오. (3점)

① 토니 씨는 한국어를 배웁니다.

② 움 씨는 한국대학교 근처에 삽니다.

③ 움 씨는 김유미 씨 집을 알고 있습니다.

④ 김유미 씨는 친구들과 저녁을 사 먹을 겁니다.

※ **[65~66] 다음을 읽고 물음에 답하십시오.**

학교 앞에 아이스크림 가게가 새로 생겼습니다. 그 가게에는 다양한 종류의 아이스크림을 팝니다. 그래서 저는 그 가게에 자주 갑니다. 그 가게에는 쌀로 만든 아이스크림도 있고, 홍차로 만든 아이스크림도 있습니다. 제가 (㉠) 아이스크림은 사과로 만든 아이스크림입니다. 그 아이스크림에는 작게 잘린 사과가 들어 있어서 아주 맛있습니다.

65. ㉠에 들어갈 알맞은 말을 고르십시오. (2점)

① 매일 파는 ② 자주 만드는

③ 제일 좋아하는 ④ 아주 싫어하는

66. 이 글의 내용과 같은 것을 고르십시오. (3점)

① 아이스크림 가게는 오래되었습니다.

② 저는 가끔 아이스크림 가게에 갑니다.

③ 저는 홍차 아이스크림을 자주 먹습니다.

④ 아이스크림 가게에는 여러 맛의 아이스크림이 있습니다.

※ [67~68] **다음을 읽고 물음에 답하십시오.** (각 3점)

기름으로 가는 자동차는 공기를 더럽게 합니다. 그래서 사람들은 공기를 더럽게 하지 않는 자동차를 만들었습니다. 그중 하나가 전기로 가는 자동차입니다. 스위스의 어느 마을은 자연을 깨끗하게 지키기 위해 전기 자동차만 다닐 수 있게 하였습니다. 자연에 대한 관심이 많아졌기 때문에 앞으로 전기 자동차도 점점 (㉠) 것입니다.

67. ㉠에 들어갈 알맞은 말을 고르십시오.

① 많아질

② 작아질

③ 없어질

④ 적어질

68. 이 글의 내용과 같은 것을 고르십시오.

① 사람들은 자연에 관심이 없습니다.

② 전기 자동차는 공기를 더럽게 합니다.

③ 기름으로 가는 자동차는 자연을 깨끗하게 합니다.

④ 스위스에는 전기 자동차만 다니는 마을이 있습니다.

※ [69~70] 다음을 읽고 물음에 답하십시오. (각 3점)

아버지 생신이 다음 주입니다. 어제는 우체국에 가서 아버지께 드릴 선물을 소포로 보냈습니다. 아버지께서 좋아하시는 한국 라면과 김도 함께 보냈습니다. 아버지는 중국에 계시지만 일주일 후면 선물을 받으실 수 있습니다. 아버지 생신을 (㉠) 섭섭하지만 아버지께서 선물을 받고 기뻐하시면 좋겠습니다. 아버지 생신날에는 전화로 인사를 드릴 겁니다.

69. ㉠에 들어갈 알맞은 말을 고르십시오.

① 함께 보낸 후에
② 함께 보내게 되어
③ 함께 보낼 수 없어
④ 함께 보내려고 해도

70. 이 글의 내용으로 알 수 있는 것을 고르십시오.

① 아버지 생신날에 소포가 도착합니다.
② 아버지는 생신을 혼자 보내십니다.
③ 아버지와 함께 살고 있지 않습니다.
④ 아버지는 한국 음식을 잘 만드십니다.

模擬テスト1

1회 모의고사

解答・解説・訳

模擬テスト1　解答　※左の数字は問題番号、丸数字は正解、右の数字は配点です。

聞き取り

問題	正解	配点
1	③	4
2	②	4
3	④	3
4	④	3
5	③	4
6	③	3
7	②	3
8	④	3
9	②	3
10	①	4
11	①	3
12	②	3
13	①	4
14	②	3
15	④	4
16	②	4
17	④	3
18	①	3
19	②	3
20	③	3
21	②	3
22	①	3
23	④	3
24	④	3
25	①	3
26	③	4
27	④	3
28	④	4
29	③	3
30	①	4

読解

問題	正解	配点
31	①	2
32	④	2
33	②	2
34	②	2
35	③	2
36	①	2
37	④	3
38	③	3
39	①	2
40	②	3
41	①	3
42	①	3
43	④	3
44	③	2
45	③	3
46	③	3
47	④	3
48	④	2
49	①	2
50	④	2
51	①	3
52	②	2
53	③	2
54	④	3
55	④	2
56	①	3
57	②	2
58	③	3
59	②	2
60	②	3
61	③	2
62	①	2
63	④	2
64	③	3
65	③	2
66	②	3
67	④	3
68	④	3
69	②	3
70	③	3

模擬テスト1 解説・訳

※聞き取り問題は解説の前に音声のスクリプトを掲載しました。

聞き取り

[1~4] 다음을 듣고 <보기>와 같이 물음에 맞는 답을 고르십시오.

1. 여자:수박이 커요?

正解：③아니요, 수박이 작아요.

解説：네, 수박이 커요または아니요, 수박이 작아요 / 크지 않아요と言うことができるので、③が答えである。

・크지 않다＝안 크다

[1~4] 次の音声を聞いて、例のように適切な答えを選びなさい。

1. 女：スイカが大きいですか?

①はい、スイカです。 ②はい、スイカが高いです。
③いいえ、スイカが小さいです。 ④いいえ、スイカがありません。

2. 여자:비가 와요?

正解：②네, 비가 와요.

解説：네, 비가 와요または아니요, 비가 오지 않아요 / 안 와요と言うことができるので、②が答えである。

2. 女：雨が降っていますか?

①はい、雨です。 ②はい、雨が降っています。
③いいえ、雨がありません。 ④いいえ、雨が嫌いです。

3. 남자:수업이 끝나고 어디에 가요?

正解：④백화점에 가요.

解説：어디に対する適切な返事を選ぶ問題なので、④が答えである。

3. 男：授業が終わってどこに行きますか?

①2時に行きます。 ②毎日行きます。
③弟／妹と行きます。 ④デパートに行きます。

4. 여자:무슨 선물을 받고 싶어요?

正解:④ 컴퓨터를 받고 싶어요.

解説:무슨 선물 (=무엇) に対する適切な返事を選ぶ問題なので、④が答えである。

> 4. 女:どんなプレゼントをもらいたいですか?
> ①私がもらいたいです。 ②誕生日にもらいたいです。
> ③友達にもらいたいです。 ④コンピューターをもらいたいです。

[5~6] 다음을 듣고 〈보기〉와 같이 이어지는 말을 고르십시오.

5. 여자:음식이 더 있으니 많이 드세요.

正解:③ 네, 잘 먹겠습니다.

解説:많이 드세요は料理を振る舞う人が言うあいさつ。料理を勧めるあいさつに対する適切な返事を選ぶ問題なので、③が答えである。

> [5~6] 次の音声を聞いて、例のように次に続くものを選びなさい。
>
> 5. 女:料理はもっとあるので、たくさんお召し上がりください。
> ①はい、ごめんなさい。 ②はい、お願いします。
> ③はい、いただきます。 ④はい、そのようにしてください。

6. 남자:실례합니다. 볼펜 좀 빌려주시겠어요?

正解:③ 네, 여기 있어요.

解説:-아/어 주시겠어요?は依頼するとき使う表現なので、依頼に対する答えとして③が適切である。

> 6. 男:失礼します。ちょっとボールペン貸していただけますか?
> ①はい、そうですが。 ②はい、ありがとうございます。
> ③はい、どうぞ。 ④はい、貸してください。

[7~10] 여기는 어디입니까? 〈보기〉와 같이 알맞은 것을 고르십시오.

7. 여자:검은색 가방은 많으니 다른 색깔 좀 보여 주세요.

남자:그럼 이 파란색 가방은 어떠세요?

正解:② 가게

解説：かばんを売る**가게**（店）で交わされる会話。女性は客で、男性はかばんを売る店の店員である。

[7~10] ここはどこですか？　例のように適切なものを選びなさい。

7. 女：黒いかばんはたくさんあるので、他の色を見せてください。
男：それでは、この青いかばんはいかがですか？
①食堂　②店　③会社　④銀行

8. 남자：한국 여행지에 대한 책은 어디에 있어요?
여자：3층으로 올라가면 찾을 수 있습니다.
正解：④**도서관**
解説：男性は**도서관**（図書館）に本を見に来た人で、女性は図書館の職員と考えられる。女性が男性に必要な本がある場所を案内してあげている。

8. 男：韓国の旅行地についての本はどこにありますか？
女：3階へ上がるとございます。
①ホテル　②病院　③旅行会社　④図書館

9. 여자：뭘로 드시겠어요?
남자：불고기 2인분 주세요.
正解：②**식당**
解説：女性は**식당**（食堂）の店員で男性は客。男性が店員に料理を注文している状況である。

9. 女：何を召し上がりますか？
男：プルコギ2人前下さい。
①薬局　②食堂　③花屋　④コンビニ

10. 남자：선생님, 시험이 언제예요?
여자：다음 주 수요일이에요.
正解：①**교실**
解説：男性は学生で女性は先生と考えられる。先生と学生が試験の日にちについて話している状況なので、選択肢のうち最もこの会話が行われやすいのは**교실**（教室）である。

10. 男：先生、試験はいつですか?
女：来週水曜日です。
①教室　②劇場　③書店　④クリーニング屋

[11~14] 다음은 무엇에 대해 말하고 있습니까? <보기>와 같이 알맞은 것을 고르십시오.

11. 여자: 문제가 어려워서 시간이 조금 부족했어요.
남자: 열심히 공부했으니 합격할 거예요.
正解：①시험
解説：**문제**、**공부**、**합격**は**시험**(試験)と関連のある単語である。

[11~14] 次の音声は何について話をしていますか?　例のように適切なものを選びなさい。

11. 女：問題が難しくて時間が少し足りませんでした。
男：一生懸命勉強したから合格するでしょう。
①試験　②計画　③勉強　④約束

12. 남자: 저는 베트남에서 왔어요.
여자: 반가워요. 저는 중국에서 왔어요.
正解：②고향
解説：男性と女性が互いに自分の**고향**(故郷)がどこか話している。国の名前や都市の名前の後ろに**~에서 오다**という表現を使うと、国籍または故郷を意味する。

12. 男：私はベトナムから来ました。
女：お会いできてうれしいです。私は中国から来ました。
①旅行　②故郷　③飛行機　④旅行会社

13. 여자: 오늘 오후부터 비가 많이 온대요.
남자: 우산을 가지고 가야겠네요.
正解：①날씨
解説：**비**と**우산**という単語を見ると、**날씨**(天気)について話していると分かる。

13. 男：今日の午後から雨がたくさん降るそうです。
女：傘を持って行かなければいけませんね。
①天気 ②傘 ③時間 ④ニュース

14. 남자：저는 달리기 선수예요.
여자：저는 학교에서 학생들에게 체육을 가르쳐요.
正解：② **직업**
解説：男性と女性が互いに自分の**직업**（職業）を話している。男性は陸上選手で、女性は体育教師である。

14. 男：私は陸上選手です。
女：私は学校で生徒に体育を教えています。
①運動 ②職業 ③趣味 ④計画

［15~16］다음 대화를 듣고 알맞은 그림을 고르십시오.

15. 여자：이 모자 어때요?
남자：그것도 예쁘지만 이 모자가 더 잘 어울릴 것 같아요.
正解：④
解説：女性と男性が帽子店で女性の帽子を選んでいる絵を選べばいい。**이 모자**という言葉において、**이**は自分に近い所にある物を指すとき使う単語である。女性も男性も**이 모자**と言っているので、お互いの近くに帽子が一つずつあり、選んでいるような様子の絵を選ばなければならない。

［15~16］次の会話を聞いて、適切な絵を選びなさい。

15. 女：この帽子、どうですか？
男：それもきれいだけど、この帽子の方がよく似合うと思います。

16. 남자：여보, 치약이 다 떨어졌어요.
여자：그래요? 새 치약 여기 있어요.
正解：②
解説：**여보**という呼び掛けの言葉を使っていることから、男性と女性は夫婦と考えられる。女性が男性にハミガキ粉を渡す絵を選べばいい。**다 떨어지다**という表現は、

全部使ったので残っていないという意味である。

16. 男：ちょっと、ハミガキ粉が切れていますよ。
女：本当ですか？　新しいハミガキ粉、どうぞ。

[17~21] 다음을 듣고 <보기>와 같이 대화 내용과 같은 것을 고르십시오.

17. 여자: 회사 앞에 새 커피숍이 문을 열었어요.

남자: 저도 오늘 출근하는 길에 봤어요. 어제까지는 준비 중이었는데…….

여자: 오늘부터 한 달 동안은 커피를 사면 쿠키를 준대요. 음료 가격도 반값이고요.

남자: 그래요? 그럼 오늘 점심시간에 같이 가요. 제가 살게요.

正解：④회사 앞 커피숍에서는 커피를 사면 쿠키를 무료로 줍니다.

解説：コーヒーを買うとクッキーをくれると言っており、クッキーにはお金を払わなくてもいいので、④が答えである。コーヒーショップは今日開店したので、①は正解にならない。閉店については何も述べられていないので、②は間違い。二人が行くのは今日のお昼の予定なので、③も間違い。

[17~21] 次の音声を聞いて、例のように会話の内容と同じものを選びなさい。

17. 女：会社の前に新しいコーヒーショップが開店しました。
男：私も今日出勤する途中で見ました。昨日までは準備中でしたが……。
女：今日から1カ月間はコーヒーを買うとクッキーをくれるそうです。飲み物の値段も半額で。
男：そうなんですか？　それでは、今日のお昼の時間に一緒に行きましょう。私がおごります。
①会社の前のコーヒーショップは昨日開店しました。
②会社の前のコーヒーショップは1カ月後に閉店します。
③二人は明日のお昼の時間にコーヒーショップに行く予定です。
④会社の前のコーヒーショップでは、コーヒーを買うとクッキーを無料でくれます。

18. 여자: 목도리가 예쁘네요. 진호 씨한테 잘 어울려요.

남자: 지난주 일요일에 친구가 생일 선물로 주었어요. 제가 좋아하는 색깔이어서 좋아요.

여자: 생일을 왜 말해 주지 않았어요? 늦었지만 생일 축하해요.

남자: 축하해 줘서 고마워요.

正解：①남자는 목도리의 색깔이 마음에 듭니다.

解説：男性がマフラーについて제가 좋아하는 색깔이어서 좋아요と言っているので、①が答えである。女性は男性の誕生日を知らず、プレゼントをあげられなかったので、②は正解にならない。男性の誕生日に女性が何をしていたか、誕生日パーティーをするかどうかについては述べられていないので、③と④は間違い。

18. 女：マフラーがきれいですね。ジノさんによく似合います。
男：先週日曜日に友達が誕生日プレゼントでくれました。私が好きな色なので気に入っています。
女：どうして誕生日を言ってくれなかったんですか？　遅くなりましたが、誕生日おめでとうございます。
男：祝ってくれてありがとうございます。
①男性はマフラーの色が気に入っています。
②女性は男性に誕生日プレゼントをあげました。
③女性は男性の誕生日に友達に会いました。
④男性は今日、女性と誕生日パーティーをする予定です。

19. 남자: 김 선생님 소식 들었어요? 다음 달에 결혼을 한대요.
여자: 네. 셋째 주 토요일 1시에 '행복예식장'에서 한대요.
남자: 그래요? 지하철역에서 만나서 같이 가요.
여자: 네, 그래요. 예비 신부가 미인이어서 김 선생님이 행복하겠어요.

正解：②김 선생님의 예비 신부는 얼굴이 예쁩니다.

解説：女性が最後に예비 신부가 미인이어서と言っていることから、②が答えである。女性は結婚式の日にちと時間、場所を知っているので、①は正解にならない。男性と女性は地下鉄の駅で会って式場に一緒に行く予定なので、③は間違い。結婚をするのは男性ではなくキム先生なので、④も間違い。

19. 男：キム先生の話、聞きましたか？　来月結婚するそうです。
女：はい。第3土曜日の1時に「幸福礼式場」でするそうです。
男：そうですか？　地下鉄の駅で会って一緒に行きましょう。
女：はい、そうしましょう。新婦になる人が美人なので、キム先生は幸せだと思います。
①女性はキム先生の結婚の話を知りません。
②キム先生の新婦になる人は顔がきれいです。
③男性と女性は結婚式場前で会う予定です。
④男性は来月の第3土曜日に結婚をする予定です。

20. 여자 : 김영훈 감독 영화가 내일 개봉한대요. 같이 보러 가실래요?

남자 : 네. 내일 오후에 시간이 괜찮아요. 유명한 감독인가요?

여자 : 은행원이었는데 꿈을 잃지 않고 결국 감독이 되었어요. 좋은 작품을 많이 만들었어요.

남자 : 와! 훌륭한 감독이네요. 내일 볼 영화도 훌륭하겠죠?

正解 : ③ 여자와 남자는 내일 함께 영화를 볼 겁니다.

解説 : 女性が男性に明日一緒に映画を見に行こうと話し、男性が午後時間があると言っているので、③が答えである。男性の職業については触れられていないので、①は正解にならない。女性が監督になろうとしているかどうかは述べられていないので、②も正解にはならない。男性が時間があるのは明日の午後なので、④は間違い。

20. 女：キム・ヨンフン監督の映画が明日公開するそうです。一緒に見に行きますか?

男：はい。明日午後時間があります。有名な監督なんですか?

女：銀行員だったんですが、夢をなくさず、結局監督になりました。いい作品をたくさん作っています。

男：わあ！ 素晴らしい監督ですね。明日見る映画も素晴らしいでしょうね?

① 男性の職業は銀行員です。

② 女性は映画監督になろうとしています。

③ 女性と男性は明日一緒に映画を見る予定です。

④ 男性は明日の朝、映画を見ることができます。

21. 남자 : 안녕하세요? 어제 산 셔츠를 다른 것으로 교환하고 싶은데요.

여자 : 무슨 문제가 있으신가요?

남자 : 집에 가서 보니 소매에 얼룩이 묻어 있더라고요. 새것으로 교환해 주세요.

여자 : 어쩌죠? 지금은 새 상품이 없어요. 새로 주문해서 택배로 보내 드릴게요.

正解 : ② 여자는 남자에게 새 상품을 보낼 겁니다.

解説 : 女性が最後に새로 주문해서 택배로 보내 드릴게요と言っているので、②が答えである。男性はシャツの形が嫌なのではなく、シャツに染みが付いているので換えようとしているので、①は正解にならない。新しい商品を注文して交換することになったので、③は間違い。サイズの同じ商品をきれいな新品に換えようとしているので、④も間違い。

21. 男：こんにちは。昨日買ったシャツを他の物に交換したいんですが。
女：何か問題がおありですか?
男：家に帰って見たら、袖に染みが付いていたんです。新しい物に交換してください。
女：どうしましょう?　今は新しい商品がありません。新たに注文して宅配でお送りします。
①男性はシャツの袖の形が嫌いです。
②女性は男性に新しい商品を送る予定です。
③すでに買った商品は新品に換えられません。
④男性はシャツのサイズをもっと大きい物に換えようとしています。

[22~24] 다음을 듣고 남자의 중심 생각을 고르십시오.

22. 여자:어제 헬스클럽에서 늦게까지 운동을 했더니 좀 피곤하네요.
남자:운동을 많이 하세요? 운동은 적당히 해야 해요.
여자:저는 평소에 운동을 안 하기 때문에 한 번 할 때 많이 해요.
남자:그러면 오히려 다치거나 몸에 좋지 않을 텐데.
正解：①지나친 운동은 건강에 좋지 않습니다.
解説：運動を적당히 해야 해요という言葉と、運動をしすぎると다치거나 몸에 좋지 않을 텐데요と言っていることから、①が答えである。

[22~24] 次の音声を聞いて、男性の主要な考えを選びなさい。

22. 女：昨日ジムで遅くまで運動をしたら、ちょっと疲れました。
男：運動をたくさんしていますか?　運動は適度にしないといけませんよ。
女：私は普段運動をしないので、するときにたくさんしています。
男：それだと、むしろけがしたり体に良くなかったりすると思いますが。
①過度の運動は健康に良くありません。
②運動はとにかくたくさんやってこそ健康にいいです。
③ジムで運動をするとけがすることがあります。
④運動をしない人は健康状態が良くありません。

23. 여자:내일 저녁 7시로 예약을 하고 싶은데요.
남자:죄송합니다. 저희 식당은 예약을 받지 않습니다.
여자:그래요? 날씨가 좋지 않을 때에는 예약을 받아 주면 좋을 텐데요.
남자:그냥 오시는 손님들이 많아서요. 빈자리가 있는데 예약이 있어서 앉

을 수 없으면 오신 손님들께 죄송하잖아요.

正解：④예약 없이 오는 손님들을 기다리게 하면 미안합니다.

解説：男性が予約を受け付けない理由として、予約せずに来る客が予約席のために座れなかったら申し訳ないからだと話しているので、④が答え。②は女性の考えである。

23. 女：明日夜7時で予約をしたいんですが。
男：申し訳ありません。当食堂は予約を受け付けていません。
女：そうですか？　天気が良くないときは予約を受け付けてもらえたらうれしいですが。
男：予約せずに来るお客さまが多いので。空席があるのに、予約があって座れなかったらいらっしゃったお客さまに申し訳ないじゃないですか。
①予約をすると待たないのでいいです。
②天気が良くないときは予約が便利です。
③客が並んで待っている食堂はいい食堂です。
④予約なしで来る客を待たせるのは申し訳ないです。

24. 남자：이번 명절에 부모님 댁에 갈 때는 대중교통을 이용해요.
여자：글쎄요. 아이들 때문에 짐이 많아서 대중교통으로 가면 힘들지 않을까요?
남자：자가용으로 가면 길이 막혀서 시간이 오래 걸리잖아요. 애들도 차 안에 오래 있으면 답답할 거예요.
여자：그래도 그냥 자가용으로 가는 것이 편할 텐데…….

正解：④길이 막히는 명절에는 대중교통을 이용해야 합니다.

解説：男性が、名節には道が混むので時間がかなりかかり、子どもたちも車の中では退屈そうにするため公共交通機関を利用しようと言っているので、④が答え。①は女性の考えである。

24. 男：今度の名節に両親の家に行くときは公共交通機関を利用しましょう。
女：どうでしょうか。子どもたちのせいで荷物が多いので公共交通機関で行ったら大変じゃないでしょうか？
男：自家用車で行くと、道が混んで時間が長くかかるじゃないですか。子どもたちも車の中に長時間いたら退屈でしょう。
女：でも、普通に自家用車で行く方が楽だと思いますが……。
①荷物が多いときは自家用車で移動しなければいけません。
②両親の家に行くときは自家用車で行く方が早いです。
③子どもたちが長時間車の中にいると病気になります。
④道が混む名節には公共交通機関を利用しなければいけません。

[25~26] 다음을 듣고 물음에 답하십시오.

남자: 자, 여러분. 한 시간 후에 비행기에 타야 합니다. 남은 시간 동안 커피숍에서 차를 드시거나 면세점에서 쇼핑을 하시고 오십시오. 오십 분 후에 이 자리로 모이면 됩니다. 저는 오른쪽에 있는 '한국커피숍'에서 여러분을 기다리고 있겠습니다. 혹시 할 말이 있거나 필요한 것이 있으면 '한국커피숍'으로 오십시오.

25. 正解：①안내

解説：男性が飛行機に乗るまで残った時間のスケジュールについて案内している。

> [25~26] 次の音声を聞いて、問いに答えなさい。
>
> 男：さあ、皆さん。1時間後に飛行機に乗らなければいけません。残りの時間はコーヒーショップでお茶を飲んだり免税店で買い物をしたりして来てください。50分後にここに集まればいいです。私は右にある「韓国コーヒーショップ」で皆さんを待っています。もし、言いたいことがあったり必要なことがあったりしたら「韓国コーヒーショップ」に来てください。
>
> 25. どんな話をしているのか、選びなさい。
>
> ①案内　②依頼　③招待　④あいさつ

26. 正解：③도움이 필요하면 '한국커피숍'으로 가면 됩니다.

解説：最後に혹시 할 말이 있거나 필요한 것이 있으면 '한국커피숍' 으로 오십시오と言っているので、③が答えである。現在位置がどこかについては触れられていないので、①は正解にならない。50分後というのは集合時間であり、飛行機の出発時刻は分からないので、②は間違い。男性は家族ではなく団体観光客に向けて案内しているので、④も間違い。

> 26. 聞いた内容と同じものを選びなさい。
>
> ①人々は今、コーヒーショップにいます。
>
> ②50分後に飛行機が出発します。
>
> ③助けが必要なら韓国コーヒーショップに行けばいいです。
>
> ④男性は家族と一緒に海外旅行に行くところです。

[27~28] 다음을 듣고 물음에 답하십시오.

여자: 오늘 낮에 우리 회사에서 노래 대회가 있었어요. 제가 1등을 했어요.

남자 : 정말 대단해요. 축하해요. 저는 노래를 잘 못해서 노래 잘하는 사람이 부러워요.

여자 : 저도 잘 못하는데, 연습을 많이 했어요. 그리고 노래를 잘하기 위해서는 노래를 많이 들어야 해요.

남자 : 그래요? 저도 노래를 많이 듣는데 잘하지는 못하겠던 걸요.

여자 : 우선 자기한테 맞는 노래를 찾는 것이 중요해요.

남자 : 오늘부터 저도 다시 노래 연습을 시작해야겠어요.

27. 正解 : ④노래를 잘 부르는 방법

解説 : 女性が男性に歌をうまく歌う方法について教えているので、④が答えである。歌をうまく歌おうと思うなら歌をたくさん聴き、自分に合う歌を見つけて練習しなければならないと言っている。

[27~28] 次の音声を聞いて、問いに答えなさい。

女 : 今日の昼、うちの会社でのど自慢大会がありました。私が1位になりました。

男 : 本当にすごいです。おめでとうございます。私は歌が下手なので歌がうまい人がうらやましいです。

女 : 私も下手ですが、練習をたくさんしました。そして、歌をうまく歌うためには歌をたくさん聴かなければなりません。

男 : そうなんですか？　私も歌をたくさん聴いていますが、うまくは歌えませんでしたが。

女 : まず、自分に合う歌を見つけることが重要です。

男 : 今日から私もまた歌の練習を始めなければいけませんね。

27. 二人が何について話をしているのか、選びなさい。

①歌を聴く方法　　②歌を見つける方法

③歌を作る方法　　④歌を上手に歌う方法

28. 正解 : ④여자는 노래 대회에서 1등을 했습니다.

解説 : 初めに女性が今日の昼に会社ののど自慢大会で1位になったと言っているので、④が答えである。女性は会社員なので、①は間違い。カラオケに関する話はしていないので、②は正解にならない。女性と男性が一緒に歌を歌うことには触れていないので、③も正解にならない。

28. 聞いた内容と同じものを選びなさい。
① 女性の職業は歌手です。
② 女性と男性はカラオケに行く予定です。
③ 女性は男性とよく歌を歌います。
④ 女性はのど自慢大会で1位になりました。

[29~30] 다음을 듣고 물음에 답하십시오.

남자: 준희 씨, 혹시 오늘 저녁에 시간이 있어요? 할머니 선물을 사려고 하는데 같이 가 줄 수 있나 하고요.

여자: 네, 마침 약속이 취소되어서 여유가 있어요. 어떤 선물을 사고 싶어요?

남자: 이번 주 수요일이 할머니 생신인데, 생신에 옷을 한 벌 선물해 드리고 싶어요.

여자: 그래요? 할머니가 좋아하시는 색깔이 무슨 색이에요?

남자: 할머니는 분홍색을 좋아하세요. 여기 할머니 사진이 있어요.

여자: 아름다우시네요. 명동에 제가 잘 가는 옷 가게가 있어요. 여기서 5시에 출발하기로 해요.

29. 正解：③ 할머니 생신 선물을 사고 싶어서

解説：おばあさんのプレゼントを何にするか悩んでいる男性に対し、女性が明洞にある服屋に案内してあげると言っているので、③が答えである。

[29~30] 次の音声を聞いて、問いに答えなさい。

男：ジュニさん、もしかして今日の夕方、時間ありますか? おばあさんのプレゼントを買おうと思うんですが、一緒に行ってもらえないかと思いまして。

女：はい、ちょうど約束がキャンセルになって余裕があります。どんなプレゼントを買いたいんですか?

男：今週水曜日がおばあさんの誕生日なんですが、誕生日に服を1着プレゼントして差し上げたいんです。

女：そうなんですね。おばあさんがお好きな色は何色ですか?

男：おばあさんはピンク色がお好きです。ここに、おばあさんの写真があります。

女：お美しいですね。明洞に私がよく行く服屋があります。ここを5時に出発することにしましょう。

29. 二人はどうして明洞に行くのですか?
① 写真の展示会に行きたくて
② 男性のおばあさんと約束があって
③ おばあさんの誕生日プレゼントを買いたくて
④ 女性が好きな服を買いたくて

30. 正解：① 남자의 할머니는 분홍색을 좋아합니다.

解説：女性がおばあさんが好きな色を聞き、男性がピンク色と答えているので、①が答えである。靴ではなく服を買う予定なので、②は間違い。今日の午後はおばあさんの誕生日プレゼントを買いに明洞に行く予定なので、③も間違い。今週の水曜日はおばあさんの誕生日であり、男性と女性が約束したのは今日午後5時なので、④も間違い。

30. 聞いた内容と同じものを選びなさい。
① 男性のおばあさんはピンク色が好きです。
② 男性はおばあさんの誕生日プレゼントに靴を買う予定です。
③ 男性と女性は今日の午後、パーティーをする予定です。
④ 男性は今週水曜日に女性と約束があります。

読 解

[31~33] 무엇에 대한 이야기입니까? <보기>와 같이 알맞은 것을 고르십시오.

31. 正解：①가족

解説：부모님と누나は가족（家族）である。부모님は、父親と母親を一緒に指す単語である。

[31~33] 何についての話ですか？ 例のように適切なものを選びなさい。

31. 両親がいらっしゃいます。姉もいます。
①家族 ②兄弟 ③名前 ④友達

32. 正解：④계절

解説：봄と여름は계절（季節）を表す単語である。

・季節を表す単語：봄、여름、가을、겨울

32. 今は春です。じきに夏が来ます。
①時間 ②日にち ③カレンダー ④季節

33. 正解：②취미

解説：취미（趣味）は楽しむためにする活動を意味する単語である。

33. 音楽をよく聴きます。週末にピアノを弾きます。
①歌 ②趣味 ③職業 ④平日

[34~39] <보기>와 같이 (　　　)에 들어갈 가장 알맞은 것을 고르십시오.

34. 正解：②과

解説：~과は二つ以上の名詞をつなぐときに使う。前の単語にパッチムがなければ~와を使う。

・연필과 지우개（鉛筆と消しゴム）

・지우개와 연필（消しゴムと鉛筆）

[34~39] 例のように、かっこに入る最も適切なものを選びなさい。

34. 机の上に本(　　　)鉛筆があります。
①に　②と　③を　④の

35. 正解：③ 우산

解説：雨が降っているときに使うのは**우산**である。

35. 雨が降っています。でも(　　　)がありません。
①ノート　②眼鏡　③傘　④かばん

36. 正解：① 멉니다

解説：学校にバスに乗って行く理由は、学校が遠いからである。

36. 学校が(　　　)。だからバスに乗って行きます。
①遠いです　②小さいです　③近いです　④きれいです

37. 正解：④ 별로

解説：**별로**は「思っていたよりもそれほど」という意味で、否定的な表現に使う。

37. 野菜が(　　　)好きではありません。
①とても　②深く　③非常に　④あまり

38. 正解：③ 배웁니다

解説：大学で何かを学ぶ人のことを**대학생**と言う。

38. 私は大学生です。韓国語を(　　　)。
①書きます　②借ります　③学びます　④助けます

39. 正解：① 옵니다

解説：雪や雨が降ることは**오다**または**내리다**と表現する。

・눈이 오다 (雪が降る) / 비가 오다 (雨が降る)

・눈이 내리다 (雪が降る) / 비가 내리다 (雨が降る)

39. 寒いです。雪も(　　　)。
①降っています　②吹きます　③くれます　④遊びます

[40~42] 다음을 읽고 맞지 않는 것을 고르십시오.

40. 正解：② '한국어 듣기'와 '한국어 쓰기'는 같은 요일에 수업합니다.

解説：「韓国語リスニング」は月曜日、水曜日、金曜日に、「韓国語ライティング」は火曜日、木曜日に授業をするので、授業の曜日は同じではない。

[40~42] 次を読んで、合わないものを選びなさい。

40.

春学期韓国語授業時間の案内			
科目	曜日	時間	場所
韓国語スピーキング	月、水、金	09：00-10：30	103号
韓国語リスニング	月、水、金	11：00-12：30	103号
韓国語ライティング	火、木	09：00-10：30	105号
韓国語リーディング	火、木	11：00-12：30	105号

① 春学期には四つの科目の授業をします。
② 「韓国語リスニング」と「韓国語ライティング」は同じ曜日に授業をします。
③ 「韓国語スピーキング」と「韓国語ライティング」は同じ時間に授業をします。
④ 「韓国語ライティング」と「韓国語リーディング」は同じ場所で授業をします。

41. 正解：① 민국 씨는 식당에 있습니다.

解説：ミングクさんは道が混んでいてまだ食堂に到着していないので、食堂にはいない。

41.

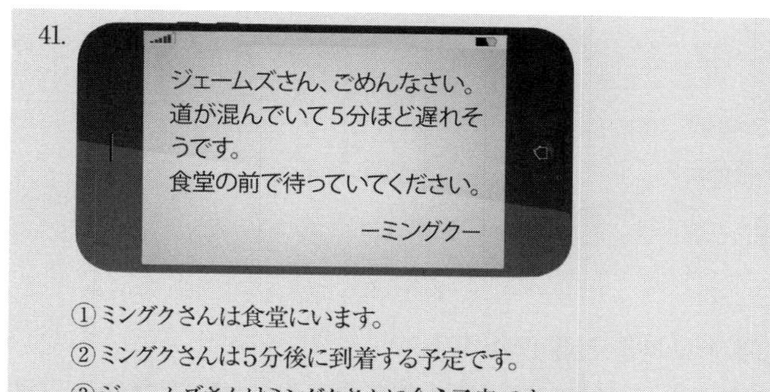

① ミングクさんは食堂にいます。
② ミングクさんは5分後に到着する予定です。
③ ジェームズさんはミングクさんに会う予定です。
④ ジェームズさんは食堂の前で待つ予定です。

42. 正解：① 모자의 가격은 모두 같습니다.

解説：帽子の値段は5,000ウォンから10,000ウォンまでである。帽子の値段はそれぞれ異なる。

42.

手作りの帽子を売ります。

・値段：5,000ウォン～10,000ウォン
・場所：ウリ公園

いらっしゃって見ていってください！

①帽子の値段は全部同じです。
②この人は帽子を売りたいです。
③この人が帽子を自分で作りました。
④帽子を買いたければウリ公園に行きます。

[43~45] 다음의 내용과 같은 것을 고르십시오.

43. 正解：④친구와 늦게까지 함께 있었습니다.

解説：友達と一緒に映画を見たので、①は間違い。映画の開始時間については触れていないので、②は正解にならない。友達と一緒に夕飯を食べたので、③も間違い。

[43~45] 次の内容と同じものを選びなさい。

43. 夕方、友達に会いました。友達と夕飯を食べて映画を見ました。映画が遅く終わりました。

①友達だけ映画を見ました。
②映画が早く始まりました。
③夕飯を食べてから友達に会いました。
④友達と遅くまで一緒にいました。

44. 正解：③동생에게 모자를 선물했습니다.

解説：弟／妹の誕生日は今日なので、①は間違い。弟／妹が誕生日プレゼントをもらったので、②は間違い。私が弟／妹に手紙を書いたので、④も間違い。

44. 今日は弟／妹の誕生日です。弟／妹にお祝いの手紙を書きました。そして、帽子を買ってあげました。

①弟／妹の誕生日は昨日でした。　②私は誕生日プレゼントをもらいました。
③弟／妹に帽子をプレゼントしました。　④弟／妹が私に手紙を書きました。

45. 正解：③저는 친구들에게 음식을 해 줍니다.

解説：おいしく料理を作るのは友達ではなく私なので、①は間違い。私は料理が上手なので、②は間違い。友人たちが私の料理をおいしく食べると気分がいいということで、私のことは述べられていないので、④も間違い。

45.　私は料理が上手です。おいしい料理を作って友人たちを時々招待します。友人たちがおいしそうに食べると気分がいいです。
①友達はおいしく料理を作ります。
②私は料理するのが難しいです。
③私は友人たちに料理を作ってあげます。
④私はおいしい料理を食べると気分がいいです。

[46~48] 다음을 읽고 중심 생각을 고르십시오.

46. 正解：③저는 오늘 할 일이 많습니다.

解説：初めに今日とても忙しいという内容を述べており、その後には具体的なスケジュールを並べているので、最も主張したい内容は最初の一文であることが分かる。忙しいということは、することが多いということである。

[46~48] 次の文章を読んで、主要な考えを選びなさい。

46.　私は今日、とても忙しいです。午前は学校に行って授業を聞き、午後はコンビニでアルバイトをします。夕方には友達に会いに行くつもりです。
①午後に仕事をします。　②午前に学校に行きます。
③私は今日、することが多いです。　④夕方に友達と約束があります。

47. 正解：④운동을 통해 친구들과 친해집니다.

解説：この文章の中で一番重要な内容は、野球をすることによって友人たちと親しくなれるということなので、④が答えである。

47.　私は毎週末友人たちと野球をします。野球が終わると一緒に夕飯を食べます。友人たちと運動をするとより親しくなれます。
①私は野球が上手です。
②私は毎週野球をします。
③運動をして夕飯を食べます。
④運動を通じて友人たちと親しくなります。

48. 正解：④지선 씨와 은정 씨는 성격이 다르지만 친합니다.

解説：**그러나**という接続詞があることから、二人が対照的な性格をしているにもかかわらずとても親しいというのが、この文章の主要な考えなので、④が答えである。

48.　チソンさんは活発に活動するのが好きです。ウンジョンさんは物静かに考えるのが好きです。ですが、二人はとても親しいです。

①チソンさんは活発です。

②ウンジョンさんは物静かです。

③チソンさんとウンジョンさんはよく一緒に遊んでいます。

④チソンさんとウンジョンさんは性格が違いますが親しいです。

[49~50] 다음을 읽고 물음에 답하십시오.

49. 正解：①가르칠

解説：翌日起きることなので未来連体形の**가르칠**が入らなければならない。

[49~50] 次の文章を読んで、問いに答えなさい。

私は数学の先生です。学校で学生に教えています。授業時間が終わると、学生たちの宿題をチェックします。また、翌日（ ㉠ ）内容も準備します。学期休みには時々旅行をします。

49. ㉠に入る適切な言葉を選びなさい。

①教える　②教えた　③教えた　④教えた

50. 正解：④저는 학생들에게 숙제를 내 줍니다.

解説：数学を習っているのではなく、数学の先生なので、①は正解にならない。いつもではなく時々旅行をしているので、②は間違い。学校で働いている立場であり、学校に入るための準備はしていないので、③も間違い。

50. この文章の内容と同じものを選びなさい。

①私は数学を学んでいます。

②私は学期休みのたびに旅行します。

③私は学校に行く準備をしています。

④私は学生たちに宿題を出してあげます。

[51~52] 다음을 읽고 물음에 답하십시오.

51. 正解：①이용해서

解説：-아/어서は、後ろの動作の様態・方式を表す表現である。季節ごとに異なる野菜でキムチを漬ける方法について話しているので、どのようにキムチを漬けているかを表す이용해서をかっこに入れなければならない。

[51~52] 次の文章を読んで、問いに答えなさい。

キムチは種類も多様で、味もさまざまです。季節ごとに異なる野菜を（ ㉠ ）キムチを漬けるからです。地域によっても漬けるキムチの種類が違います。また、同じキムチも家ごとに漬ける方法が異なり、味が違います。韓国でいろいろなキムチを味わってみるのもいい経験になり得ます。

51. ㉠に入る適切な言葉を選びなさい。
①利用して　②利用しても　③利用して　④利用すれば

52. 正解：②김치 종류는 지역에 따라 다릅니다.

解説：キムチにはさまざまな味があると言っているので、①は間違い。一番おいしいキムチについては触れていないので、③は正解にならない。韓国のキムチの種類は多様だと言っているので、④も間違い。

52. この文章の内容と同じものを選びなさい。
①キムチは全部同じ味を出します。
②キムチの種類は地域によって違います。
③家で漬けたキムチが一番おいしいです。
④韓国ではさまざまな種類のキムチを食べることができません。

[53~54] 다음을 읽고 물음에 답하십시오.

53. 正解：③적을 수

解説：文字は書き記すものなので、적다という動詞とよく一緒に使われる。

[53~54] 次の文章を読んで、問いに答えなさい。

ハングルは世宗大王がお作りになりました。ハングルの母音は人と地と天を意味します。ハングルの子音は喉や口などの発音器官の形をまねて作られました。そのため、ハングルは音の出るものは全て(㉠)できます。また、誰でも簡単に文字を学ぶことができます。

53. ㉠に入る適切な言葉を選びなさい。
①聞くことが　②歌うことが　③書くことが　④歩くことが

54. 正解：④한글의 자음은 발음 기관을 본떠 만들었습니다.

解説：ハングルは誰でも簡単に学ぶことができると述べているので、①は間違い。ハングルを作ったのは世宗大王であると分かっているので、②も間違い。ハングルの母音は形に似せて作ったのではなく、意味を持たせているので、③も間違い。

54. この文章の内容と同じものを選びなさい。
①ハングルは学ぶのが難しいです。
②ハングルを作った人は誰か分かりません。
③ハングルの母音は人の形と似ています。
④ハングルの子音は発音器官をまねて作りました。

[55~56] 다음을 읽고 물음에 답하십시오.

55. 正解：④그래서

解説：市場で働く方々を見ると元気が出るので、物を買わなくても市場に行くという内容である。**그래서**は前の内容が後ろの内容の理由になるとき使う。

[55~56] 次の文章を読んで、問いに答えなさい。

うちの前には伝統市場があります。伝統市場では新鮮な材料を安い値段で売っています。トッポッキやチキンのようなおいしい食べ物も作って売っています。市場で一生懸命働いている方々を見ると、私も元気が出ます。(㉠)物を買わなくても時々市場の見物に行きます。私は伝統市場が好きです。

55. ㉠に入る適切な言葉を選びなさい。
①そうすれば　②ですが　③それでも　④だから

56. 正解：①전통 시장은 값이 쌉니다.

解説：この人が市場で働いているかどうかは述べられていないので、②は正解にならない。家の前に市場があると述べているので、③は間違い。物を買わなくても市場の見物に行くと言っているので、④も間違い。

56. この文章の内容と同じものを選びなさい。
① 伝統市場は値段が安いです。
② 私は市場で働いています。
③ 伝統市場はうちと遠いです。
④ 私は物を買うときのみ伝統市場に行きます。

［57~58］ 다음을 순서대로 맞게 나열한 것을 고르십시오.

57. 正解：② (다)−(나)−(가)−(라)

解説：初めに来るのは(다)で固定されているので、2番目に来るのが(가)(나)(라)のどれになるかを考える。それぞれを読むと、(가)では−기 때문이다が使われており、根拠を述べていることが分かる。また(나)では그러나、(라)では그래서が文頭に使われており、それぞれ直前の内容とのつながりが分かる。(다)で述べているのは、昔の情報伝達のあり方という事実である。これに対し、根拠を述べる(가)や結果を述べる(라)は内容がつながらないので、2番目に来るのは(나)であると分かる。(나)で述べる内容に対して、なぜそれが可能になったかという根拠を(가)で述べ、結果としてインターネットを使って遠くの人ともやり取りができるという内容の(라)につながる。従って(다)−(나)−(가)−(라)となり、②が正解である。

［57~58］ 次の文を適切な順に並べたものを選びなさい。

57. (가) インターネットが発達したからです。
(나) しかし、最近は家でも簡単に知ることができます。
(다) 昔は他の国の情報を知るのは難しかったです。
(라) そのため、他の国に住む友人たちともインターネットを通じて付き合うことができます。

58. 正解：③ (가)−(라)−(나)−(다)

解説：初めに来るのは(가)で固定されているので、2番目に来るのが(나)(다)(라)のどれになるかを考える。全体を読むと、旅行に行って道に迷ったが解決したという体験談であることが分かる。出来事の順序としては、道に迷った後、道を教えてもらい、無事に戻れたという流れになるのが自然なので、迷ったという内容の(라)、おじさんが道を教えてくれたという内容の(나)、無事に戻れてよかったという内容の(다)の順となる。従って(가)−(라)−(나)−(다)となり、③が正解である。

58. (가) 先週末、友人たちと旅行に行きました。
(나) そのとき、あるおじさんが道を教えてくださいました。
(다) 道を簡単に見つけることができて本当に幸いでした。
(라) ところが、バスに乗り間違えて道に迷ってしまいました。

[59~60] 다음을 읽고 물음에 답하십시오.

59. 正解：②ⓛ

解説：그러면は前の内容が後ろの内容の条件であるとき使う。与えられた文は山に生きる動物たちの餌がないという内容である。従って、前の文には動物たちが餌を見つけられなくなる行動が出て来なければならない。

[59~60] 次の文章を読んで、問いに答えなさい。

山にはさまざまな植物や動物が生きています。(㉠)ところが、ある人たちは山の植物や動物を家に持ち帰ったりもします。(㉡)山に食べる物がなければ動物たちは死ぬこともあります。(㉢)山の植物や動物を山で生きさせることも自然を守ることです。(㉣)私たちの小さな行動が自然を守ることができます。

59. 次の文が入る場所を選びなさい。
そうすると、山に生きる動物たちが食べる物を見つけられなくなります。
①㉠ ②㉡ ③㉢ ④㉣

60. 正解：② 산에는 많은 종류의 식물이 살고 있습니다.

解説：山には植物と動物が生きていると述べているので、①は間違い。自然を守ることは私たちの小さな行動でできると言っているので、③も間違い。山の植物や動物を家に持ち帰る人もいると述べているので、④も間違い。

60. この文章の内容と同じものを選びなさい。
①山には動物のみ生きています。
②山にはたくさんの種類の植物が生きています。
③自然を守るのは誰にでもできることではありません。
④山の植物を家に持ってくる人はいません。

[61~62] 다음을 읽고 물음에 답하십시오.

61. 正解：③ 하나밖에

解説：**~밖에**はそれ以外に他のものはないという意味の助詞で、否定を表す表現と一緒に使う。

> [61~62] 次の文章を読んで、問いに答えなさい。
>
> 昨日は友達の誕生日でした。だから、友達に友達の写真を入れたカップを作ってあげました。そのカップは世界に（ ㉠ ）ありません。友達はカップを見てとても喜びました。私もそんな友達を見て気分が良かったです。友達がいつも幸せだったらうれしいです。
>
> 61. ㉠に入る適切な言葉を選びなさい。
> ①一つだけ　②一つずつ　③一つしか　④一つくらい

62. 正解：① 친구의 생일은 지났습니다.

解説：私が友達のカップを作ったので、②は間違い。友達が写った写真をカップに入れたので、③も間違い。普段の友達の気分がどうであるかには触れていないので、④は正解にならない。

> 62. この文章の内容と同じものを選びなさい。
> ①友達の誕生日は過ぎました。　②友達はカップを作りました。
> ③友達と一緒に写真を撮りました。　④友達はいつも気分がいいです。

[63~64] 다음을 읽고 물음에 답하십시오.

63. 正解：④ 맛나식당의 이사 소식을 알리려고

解説：マンナ食堂が移転するという内容を知らせる文章である。

[63~64] 次の文章を読んで、問いに答えなさい。

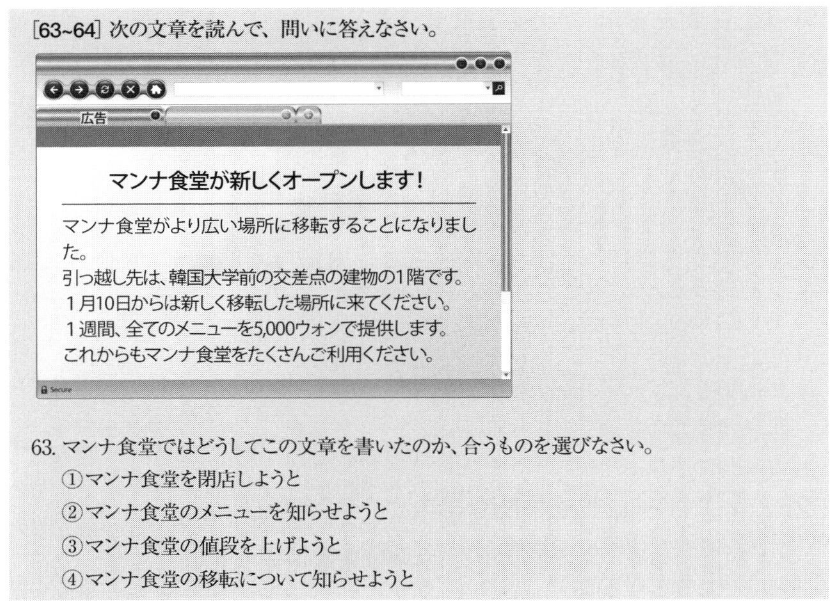

63. マンナ食堂ではどうしてこの文章を書いたのか、合うものを選びなさい。

①マンナ食堂を閉店しようと
②マンナ食堂のメニューを知らせようと
③マンナ食堂の値段を上げようと
④マンナ食堂の移転について知らせようと

64. 正解：③1월 15일에는 맛나식당에서 오천 원에 밥을 먹을 수 있습니다.

解説：移転するのは10日であり、9日にはまだ移転していないので、①は間違い。移転先は韓国大学前の交差点であり、また現在の場所については何も触れていないので、②は正解にならない。5,000ウォンで食べられるのは1月10日から1週間なので、④は間違い。

64. この文章の内容と同じものを選びなさい。

①1月9日にはマンナ食堂が新しく移転した場所に行けばいい。
②マンナ食堂は韓国大学から遠く離れた所にあります。
③1月15日にはマンナ食堂で5,000ウォンでご飯を食べられます。
④今後、マンナ食堂のメニューはいつでも5,000ウォンで食べられます。

[65~66] 다음을 읽고 물음에 답하십시오.

65. 正解：③잠들 수

解説：携帯電話の光によって眠りに影響が出るという内容なので、잠들 수が入らなければならない。

[65~66] 次の文章を読んで、問いに答えなさい。

寝る前に携帯電話を使うと寝付くまで長い時間がかかります。また、深く(㉠)できません。携帯電話から出る光のためです。従って、翌日さらに疲れを感じます。これは健康に良くありません。そのため、寝る前は携帯電話を使わない方がいいです。

65. ㉠に入る適切な言葉を選びなさい。
①休むことが　②覚めることが　③眠ることが　④会うことが

66. 正解：② 휴대폰의 빛은 잠을 못 들게 합니다.

解説：疲れるのは、携帯電話を使ったためではなく深く眠れないためなので、①は正解にならない。眠れずに疲れるのは健康に良くないと述べているが、睡眠時間の長さと健康との関係については触れていないので、③も正解にならない。寝る前に携帯電話を使うと簡単に眠れないと述べているので、④も間違い。

66. この文章の内容と同じものを選びなさい。
①携帯電話を長時間使うと疲れます。
②携帯電話の光は眠れなくさせます。
③たくさん寝ると健康に良くありません。
④寝る前に携帯電話を使うとよく眠れます。

[67~68] 다음을 읽고 물음에 답하십시오.

67. 正解：④마시면

解説：**-(으)면**は、前の内容が後ろの内容の条件になるときに使う。運動をするとき、より力を出すためにコーヒーを飲むという内容なので、**마시면**が入らなければならない。パッチムのある単語には**-으면**、パッチムのない単語には**-면**を使う。**-(으)면**は動詞、形容詞と一緒に使われる。

・커피를 많이 마시면 밤에 잠이 잘 안 옵니다.
(コーヒーをたくさん飲むと夜よく眠れません)

・라면을 많이 먹으면 건강에 안 좋습니다.
(ラーメンをたくさん食べると健康によくありません)

[67~68] 次の文章を読んで、問いに答えなさい。

コーヒーは多くの人が好きな飲み物です。コーヒーを飲むと気分がすっきりしてストレスが減ります。運動前にコーヒーを（ ㉠ ）運動をするとき、より多くの力を出せます。また、口の中の匂いも出ないようにします。ですが、コーヒーを飲み過ぎると、夜深く眠れません。そのため、1日に3杯以上飲まない方がいいです。

67. ㉠に入る適切な言葉を選びなさい。
①飲んでも　②飲んだら　③飲んで　④飲むと

68. 正解：④ 스트레스를 받을 때 커피를 마시면 도움이 됩니다.

解説：コーヒーは口の匂いが出ないようにするので、①は間違い。コーヒーが好きな人は多いと述べているので、②も間違い。コーヒーを3杯以上飲むとよく眠れなくなると述べているので、③も間違い。

68. この文章の内容と同じものを選びなさい。
①コーヒーが口の匂いの原因になります。
②コーヒーが好きな人はあまりいません。
③コーヒーを5杯飲むと夜よく眠れます。
④ストレスを受けたときにコーヒーを飲むと役に立ちます。

[69~70] 다음을 읽고 물음에 답하십시오.

69. 正解：② 인기가 높습니다

解説：他の所ではなかなかできないことができるので、たくさんの人が来るという内容にならなければならない。従って、인기가 높습니다という表現が入らなければならない。

[69~70] 次の文章を読んで、問いに答えなさい。

子どもたちが将来したい仕事を体験できる所があります。他の場所ではなかなかできないことができるので、（ ㉠ ）。子どもたちはここで消防官になって自分で火を消すこともでき、料理人になって食べ物を作ることもできます。また、医者になったり映画俳優になったりすることもできます。いろいろな仕事をしてみると、自分が本当にしたいことを見つけるのに役に立ちます。

69. ㉠に入る適切な言葉を選びなさい。
①人気がありません　②人気が高いです
③難しくありません　④難しく感じます

70. 正解：③아이들은 자신이 원하는 직업을 체험해 볼 수 있습니다.

解説：訪れる子どもたちが増えているかどうかには触れていないので、①は正解にならない。子どもたち自身が消防官になって火を消せるので、②は間違い。いろいろな職業を体験することができると言っているので、④も間違い。

70. この文章の内容から分かることを選びなさい。
①ここを訪れる子どもたちがだんだん増えてきています。
②子どもたちは消防官がやっていることを見学だけします。
③子どもたちは自分が望む職業を体験できます。
④子どもたちはここで一つの職業のみ体験できます。

模擬テスト2
2회 모의고사

解答・解説・訳

模擬テスト2　解答　※左の数字は問題番号、丸数字は正解、右の数字は配点です。

聞き取り

番号	正解	配点
1	③	4
2	①	4
3	②	3
4	①	3
5	②	4
6	④	3
7	②	3
8	①	3
9	③	3
10	④	4
11	①	3
12	②	3
13	③	4
14	④	3
15	①	4
16	④	4
17	④	3
18	③	3
19	②	3
20	②	3
21	②	3
22	②	3
23	④	3
24	③	3
25	③	3
26	④	4
27	①	3
28	②	4
29	④	3
30	①	4

読解

番号	正解	配点
31	①	2
32	③	2
33	②	2
34	①	2
35	③	2
36	③	2
37	①	3
38	④	3
39	②	2
40	③	3
41	④	3
42	④	3
43	①	3
44	②	2
45	③	3
46	②	3
47	④	3
48	③	2
49	②	2
50	①	2
51	④	3
52	③	2
53	②	2
54	④	3
55	②	2
56	③	3
57	①	2
58	④	3
59	①	2
60	③	3
61	①	2
62	④	2
63	②	2
64	④	3
65	②	2
66	③	3
67	③	3
68	②	3
69	②	3
70	③	3

模擬テスト2 解説・訳

※聞き取り問題は解説の前に音声のスクリプトを掲載しました。

聞き取り

[1~4] 다음을 듣고 <보기>와 같이 물음에 맞는 대답을 고르십시오.

1. 여자: 시간이 있어요?

正解：③아니요, 시간이 없어요.

解説：네, 시간이 있어요または아니요, 시간이 없어요と答えることができるので、③が答えである。

> [1~4] 次の音声を聞いて、例のように適切な答えを選びなさい。
>
> 1. 女：時間がありますか?
> ①はい、時間です。 ②はい、時間が来ました。
> ③いいえ、時間がありません。 ④いいえ、時間がたくさんあります。

2. 남자: 머리가 길어요?

正解：①네, 머리가 길어요.

解説：네, 머리가 길어요または아니요, 머리가 짧아요 / 길지 않아요 / 안 길어요と答えることができるので、①が答えである。

> 2. 男：髪が長いですか?
> ①はい、髪が長いです。 ②はい、髪があります。
> ③いいえ、髪がありません。 ④いいえ、頭が小さいです。

3. 여자: 영화는 언제 시작해요?

正解：②10분 후에요.

解説：언제についての質問に適切な答えを選ばなければならないので、②が答えである。

> 3. 女：映画はいつ始まりますか?
> ①3階です。 ②10分後です。
> ③1万ウォンです。 ④ホラー映画です。

4. 남자: 사진에 있는 사람은 누구예요?

正解：①형이에요.

解説：누구についての質問に適切な答えを選ばなければならないので、①が答えである。②も누구について答えているが、これは누가 찍었어요?もしくは찍은 사람이 누구예요?に対する答えであり、適切ではない。

4. 男：写真にいる人は誰ですか?
①兄です。 ②弟／妹が撮りました。
③去年撮りました。 ④家族写真です。

[5~6] 다음을 듣고 <보기>와 같이 이어지는 말을 고르십시오.

5. 여자：고향 부모님이 보내 주신 귤인데 드셔 보세요.

正解：② 잘 먹을게요.

解説：-아/어 보세요はある行動を一度試してみるよう勧める表現である。ミカンを食べてみるよう勧めているので、②のように答えることができる。

[5~6] 次の音声を聞いて、例のように次に続くものを選びなさい。

5. 女：故郷の両親が送ってくださったミカンですが、お召し上がりください。
①ごめんなさい。 ②いただきます。
③やめてください。 ④そうしてみます。

6. 남자：여보세요, 거기 이혜진 씨 집이지요?

正解：④ 네, 제가 이혜진인데요.

解説：電話の会話で~씨 집이지요?と聞いたとき、合っている場合は、네, 제가 ~인데요または네, 맞는데 누구세요?などと答えることができる。間違い電話の場合は、아니요, 전화 잘못 거셨습니다と答えることができる。

6. 男：もしもし、そちらはイ・ヘジンさんの家ですか?
①はい、うれしいです。 ②はい、よろしくお願いします。
③はい、またかけます。 ④はい、私がイ・ヘジンですが。

[7~10] 여기는 어디입니까? <보기>와 같이 알맞은 것을 고르십시오.

7. 여자：산책을 하니까 기분이 좋아요.

남자：맞아요. 소화도 잘되는 것 같아요.

正解：②**공원**

解説：**공원**（公園）は人がベンチに座って休んだり散歩したりできる空間である。

[7~10] ここはどこですか？　例のように適切なものを選びなさい。

7. 女：散歩をすると気分がいいです。
男：そうですね。食後の消化もよくできると思います。
①パン屋　②公園　③病院　④薬局

8. 남자：학교 친구에게 선물할 꽃을 찾는데요.
여자：향이 좋은 장미는 어떠세요?

正解：①**꽃집**

解説：女性は**꽃집**（花屋）の店員で男性は客である。友達のプレゼントに花を買おうとしている男性に、店員がバラを薦めている。

8. 男：学校の友達にプレゼントする花を探しているんですが。
女：香りのいいバラはどうですか？
①花屋　②学校　③案内所　④服屋

9. 여자：이 그림은 정말 멋지네요.
남자：네. 이렇게 큰 그림을 그리려면 정말 큰 붓이 필요하겠어요.

正解：③**미술관**

解説：**그림**、**붓**という単語から、美術と関連のある場所、つまり**미술관**（美術館）であることが分かる。

9. 女：この絵は本当にすてきですね。
男：はい。こんなに大きな絵を描こうと思ったら本当に大きな筆が必要そうですね。
①市場　②店　③美術館　④文房具屋

10. 여자：소포를 지금 보내면 언제 도착하나요?
남자：일주일 뒤에는 도착할 겁니다.

正解：④**우체국**

解説：**소포**、**보내다**などの表現から、**우체국**（郵便局）であることが分かる。

10. 女：小包を今送るといつ届きますか?
男：1週間後には届くでしょう。
①飛行機　②ターミナル　③旅行会社　④郵便局

[11~14] 다음은 무엇에 대해 말하고 있습니까? <보기>와 같이 알맞은 것을 고르십시오.

11. 남자: 채소가 너무 비싸네요.
여자: 올해 비가 너무 많이 와서 그래요. 과일도 비싸요.

正解：①값

解説：野菜と果物の**값**（値段）について話している。値段は、**싸다**または**비싸다**と表現する。

・**값**=**가격**

[11~14] 次の音声は何について話をしていますか?　例のように適切なものを選びなさい。

11. 男：野菜がすごく高いですね。
女：今年、雨が降りすぎたからです。果物も高いです。
①値段　②雨　③日にち　④果物

12. 여자: 저는 수영을 자주 해요.
남자: 저는 시간이 있을 때마다 컴퓨터 게임을 해요.

正解：②취미

解説：**취미**（趣味）は、時間があるときにいつも好んでしていることを意味する。

12. 女：私は水泳をよくしています。
男：私は時間があるたびにコンピューターゲームをしています。
①時間　②趣味　③職業　④運動

13. 남자: 무엇을 먹고 싶어요?
여자: 떡볶이도 먹고 싶고, 불고기도 먹고 싶어요.

正解：③음식

解説：男性と女性が食べたい**음식**（食べ物）について会話している。

13. 男：何を食べたいですか？
女：トッポッキも食べたいし、プルコギも食べたいです。
①休日　②計画　③食べ物　④健康

14. 여자: 이제 뭐가 남았어요?
남자: 식탁은 샀으니 침대를 사야 해요.
正解：④가구
解説：**식탁**と**침대**は**가구**（家具）の種類である。

14. 女：後は何が残っていますか？
男：食卓は買ったから、ベッドを買わなければいけません。
①家　②金　③引っ越し　④家具

[15~16] 다음 대화를 듣고 알맞은 그림을 고르십시오.

15. 남자: (초인종 소리와 문 여는 소리) 주문하신 불고기피자입니다.
여자: 네, 카드로 계산할게요.
正解：①
解説：男性はピザ屋の配達員である。女性がカードで払うと言っているので、男性配達員がピザを持っていて、女性がカードを持っている絵を選べばいい。

[15~16] 次の会話を聞いて、適切な絵を選びなさい。

15. 男：（呼び鈴の音とドアを開ける音）ご注文のプルコギピザです。
女：はい、カードで払います。

16. 여자: 민수야, 이제 일어나서 학교 가야지.
남자: 머리가 아파서 못 일어나겠어요.
正解：④
解説：家の寝室で女性が横になっている男性に呼び掛けている状況である。男性が頭が痛くて起きられないと話しているので、男性がベッドに横になって頭に手を当てている絵を選べばいい。

16. 女：ミンス、もう起きて学校に行かないと。
男：頭が痛くて起きられません。

[17~21] 다음을 듣고 <보기>와 같이 대화 내용과 같은 것을 고르십시오.

17. 남자：우리 이번 주 토요일에 가까운 산으로 놀러 가는 거 어때요? 등산이 건강에 좋대요.

여자：등산이요? 저도 등산 좋아해요. 그런데 이번 주 토요일에는 비가 온대요.

남자：그래요? 만약 비가 오면 밖에 나가지 말고 집에서 영화를 보기로 해요.

正解：④두 사람은 토요일에 비가 오면 집에 있을 겁니다.

解説：雨が降った場合は家で映画を見ることにしたので、④が答えである。女性は登山が好きなので、①は間違い。男性が登山をする頻度については触れていないので、②は正解にならない。男性が登山が好きかどうかについては触れていないので、③も正解にならない。

[17~21] 次の音声を聞いて、例のように会話の内容と同じものを選びなさい。

17. 男：今週土曜日、近くの山に遊びに行くのはどうですか？　登山が健康にいいそうです。
女：登山ですか？　私も登山好きです。でも、今週土曜日は雨が降るそうですよ。
男：そうですか？　もし雨が降ったら外に出ず、家で映画を見ることにしましょう。
①女性は登山が好きではありません。
②男性は毎週土曜日に登山をします。
③男性は山に登ることが好きではありません。
④二人は土曜日に雨が降ったら家にいる予定です。

18. 여자：늦어서 미안해요. 배탈이 나서 병원에 다녀오느라 늦었어요.

남자：이제 괜찮아요? 식사를 규칙적으로 하지 않아서 탈이 났나 봐요.

여자：맞아요. 어제 회사에 일이 많아서 점심을 먹지 못했거든요. 그래서 저녁에 밥을 너무 많이 먹었어요. 치료를 받고 소화제를 먹었더니 좀 괜찮아요.

남자：이제부터 시간이 없어도 밥을 꼭 드세요.

正解：③여자는 어제 점심시간에 많이 바빴습니다.

解説：女性は昨日、昼は忙しくて昼ご飯を食べられなかったと言ったので、③が答えである。女性は昨日昼ご飯を食べていないと言っているので、①は間違い。すでに病院に行って治療を受けており、再度行く予定についても触れていないので、②は正解にならない。男性には、女性を治療してあげようという意図は見られないので、④も正解にならない。

18. 女：遅れてすみません。腹痛で病院に行っていて遅れました。
男：もう大丈夫ですか？　食事を規則的にしないから腹痛になったようですね。
女：そうです。昨日、会社で仕事が多くてお昼を食べられなかったんです。それで夜にご飯を食べ過ぎました。治療を受けて消化薬を飲んだので大丈夫です。
男：これからは時間がなくてもご飯をちゃんと食べてください。
①男性は昨日、女性と昼ご飯を食べました。
②女性は病院に行って治療を受ける予定です。
③女性は昨日、お昼の時間にとても忙しかったです。
④男性は女性の体調不良を治療してあげようとしています。

19. 남자：은경 씨는 졸업 후에 무슨 일을 하고 싶어요?
여자：저는 목소리로 연기를 하는 직업인 성우가 되고 싶어요.
남자：성우요? 은경 씨는 외모도 예쁘니까 배우가 되어도 좋을 거 같아요. 그런데 왜 성우가 되고 싶어요?
여자：만화 영화를 정말 좋아하거든요. 좋아하는 만화 주인공 목소리 연기를 하면 정말 재미있을 거 같아요.

正解：② 여자는 성우가 되고 싶습니다.

解説：声で演技をする職業である声優になりたいと言っているので、②が答えである。男性の職業は述べられていないので、①は正解にならない。映画を見るという話は出ていないので、③も正解にならない。女性はアニメ映画を作りたいのではなく、アニメ映画の主人公の声の演技をしたいと言っているので、④は間違い。

19. 男：ウンギョンさんは卒業後、何の仕事をしたいですか？
女：私は声で演技をする職業である声優になりたいです。
男：声優ですか？　ウンギョンさんは顔もきれいだから俳優になってもいいと思います。ところで、どうして声優になりたいんですか？
女：アニメ映画が本当に好きなんです。好きなアニメの主人公の声の演技ができたら、本当に面白いと思います。
①男性は映画俳優です。

②女性は声優になりたいです。
③男性は女性と映画を見る予定です。
④女性はアニメ映画を作りたいです。

20. 여자 : 지용 씨, 여행은 잘 다녀왔어요?

남자 : 아니요. 회사에 갑자기 중요한 일이 생겨서 휴가가 취소되었어요.

여자 : 오래전에 계획한 여행인데 못 가서 속상했겠어요.

남자 : 괜찮아요. 조금 속상했지만 중요한 일을 해결해서 마음이 편해요. 그리고 다음 휴가 일정을 더 길게 계획할 수 있게 되어서 좋아요.

正解 : ②남자는 중요한 일을 처리해서 좋습니다.

解説 : 旅行に行けなくて残念だが、重要な仕事を処理できて気持ちが楽だと言っているので、②が答えである。女性が旅行に行ったかどうかには触れていないので、①は正解にならない。女性は男性の休暇が取り消しになったことを知らず、一緒に過ごしていないと考えられるので、③は間違い。休暇をキャンセルしたのは重要な会社の仕事をするためなので、④も間違い。

20. 女 : チヨンさん、旅行は楽しかったですか?
男 : いいえ。会社で急に重要な仕事ができて、休暇は取り消しになりました。
女 : 前から計画していた旅行なのに、行けなくて残念だったでしょうね。
男 : 平気です。少し残念でしたが、重要な仕事を解決できたので気持ちが楽です。そして、次の休暇の日程をもっと長く計画できるようになってうれしいです。
①女性は休暇のとき、旅行に行きました。
②男性は重要な仕事を処理できて喜んでいます。
③女性は男性と一緒に休暇を過ごしました。
④男性は具合が悪くて旅行をキャンセルしました。

21. 여자 : 제 휴대폰이 고장이 나서 고치러 왔는데요. 휴대폰 화면이 나오지 않아요.

남자 : 네, 이쪽으로 오세요. 혹시 휴대폰을 떨어뜨리셨나요?

여자 : 어제 휴대폰에 물을 쏟았어요. 바로 전원을 끄고 수건으로 닦았는데 고장이 났네요.

남자 : 어디가 잘못되었는지 확인해 볼게요. 내일 오후 5시에 찾으러 오세요.

正解 : ②여자는 내일 오후 5시에 다시 올 겁니다.

解説 : 男性が最後に내일 오후 5시에 찾으러 오세요と言っているので、②が答えで

ある。男性は携帯電話を直す人なので、①は間違い。携帯電話を落としたのではなく、携帯電話に水をこぼしたと言っているので、③も間違い。男性は故障した部分を確認して直すと考えられるので、④は正解にならない。

21. 女：私の携帯電話が故障したので、直しに来たんですが。携帯電話の画面が映らないんです。
男：はい、こちらへどうぞ。もしかして、携帯電話を落とされましたか?
女：昨日、携帯電話に水をこぼしました。すぐ電源を切ってタオルでふいたんですが、故障してしまったんですよね。
男：どこが駄目なのか確認してみます。明日午後5時に取りに来てください。
① 男性は携帯電話を新しく買いたいです。
② 女性は明日午後5時にまた来る予定です。
③ 女性は携帯電話を床に落としました。
④ 男性は携帯電話を水とタオルできれいにする予定です。

[22] 다음을 듣고 남자의 중심 생각을 고르십시오.

22. 여자: 준호 씨는 도시 생활과 시골 생활 중 어느 것이 좋으세요?
남자: 도시 생활이 편리하지만, 나이가 들고 나서는 시골에 가서 살고 싶어요.
여자: 그래요? 시골에는 병원이나 노인 시설이 많지 않아서 불편하지 않을까요?
남자: 맞아요. 불편한 점이 많을 거예요. 그래도 저는 맑은 공기 마시면서 시골에서 살고 싶어요.

正解：② 공기가 좋은 시골에서 살고 싶습니다.

解説：男性は田舎での生活に不便な点が多くても澄んだ空気を吸いながら田舎で暮らしたいと言っているので、②が答えである。

[22] 次の音声を聞いて、男性の主要な考えを選びなさい。

22. 女：チュノさんは都市での生活と田舎での生活のうち、どちらがいいですか?
男：都市での生活は便利ですが、年を取ってからは田舎に行って暮らしたいです。
女：そうなんですか?　田舎には病院や高齢者用施設があまりなくて不便じゃないでしょうか?
男：そうですね。不便な点が多いと思います。それでも私は澄んだ空気を吸いながら田舎で暮らしたいです。

①田舎には高齢者用施設が必要です。
②空気がいい田舎で暮らしたいです。
③若い人たちは都市で暮らさなければいけません。
④都市には病院と高齢者用施設がないので不便です。

[23~24] 다음을 듣고 여자의 중심 생각을 고르십시오.

23. 남자 : 지은아, 준비물은 모두 잘 챙겼니? 오늘 미술 수업이 있다고 했잖아.
여자 : 네, 아빠. 그런데 물감이 조금 남아서 오늘 새로 사야겠어요.
남자 : 그래? 쓰던 물건을 다 사용한 뒤에 새것을 사는 것이 좋지 않을까?
여자 : 글쎄요. 미리 준비를 해야 편리하죠. 꼭 필요한 때에 중요한 물건이 없으면 불편하잖아요.

正解 : ④ 중요한 물건은 미리 준비해 두어야 편리합니다.

解説 : 女性は、必要なときに重要な物がないと不便なためあらかじめ準備しておいてこそ便利だと考えているので、④が答えである。

[23~24] 次の音声を聞いて、女性の主要な考えを選びなさい。

23. 男 : チウン、持ち物は全部ちゃんと用意した？　今日、美術の授業があるって言ったじゃないか。
女 : はい、パパ。でも絵の具が少ししか残ってなくて、今日新しく買わないといけません。
男 : そうか？　使っていた物を全部使った後で新しいのを買うのがいいんじゃないか？
女 : どうでしょう。あらかじめ準備をしておいてこそ便利でしょう。ちょうど必要になったときに重要な物がなかったら不便じゃないですか。
①絵の具は新しいのがいいです。
②物はできるだけ大事に使わなければいけません。
③物は一度にたくさん買っておかなければいけません。
④大事な物はあらかじめ準備しておいてこそ便利です。

24. 여자 : 오늘 왜 이렇게 늦었니? 늦을 때는 미리 연락을 해야지.
남자 : 죄송해요. 친구와 얘기하느라 시계를 보지 못했어요. 저도 이제 성인이니 걱정하지 마세요.
여자 : 앞으로는 늦을 때 미리 전화를 해 주면 좋겠어. 그러면 걱정하지 않을 수 있잖아.

남자 : 네, 죄송해요. 꼭 그렇게 할게요.

正解：③ 늦을 때는 미리 연락을 해야 합니다.

解説：女性は遅れるときはあらかじめ電話してくれれば心配しないで済むからいいと考えているので、③が答えである。

24. 女：今日はどうしてこんなに遅れたの？　遅れるときはあらかじめ連絡をしないと。

男：すみません。友達と話をしていて時計を見ていませんでした。私ももう成人なので心配しないでください。

女：これからは遅れるときはあらかじめ電話してくれたらと思う。そうすれば心配しないで済むでしょ。

男：はい、すみません。必ずそうします。

①必ず時計を持ち歩かなければいけません。

②遅れるときは待たなくてもいいです。

③遅れるときはあらかじめ連絡をしなければいけません。

④大人になったら心配しなくてもいいです。

[25~26] 다음을 듣고 물음에 답하십시오.

여자 : 고객 여러분들께 안내 말씀드리겠습니다. 지금 2층 안내데스크에서 빨간색 지갑을 보관하고 있습니다. 지갑 안에는 신분증과 가족사진, 현금이 들어 있습니다. 1층 식품 코너에서 빨간색 지갑을 잃어버리신 분은 안내데스크로 와 주시기 바랍니다. 감사합니다.

25. 正解：③ 잃어버린 물건을 찾아 주려고

解説：女性は誰かがなくした財布を届けてあげようと放送で案内している。財布の持ち主が分かるように、中に入っている物を説明し、保管している場所を伝えている。

[25~26] 次の音声を聞いて、問いに答えなさい。

女：お客さまにご案内致します。今、2階の案内デスクで赤い財布をお預かりしています。財布の中には身分証と家族写真、現金が入っています。1階、食品コーナーで赤い財布をなくされた方は、案内デスクにお越しください。ありがとうございます。

25. 女性がどうしてこの話をしているのか、合うものを選びなさい。

①商品を宣伝しようと

②商品を注文しようと

③なくした物を届けてあげようと
④案内デスクの位置を教えてあげようと

26. 正解：④지갑의 주인은 2층 안내데스크로 가면 됩니다.

解説：最初に2층 안내데스크에서 빨간색 지갑을 보관하고 있습니다と言っているので、④が答えである。食品コーナーは1階にあるので、①は間違い。財布は赤色なので、②も間違い。財布の中には身分証、家族写真、現金が入っていると言っているので、③も間違い。

26. 聞いた内容と同じものを選びなさい。
①食品コーナーは2階にあります。
②財布の色は黒です。
③財布の中には何も入っていません。
④財布の持ち主は2階の案内デスクに行けばいいです。

[27~28] 다음을 듣고 물음에 답하십시오.

남자：요즘 주말에 뭐 해요? 월요일마다 표정이 밝아요.
여자：아, 요즘 취미로 사진을 찍기 시작했어요. 아직 잘 찍지는 못하지만 정말 재미있어요. 스트레스도 풀리고요.
남자：사진이요? 무슨 사진을 주로 찍어요?
여자：매주 일요일에 친구들하고 산에 가요. 가서 나무도 찍고, 꽃도 찍고, 친구들 사진도 찍어요.
남자：재미있겠네요. 언제 제 사진도 좀 찍어 주세요.
여자：네, 열심히 연습해서 꼭 멋지게 찍어 드릴게요.

27. 正解：①주말에 하는 일

解説：男性が女性に週末の過ごし方を尋ね、それに対して女性が趣味の写真について話している。

[27~28] 次の音声を聞いて、問いに答えなさい。

男：最近、週末何してますか？　いつも月曜日は表情が明るいですね。
女：あ、最近、趣味で写真を撮り始めました。まだうまく撮ることはできませんが、本当に面白いです。ストレスも解消できて。

男：写真ですか？　何の写真を主に撮るんですか？
女：毎週日曜日に友人たちと山に行きます。行って木も撮って、花も撮って、友人たちの写真も撮ります。
男：面白そうですね。いつか私の写真も撮ってください。
女：はい、一生懸命練習して、必ずかっこよく撮ってあげます。

27. 二人が何について話をしているのか、選びなさい。
①週末にすること
②写真を撮る方法
③友達と会う場所
④ストレスを解消する方法

28. 正解：②여자는 일요일마다 사진을 찍습니다.

解説：女性は毎週日曜日に友人たちと山に行って写真を撮りながら時間を過ごすと言っているので、②が答えである。女性の趣味は写真を撮ることであり、写真を撮るために山に行くので、①は正解にならない。販売するということは言っていないので、③は間違い。男性と会う約束はしていないので、④も間違い。

28. 聞いた内容と同じものを選びなさい。
①女性の趣味は登山です。
②女性は日曜日ごとに写真を撮ります。
③女性は写真を撮って販売する予定です。
④女性は男性と週末に会うことにしました。

[29~30] 다음을 듣고 물음에 답하십시오.

여자: 여보세요? 여기 이화세탁소인데요. 그저께 맡기신 흰색 셔츠에 문제가 생겨서 전화드렸습니다.
남자: 네, 무슨 일이세요? 오늘 중요한 모임이 있어서 입으려고 했는데요.
여자: 다림질을 하다가 실수를 해서 셔츠가 타 버렸어요. 정말 죄송합니다. 똑같은 셔츠로 새로 사 드릴게요.
남자: 아, 아끼는 셔츠인데 속상하네요. 어쩔 수 없죠. 그럼 새 셔츠는 언제 받을 수 있나요?
여자: 오늘 오전에 댁으로 가져다 드릴게요. 죄송합니다.

남자 : 네, 알겠습니다. 오전에는 집에 아무도 없으니까 오후 3시 이후에 가져다 주세요.

29. 正解 : ④ 셔츠가 망가져서 새것으로 사 주려고

解説 : 女性はクリーニング店の職員で、男性はクリーニング店にシャツを預けた客である。女性がアイロンがけをしていたとき、シャツが駄目になったので新しい物を買ってあげようと電話した。

[29~30] 次の音声を聞いて、問いに答えなさい。

女 : もしもし?　こちらはイファクリーニングですが。おとといお預けになった白いシャツに問題が生じたのでお電話致しました。

男 : はい、何があったんですか?　今日、重要な集まりがあるので着ようと思ってたんですが。

女 : アイロンがけをしていて、誤ってシャツが焦げてしまいました。本当に申し訳ありません。全く同じシャツを新しく買って差し上げます。

男 : あ、大事にしているシャツだったのに、残念ですね。仕方ありません。それでは、新しいシャツはいつ受け取れますか?

女 : 今日、午前中にお宅に持っていきます。申し訳ありません。

男 : はい、分かりました。午前は家に誰もいないので、午後3時以降に持ってきてください。

29. 女性は男性にどうして電話をしましたか?

① クリーニング店を宣伝しようと
② シャツのサイズを確認しようと
③ 洗濯を終えた服を配達しようと
④ シャツが駄目になったので新品を買って渡そうと

30. 正解 : ① 남자의 집에는 오전에 아무도 없습니다.

解説 : 午前は家に誰もいないためシャツを午後3時以降に持ってきてくれるよう言っているので、①が答えである。新しいシャツを買って持って行くと言っているので、②は間違い。新しいシャツをどこで買うかには触れていないので、③は正解にならない。男性は今日、重要な集まりがあると言っているので、④は間違い。

30. 聞いた内容と同じものを選びなさい。

① 男性の家には午前中、誰もいません。
② 女性は男性にシャツを買うお金を渡す予定です。
③ 女性はデパートに行って新しいシャツを買う予定です。
④ 男性は明日午後、大事な集まりがあります。

読　解

[31~33] 무엇에 대한 이야기입니까? <보기>와 같이 알맞은 것을 고르십시오.

31. 正解：①날씨

解説：비、춥다は날씨（天気）と関係のある単語である。

> [31~33] 何についての話ですか？　例のように適切なものを選びなさい。
>
> 31. 今日は雨が降っています。寒いです。
> ①天気　②学期休み　③季節　④傘

32. 正解：③이름

解説：이지은と토니は人物の이름（名前）である。

> 32. 私はイ・ジウンです。この人はトニーです。
> ①学生　②年齢　③名前　④国

33. 正解：②날짜

解説：3월 20일と3월 21일は날짜（日にち）を表す表現である。

> 33. 今日は3月20日です。明日は3月21日です。
> ①誕生日　②日にち　③一日　④曜日

[34~39] <보기>와 같이 ( )에 들어갈 가장 알맞은 것을 고르십시오.

34. 正解：①보다

解説：~보다は互いに違いがあることを比較するときに使う表現である。ホヨンとチェギョンの身長を比較している内容である。

> [34~39] 例のように、かっこに入る最も適切なものを選びなさい。
>
> 34. ホヨンはチェギョン（　　）背が高いです。
> ①より　②から　③に　④と

35. 正解：③구름

解説：曇っている理由は구름が多いからである。

2회 모의고사　読解　解答・解説・訳

35. 曇っています。(　　　)が多いです。
①雪　②風　③雲　④空

36. 正解：③마십니다

解説：水やジュースは**마시다**という動詞と一緒に使う。

36. 喉が乾きました。水を(　　　)。
①拭きます　②置きます　③飲みます　④描きます

37. 正解：①기다립니다

解説：**기다리다**は特定の人や時が来ることを望むという意味である。約束に遅れる友達に対して取る行動として、選択肢の中でふさわしいのは友達が来ることを望む**기다리다**である。

37. 友達が約束に遅れています。友達を(　　　)。
①待ちます　②帰ります　③尋ねます　④通り過ぎます

38. 正解：④제일

解説：**제일**は「幾つかある中で最も」という意味である。果物が好きであり、**그중에서**バナナがどのように好きかという問題になっているので、複数の中から一つについて考えるときに使う**제일**を使うのが適切である。

38. 果物が好きです。その中で、バナナが(　　　)好きです。
①あまり　②全然　③まだ　④一番

39. 正解：②깨끗합니다

解説：掃除を頻繁にした結果をかっこに入れなければならない。掃除をすればきれいになる。

39. 掃除を頻繁にします。そのため(　　　)。
①健康です　②きれいです　③複雑です　④退屈です

［40~42］ 다음을 읽고 맞지 않는 것을 고르십시오.

40. 正解：③ 주말에 저녁 약속이 있습니다.

解説：夕食の約束は月曜日にある。

［40~42］ 次を読んで、合わないものを選びなさい。

40.

4月	
/4(月)	トンヨンさんと夕食の約束
/5(火)	韓国語の授業
/6(水)	弟／妹の誕生日
/7(木)	韓国語の授業
/8(金)	ユナさんと登山
/9(土)	韓国語の授業
/10(日)	買い物

① 金曜日に登山をします。
② 4月6日は弟／妹の誕生日です。
③ 週末に夕食の約束があります。
④ 韓国語の授業は1週間に3回あります。

41. 正解：④ 은영 씨가 현주 씨에게 문자를 보냈습니다.

解説：ヒョンジュさんがウニョンさんに携帯メールを送っている。**문자**とは携帯メールのことである。

41.

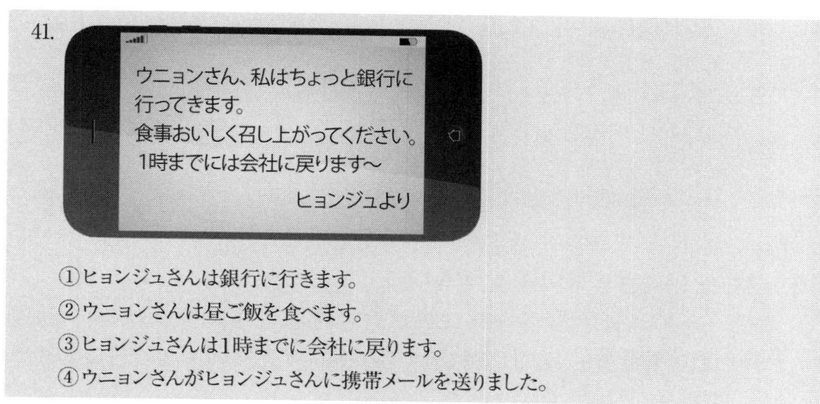

ウニョンさん、私はちょっと銀行に
行ってきます。
食事おいしく召し上がってください。
1時までには会社に戻ります～
ヒョンジュより

① ヒョンジュさんは銀行に行きます。
② ウニョンさんは昼ご飯を食べます。
③ ヒョンジュさんは1時までに会社に戻ります。
④ ウニョンさんがヒョンジュさんに携帯メールを送りました。

42. 正解：④ 밤 11시에 맛나식당에 가면 밥을 먹을 수 있습니다.

解説：夜10時に食堂は閉店する。

42.

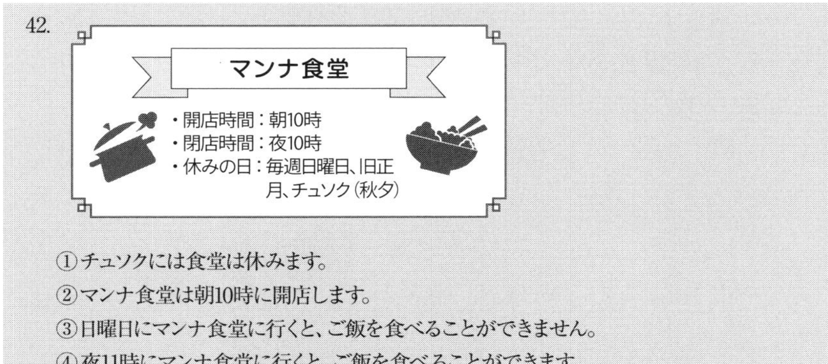

マンナ食堂
・開店時間：朝10時
・閉店時間：夜10時
・休みの日：毎週日曜日、旧正月、チュソク（秋夕）

①チュソクには食堂は休みます。
②マンナ食堂は朝10時に開店します。
③日曜日にマンナ食堂に行くと、ご飯を食べることができません。
④夜11時にマンナ食堂に行くと、ご飯を食べることができます。

［43~45］ 다음의 내용과 같은 것을 고르십시오.

43. 正解：①저는 아침마다 수영을 합니다.

解説：図書館に行くのは午後なので、②は間違い。友達とアルバイトをするかどうかは触れていないので、③は正解にならない。授業を受けてから図書館に行くので、④は間違い。

［43~45］ 次の内容と同じものを選びなさい。

43.　私は毎朝水泳をして、学校に行きます。午後には授業を受けて、図書館で勉強をします。夕方には友達に会ったりアルバイトに行ったりします。
①私は毎朝水泳をします。
②私は夕方図書館に行きます。
③私は友達とアルバイトをします。
④私は図書館で勉強をして、授業を受けます。

44. 正解：②이제는 떡볶이를 잘 먹습니다.

解説：トッポッキは辛いと言っているので、①は間違い。今はトッポッキが一番好きなので、③も間違い。最初は辛くて食べられなかったと言っているので、④も間違い。

44.　トッポッキは辛いけどおいしいです。韓国に初めて来たときは辛くて食べられませんでした。ですが、今はトッポッキが一番好きです。
①トッポッキは辛くありません。
②今ではトッポッキをちゃんと食べます。

③私は今もトッポッキを食べられません。
④私は初めからトッポッキをちゃんと食べました。

45. 正解：③누나는 소설책을 읽고 싶었습니다.

解説：姉が借りたかった小説は他の人がすでに借りていたので、①は間違い。姉が本を返したかどうかはここでは述べられていないので、②は正解にならない。姉は小説を買いたかったのではなく読みたかったので、④は間違い。

45.　姉と一緒に図書館に行きました。姉は姉が読みたかった小説を探しました。ですが、その本は他の人が借りて行っていました。
①姉は小説を借りました。
②姉は小説を返しました。
③姉は小説を読みたかったです。
④姉は小説を買いたかったです。

[46~48] 다음을 읽고 중심 생각을 고르십시오.

46. 正解：②저는 가족이 그립습니다.

解説：日本人だが韓国に住んでいるため、とても家族に会いたいという内容である。

[46~48] 次の文章を読んで、主要な考えを選びなさい。

46.　私は日本人ですが、韓国に住んでいます。毎日家族と電話で話をします。ですが、とても家族に会いたいです。
①私は日本人です。
②私は家族が恋しいです。
③私は韓国に住んでいます。
④私は家族と毎日連絡します。

47. 正解：④저는 만화 보는 것이 즐겁습니다.

解説：漫画が好きで、よく読むという内容である。

47.　私は漫画が好きです。漫画を読むと面白い考えをすることができ、気分が良くなります。そのため、気分が良くなかったり退屈だったりするときはよく漫画を読みます。
①私は気分がいいです。
②私は面白い人です。

③私は漫画を読むと面白くありません。
④私は漫画を読むのが楽しいです。

48. 正解：③이제 커피를 조금만 마실 겁니다.

解説：夜よく眠れないのでコーヒーの量を減らすつもりだという内容である。

48.　私はコーヒーをたくさん飲みます。そのため、夜深い眠りにつけません。コーヒーの量を減らさなければと思います。
①私は睡眠不足です。
②私はコーヒーが好きです。
③これからはコーヒーを少ししか飲まないつもりです。
④特に夜、コーヒーをたくさん飲みます。

[49~50] 다음을 읽고 물음에 답하십시오.

49. 正解：②볼 수

解説：対象が観光地なので、**보다**という動詞が使われなければならない。

[49~50] 次の文章を読んで、問いに答えなさい。

バスに乗ってソウルを見て回る「ソウルバス旅行」があります。この旅行は、望む観光地で降りて自由な時間を過ごし、別の観光地にバスに乗って行く旅行です。この旅行はバスに乗って回るので、とても楽です。また、望むだけ観光地で時間を過ごせます。バスから降りなくてもソウルの観光地を（ ㉠ ）できます。

49. ㉠に入る適切な言葉を選びなさい。
①使うことが　②見ることが　③食べることが　④話すことが

50. 正解：① '서울 버스 여행'의 좋은 점

解説：「ソウルバス旅行」を紹介しながら、良い点を述べている。

50. この文章の内容と同じものを選びなさい。
①「ソウルバス旅行」の良い点
②「ソウルバス旅行」でできないこと
③「ソウルバス旅行」で行ける所
④「ソウルバス旅行」に行ける時間

[51~52] 다음을 읽고 물음에 답하십시오.

51. 正解：④ 부족하면

解説：-(으)면は前の内容を条件として後ろの内容を仮定するときに使う語尾である。かっこの後ろの内容を見ると、骨が弱くなったり気分が悪くなったりするとあり、합니다の形で書かれているが、これは現在実際に起きていることではなく仮定の話である。選択肢のうち、仮定の話を導くことができるのは부족하면である。パッチムがある単語には-으면、パッチムがない単語には-면を使う。-(으)면は動詞、形容詞と一緒に使われる。

> [51~52] 次の文章を読んで、問いに答えなさい。
>
> 木や花が育つためには日光が必要です。私たちの体も健康であるためには日光が絶対に必要です。私たちの体に日光が（ ㉠ ）骨が弱くなります。また、気分が悪くなったりもします。そのため、朝や昼に外で運動をするといいです。
>
> 51. ㉠に入る適切な言葉を選びなさい。
> ①足りないので　②足らず　③足りないが　④足りないと

52. 正解：③ 햇빛이 중요한 이유

解説：日光が不足すると起きることについて話している。

> 52. 何についての話なのか、合うものを選びなさい。
> ①運動をする理由　②木が育つ方法
> ③日光が重要な理由　④気分が良くなる方法

[53~54] 다음을 읽고 물음에 답하십시오.

53. 正解：② 드라마로 공부를 하면

解説：韓国ドラマで韓国語を勉強するときのいい点に関する内容である。従って、かっこには드라마로 공부를 하면が入らなければならない。

> [53~54] 次の文章を読んで、問いに答えなさい。
>
> 私は韓国ドラマが好きです。そのため、韓国ドラマを見ながら韓国語を勉強しました。ドラマを見ると、韓国の人たちが話す言葉を学ぶことができます。自然な発音に従って練習できます。人が話す言葉ももっと聞こえるようになります。何より（ ㉠ ）面白いです。

53. ㉠に入る適切な言葉を選びなさい。
①ドラマでダンスを学ぶと　②ドラマで勉強をすると
③韓国語で話をすると　④韓国語で歌を歌うと

54. 正解：④ 한국 드라마를 보는 것은 한국어 공부에 도움이 됩니다.

解説：韓国ドラマを見るのが自然なのではなく、自然な発音を練習できるということなので、①は間違い。韓国ドラマを見ている人の口数には触れていないので、②は正解にならない。韓国ドラマを見ている人の耳がいいかどうかには触れていないので、③も正解にならない。

54. この文章の内容と同じものを選びなさい。
①韓国ドラマを見ることは自然です。
②韓国ドラマを見る人たちは口数が多いです。
③韓国ドラマを見る人は耳がよく聞こえます。
④韓国ドラマを見ることは韓国語の勉強の役に立ちます。

［55~56］다음을 읽고 물음에 답하십시오.

55. 正解：② 여러

解説：여러は「多くの、多様な」という意味を表す単語である。のり巻きには種類がたくさんあり、材料によって種類が変わるとあるので、材料の種類が多いと考えられる。従って、かっこには여러が入らなければならない。

［55~56］次の文章を読んで、問いに答えなさい。

のり巻きには種類がたくさんあります。のり巻きの中に入れる材料によって種類が変わるためです。自分が好きな材料をたくさん入れることができます。（　㉠　）材料が入っているのでおいしいです。また、健康にもいいです。そのため、のり巻きは多くの人が好きな食べ物です。

55. ㉠に入る適切な言葉を選びなさい。
①どの　②いろいろな　③何の　④あのような

56. 正解：③ 김밥에 넣는 재료는 다양합니다.

解説：のり巻きにはさまざまな材料が入っていて体にいいとあるので、①は間違い。のり巻きの材料によってのり巻きごとに味が違うので、②も間違い。のり巻きはたくさんの人が好きな食べ物だと言っているので、④も間違い。

56. この文章の内容と同じものを選びなさい。
①のり巻きは体に良くありません。
②のり巻きは味が全て全く同じです。
③のり巻きに入れる材料は多様です。
④のり巻きが嫌いな人はたくさんいます。

[57~58] 다음을 순서대로 맞게 나열한 것을 고르십시오.

57. 正解：① (나)-(가)-(다)-(라)

解説：初めに来るのは(나)で固定されているので、残りの(가)(다)(라)の順番を考える。それぞれを読むと、まず(라)は文頭に그래서があるので、さまざまな果物が得られる根拠となる文がこの前に来ることが分かる。残りの(가)と(다)のうち、果物の多様性について触れているのは(다)なので、(라)の前に(다)が来ることが分かる。この時点で選択肢は①と③に絞られ、(가)の位置が問題になる。(가)では四季がはっきりしていることが述べられているが、季節については(다)でも触れており、さらに(다)には文頭に또があるので、季節に関する話の順番は(가)が先であることが分かる。従って(나)-(가)-(다)-(라)となり、①が正解である。

[57~58] 次の文を適切な順に並べたものを選びなさい。

57. (가) 四季がはっきりしているからです。
(나) 韓国の果物はとても甘くておいしいです。
(다) また、季節ごとに出てくる果物が違います。
(라) そのため、さまざまな果物を味わうことができます。

58. 正解：④ (가)-(다)-(라)-(나)

解説：初めに来るのは(가)で固定されており、2番目に来るのは(나)か(다)のどちらかである。このうち(나)は文頭に또とあり、助詞の~도が使われていることから、その前に来る内容に対して追加する文になっていると分かるので、2番目に来るのは不適切である。従って2番目は(다)である。さらに、文中に중요하다が使われている(라)が(나)の前に来て、(나)が内容を追加するのが自然な流れとなる。従って(가)-(다)-(라)-(나)となり、④が正解である。

58. (가) 人々の健康への関心が高まっています。
(나) また、運動を毎日することも重要です。
(다) そのため、健康に対する情報をたくさん探します。
(라) 健康であるためには、何より体にいい食べ物をいろいろ食べることが重要です。

[59~60] 다음을 읽고 물음에 답하십시오.

59. 正解：①㉠

解説：**그래서**は前の内容が後ろの内容の理由を表すときに使う。従って、かっこの前の文には使わない物を整理した理由が来なければならない。

[59~60] 次の文章を読んで、問いに答えなさい。

うちは来月引っ越します。(㉠)ところが、まだ使える物がたくさんありました。(㉡)これらの物はインターネットで安い値段で売ろうと思います。(㉢)そうすれば、必要な人がこれを買うでしょう。(㉣)物を売る前に物をきれいに拭かなければいけません。

59. 次の文が入る場所を選びなさい。
そのため、事前に使わない物を整理しました。
①㉠ ②㉡ ③㉢ ④㉣

60. 正解：③인터넷으로 물건을 팔 겁니다.

解説：引っ越しは来月する予定なので、①は間違い。物を売る前にきれいにする予定なので、②も間違い。必要ではない物を売る予定なので、④も間違い。

60. この文章の内容と同じものを選びなさい。
①うちは引っ越しをしました。 ②物を拭かなくてもいいです。
③インターネットで物を売るでしょう。 ④必要な物を安く買いました。

[61~62] 다음을 읽고 물음에 답하십시오.

61. 正解：①본 것보다

解説：かっこの後ろには**훨씬 더**という表現が使われている。**훨씬 더**は「ある基準よりもはるかに」という意味で、前には比較するとき使う単語が来なければならない。**~보다**は互いに違いのあるものを比較するとき使う表現だ。

[61~62] 次の文章を読んで、問いに答えなさい。

昨日は兄と一緒に博物館に行きました。博物館には有名な画家の絵がありました。その絵の前にはたくさんの人がいました。私たちも絵を見ようと絵の前に行きました。その絵は本で（ ㉠ ）はるかにすてきでした。今後、本を見るたびに博物館で見た絵が思い出されると思います。

61. ㉠に入る適切な言葉を選びなさい。
①見たものより　②見たもので　③見たように　④見たものまで

62. 正解：④ 박물관에서 그림을 보았습니다.

解説：博物館には兄と一緒に行ったので、①は間違い。本を読んだかについては触れていないので、②は正解にならない。画家と会ったかについても触れていないので、③も正解にならない。

62. この文章の内容と同じものを選びなさい。
① 博物館に一人で行きました。　② 博物館で本を読みました。
③ 博物館で画家に会いました。　④ 博物館で絵を見ました。

[63~64] 다음을 읽고 물음에 답하십시오.

63. 正解：② 강아지를 찾으려고

解説：キム・ユミさんが見失ってしまった犬についての内容である。

[63~64] 次の文章を読んで、問いに答えなさい。

掲示板

子犬を探しています！

11月21日、バラ公園で犬がいなくなりました。
犬の名前はトトで、2歳です。
白色の珍島犬です。
首に黒いリードを着けていました。
犬を見掛けた方は下の番号に電話くださるようお願いします。

キム・ユミ 010-8765-××××

Secure

2회 모의고사　読解 解答・解説・訳

> 63. キム・ユミさんはどうしてこの文章を書いたのか、合うものを選びなさい。
> ①犬を買おうと　②犬を探そうと
> ③犬と散歩に行こうと　④犬の誕生日を知らせようと

64. 正解：④강아지 주인의 이름은 김유미입니다.

解説：バラが好きかどうかには触れていないので、①は正解にならない。バラ公園は犬がいなくなった場所なので、②は間違い。犬は黒いリードを着けていると言っているので、③も間違い。

> 64. この文章の内容と同じものを選びなさい。
> ①犬はバラが好きです。
> ②犬はバラ公園で暮らしています。
> ③犬は黒い服を着ています。
> ④犬の飼い主の名前はキム・ユミです。

[65~66] 다음을 읽고 물음에 답하십시오.

65. 正解：②만들 수

解説：物を手作りすることについての話である。従って、かっこには만들 수が入らなければならない。

> [65~66] 次の文章を読んで、問いに答えなさい。
>
> 最近は必要な物を手作りして使う人が多いです。物を作るためには時間と労力が必要です。しかし、物を手作りすると自分が望む形と大きさにぴったり合うように（ ㉠ ）できます。出来合いの物を買うより値段も安いです。また、手作りなので、より大事に感じられます。
>
> 65. ㉠に入る適切な言葉を選びなさい。
> ①買うことが　②作ることが
> ③必要であることが　④大事であることが

66. 正解：③만들어진 물건은 내가 만든 것보다 가격이 비쌉니다.

解説：物を作るのには時間と労力が必要だと言っているので、①は間違い。自分が望む通りの大きさに作れるので、②も間違い。最近は必要な物を自分で作って使う人が多いとあるので、④も間違い。

66. この文章の内容と同じものを選びなさい。
①必要な物はすぐに作れます。
②自分が作った物は大きさが全て全く同じです。
③出来合いの物は自分が作った物より値段が高いです。
④最近は物を市場でじかに買う人がたくさんいます。

[67~68] 다음을 읽고 물음에 답하십시오.

67. 正解：③ 갈 것입니다

解説：来年行われることを話しているので、かっこには予定を表す갈 것입니다が入らなければならない。

[67~68] 次の文章を読んで、問いに答えなさい。

毎年釜山では「釜山国際映画祭」をやります。「釜山国際映画祭」では、世界のいろいろな国の映画を見ることができます。また、有名な俳優や監督にも会うことができます。「釜山国際映画祭」を楽しみながら、釜山旅行をすることもできます。釜山にはすてきな海もあり、見物する所も多いからです。そのため、来年は友人たちと「釜山国際映画祭」に（ ㉠ ）。

67. ㉠に入る適切な言葉を選びなさい。
①行きました ②行ってみます
③行くつもりです ④行くことになります

68. 正解：② '부산국제영화제' 에는 배우들도 참여합니다.

解説：釜山には見物する所が多いと述べているので、①は間違い。友人たちと行きたいと言っているので、③も間違い。毎年「釜山国際映画祭」を開催しているので、④も間違い。

68. この文章の内容と同じものを選びなさい。
①釜山には見るものがありません。
②「釜山国際映画祭」には俳優たちも参加します。
③家族と「釜山国際映画祭」に行きたいです。
④去年は「釜山国際映画祭」をしませんでした。

[69~70] 다음을 읽고 물음에 답하십시오.

69. 正解：②다니려고 합니다

解説：**-(으)려고**はある行動をする考えや計画を表す表現である。かっこの前には**앞으로도**とあり、今後の計画を述べていることが分かる。①の**운동할 겁니다**も今後の計画について述べる形であるが、階段を使うのはエレベーターを待つよりもいいと考えたからであり、運動をするためではないので、①は不適切である。また③の**다니지 않겠습니다**も今後の考えを述べる形だが、一度階段を使った後で**앞으로도 계속**と述べているので、今後異なる行動を取るとは考えにくい。従って、かっこには**다니려고 합니다**が入らなければならない。

[69~70] 次の文章を読んで、問いに答えなさい。

授業時間の前はエレベーターに人が多くて長く待たなければなりません。ところが、韓国語の授業を受ける教室は5階にあります。昨日はエレベーターを待っていましたが階段を歩いて上がりました。少し大変でしたが、運動になると思いました。そのため、今後もずっと階段で（　㉠　）。そうすれば、健康にもいいと思います。

69. ㉠に入る適切な言葉を選びなさい。

① 運動するつもりです　② 通おうと思います

③ 通いません　④ 運動しています

70. 正解：③이제 수업에 갈 때 엘리베이터를 타지 않을 겁니다.

解説：エレベーターを使う人の数が多いとあるが、韓国語の授業を受けている学生の数には触れていないので、①は正解にならない。他の人が健康のために階段を使っているかどうかは述べていないので、②も正解にならない。エレベーターを待つことで授業に遅刻するとは述べていないので、④も正解にならない。

70. この文章の内容から分かることを選びなさい。

① 韓国語の授業を聞く学生がたくさんいます。

② 健康のために階段を利用する人が多いです。

③ 今後、授業に行くときはエレベーターに乗らないでしょう。

④ エレベーターを長く待つと授業に遅刻することになります。

模擬テスト3

3회 모의고사

解答・解説・訳

模擬テスト3　解答

※左の数字は問題番号、丸数字は正解、右の数字は配点です。

聞き取り

問題	正解	配点
1	①	4
2	④	4
3	①	3
4	③	3
5	②	4
6	②	3
7	④	3
8	③	3
9	①	3
10	③	4
11	②	3
12	④	3
13	②	4
14	②	3
15	①	4
16	④	4
17	④	3
18	③	3
19	②	3
20	①	3
21	①	3
22	③	3
23	②	3
24	④	3
25	②	3
26	①	4
27	④	3
28	③	4
29	④	3
30	①	4

読解

問題	正解	配点
31	④	2
32	①	2
33	①	2
34	④	2
35	②	2
36	①	2
37	③	3
38	②	3
39	②	2
40	③	3
41	②	3
42	④	3
43	③	3
44	④	2
45	②	3
46	③	3
47	③	3
48	④	2
49	④	2
50	②	2
51	①	3
52	④	2
53	③	2
54	④	3
55	②	2
56	③	3
57	④	2
58	④	3
59	③	2
60	④	3
61	①	2
62	④	2
63	①	2
64	①	3
65	③	2
66	④	3
67	①	3
68	④	3
69	③	3
70	③	3

模擬テスト3　解説・訳　※聞き取り問題は解説の前に音声のスクリプトを掲載しました。

聞き取り

[1~4] 다음을 듣고 <보기>와 같이 물음에 맞는 대답을 고르십시오.

1. 여자: 힘이 세요?

正解：①네, 힘이 세요.

解説：네, 힘이 세요または아니요, 힘이 세지 않아요 / 약해요と答えることができるので、①が答えである。力は크다 / 작다と表現しない。

> [1~4] 次の音声を聞いて、例のように適切な答えを選びなさい。
>
> 1. 女：力が強いですか?
> ①はい、力が強いです。　②はい、力が大きいです。
> ③いいえ、大変です。　④いいえ、力が小さいです。

2. 남자: 운동을 좋아해요?

正解：④아니요, 운동을 안 좋아해요.

解説：네, 운동을 좋아해요または아니요, 운동을 좋아하지 않아요 / 안 좋아해요 / 싫어해요と答えることができるので、④が答えである。

> 2. 男：運動は好きですか?
> ①はい、運動です。　②はい、運動が嫌いです。
> ③いいえ、運動ではありません。　④いいえ、運動が好きではありません。

3. 여자: 한국에서 얼마나 살았어요?

正解：①2년 살았어요.

解説：얼마나に対する適切な答えを選ばなければならない。한국에서 얼마나 살았어요?はどれくらい長く暮らしたかという質問なので、期間を表現する①が答えである。

> 3. 女：韓国でどれくらい暮らしましたか?
> ①2年暮らしました。　②友達と暮らしました。
> ③ソウルで暮らしました。　④3年前に暮らしていました。

4. 여자: 오늘 어디에서 만나요?

正解 : ③영화관에서 만나요.

解説 : 어디에서に対する適切な返事を選ばなければならないので、③が答えである。

> 4. 女：今日、どこで会いますか?
> ①また次に会います。　②両親と会います。
> ③映画館で会います。　④午後5時に会います。

[5~6] 다음을 듣고 <보기>와 같이 이어지는 말을 고르십시오.

5. 남자: 조카가 태어났어요.

正解 : ②축하합니다.

解説 : 男性のおいが生まれたことに対する対応として、お祝いするべき状況で使える適切な表現を選ばなければならないので、②が答えである。

> [5~6] 次の音声を聞いて、例のように次に続くものを選びなさい。
>
> 5. 男：おいが生まれました。
> ①大丈夫です。　②おめでとうございます。
> ③いらっしゃいませ。　④初めまして。

6. 여자: 전화가 오면 알려 주세요.

正解 : ②네, 알겠어요.

解説 : -아/어 주세요は依頼する会話で使う表現である。女性の依頼に対する適切な返事を選ばなければならないので、②が答えである。

> 6. 女：電話が来たら教えてください。
> ①はい、お願いします。　②はい、分かりました。
> ③はい、そうです。　④はい、教えてください。

[7~10] 여기는 어디입니까? <보기>와 같이 알맞은 것을 고르십시오.

7. 남자: 어떻게 해 드릴까요?

여자: 흰머리를 검은색으로 염색해 주세요.

正解 : ④미용실

解説：머리、염색하다という単語から、미용실（美容院）で行われ得る会話である。

[7~10] ここはどこですか？　例のように適切なものを選びなさい。

7. 男：どのようにしましょうか？
女：白髪を黒く染めてください。
①ホテル　②病院　③写真館　④美容院

8. 여자: 저 사슴 좀 봐요. 눈이 정말 예뻐요.
남자: 저기 원숭이들도 정말 귀엽네요.
正解：③동물원
解説：사슴、원숭이は動物の種類である。동물원（動物園）はいろいろな種類の動物を保護して人々にさまざまな動物に会う機会を提供する場所。

8. 女：ちょっとあのシカ見て。目が本当にきれいです。
男：あそこの猿たちも本当にかわいいですね。
①店　②教室　③動物園　④ターミナル

9. 남자: 정상에 오르니 공기가 시원해요.
여자: 네, 올라오느라 고생은 했지만 기분이 좋아요.
正解：①산
解説：정상は산（山）の一番高い所を意味する。男性と女性が山の頂上に登って会話をしている。

9. 男：頂上に着いたら空気が気持ちいいですね。
女：はい、登るのに苦労をしましたが、気分がいいです。
①山　②海　③運動場　④遊び場

10. 남자: 이 책 두 권을 빌리고 싶은데요.
여자: 네, 대출증을 보여 주세요.
正解：③도서관
解説：女性は도서관（図書館）の職員である。책、대출증という単語から、図書館で話していることが分かる。

10. 男：この2冊の本を借りたいんですが。
女：はい、貸し出し証を見せてください。
①会社 ②空港 ③図書館 ④汽車の駅

[11~14] 다음은 무엇에 대해 말하고 있습니까? 〈보기〉와 같이 알맞은 것을 고르십시오.

11. 여자：차를 어디에 세우면 좋을까요?
남자：오른쪽에 주차장이 있어요. 그곳에 세우면 됩니다.
正解：②주차장
解説：주차장 (駐車場) は、車をとめておく場所を意味する。

[11~14] 次の音声は何について話をしていますか？ 例のように適切なものを選びなさい。

11. 女：車をどこにとめればいいでしょうか？
男：右側に駐車場があります。そこにとめればいいです。
①公園 ②駐車場 ③規則 ④建物

12. 남자：수연 씨, 요즘 계속 늦게 오네요. 무슨 일 있어요?
여자：죄송해요. 몸이 아파서요. 이제부터 늦지 않을게요.
正解：④지각
解説：決められた時間より遅く来ることは지각 (遅刻) である。

12. 男：スヨンさん、最近ずっと遅れて来ますね。何かあるんですか？
女：すみません。体の具合が悪くて。今後は遅れません。
①時計 ②職業 ③交通 ④遅刻

13. 여자：무슨 공부를 해요?
남자：대학교에서는 수학을 공부했는데, 대학원에서는 영어를 공부해요.
正解：②전공
解説：男性が大学と大学院での전공 (専攻) について話している。

13. 女：何の勉強をしていますか？
男：大学では数学の勉強をしましたが、大学院では英語の勉強をしています。
①本 ②専攻 ③計画 ④宿題

14. 남자 : 저는 베트남 사람이에요.
여자 : 저는 미얀마에서 왔어요. 제 남편은 한국 사람이에요.

正解 : ② **국적**

解説 : **~사람**、**~에서 오다**という表現は**국적**（国籍）を表現するときによく使う。

> 14. 男：私はベトナム人です。
> 女：私はミャンマーから来ました。私の夫は韓国人です。
> ①友達　②国籍　③引っ越し　④結婚

［15~16］다음 대화를 듣고 알맞은 그림을 고르십시오.

15. 여자 : 저기 보세요! 한국 팀이 이기고 있어요.
남자 : 경기장에 직접 가서 응원을 해야 하는데 아쉬워요.

正解 : ①

解説 : 男性と女性がサッカーの試合を見ながら会話している状況だが、男性が競技場に直接行って応援できず残念だと言っていることから、④は答えではない。一緒にソファーに座ってテレビでサッカーの試合を見ている絵を選べばいい。

> ［15~16］次の会話を聞いて、適切な絵を選びなさい。
>
> 15. 女：あそこ見てください！ 韓国チームが勝っています。
> 男：競技場に直接行って応援しなければいけないのに、残念です。

16. 남자 : 제가 설거지를 할게요.
여자 : 고마워요. 저는 그럼 음식 재료를 준비할게요.

正解 : ④

解説 : 男性は皿洗いをして女性は料理の材料を準備すると言っているので、④が答えである。①は、女性は料理の準備をしているが、男性は新聞を読んでいるので答えではない。

> 16. 男：私が皿洗いをします。
> 女：ありがとうございます。それでは私は料理の材料を準備します。

[17~21] 다음을 듣고 <보기>와 같이 대화 내용과 같은 것을 고르십시오.

17. 여자：실례합니다. 혹시 한옥마을에 가려면 어떻게 가야 하는지 아세요?

남자：네, 이 길 끝에서 오른쪽으로 가면 버스 정류장이 나와요. 거기서 7번 버스를 타세요.

여자：아, 네. 고맙습니다. 버스 시간은 정해져 있나요?

남자：네, 5분마다 버스가 한 대씩 와요.

正解：④ 남자는 버스 정류장의 위치를 알려 주었습니다.

解説：男性が女性にバス停の位置とバスの番号などを教えているので、④が答えである。男性が職員であるとは言っていないので、①は正解にならない。女性は韓屋村に行こうとしているところなので、②は間違い。女性は男性から韓屋村に行く道を教えてもらったので、③も間違い。

[17~21] 次の音声を聞いて、例のように会話の内容と同じものを選びなさい。

17. 女：すみません。もしかして、韓屋村に行こうとしたらどうやって行かなければいけないかご存じですか?

男：はい、この道の突き当りを右に行くとバス停があります。そこから7番バスに乗ってください。

女：あ、はい。ありがとうございます。バスの時間は決まっていますか?

男：はい、5分ごとにバスが1台ずつ来ます。

① 男性は韓屋村の職員です。

② 女性は今、韓屋村にいます。

③ 女性は男性を韓屋村に連れていってあげました。

④ 男性はバス停の位置を教えてあげました。

18. 남자：약속 시간보다 일찍 왔네요. 김 선생님은 아직 안 오셨어요.

여자：그래요? 그럼 커피숍에서 커피 마시면서 기다려요.

남자：네, 그래요. 이 건물 3층에 괜찮은 커피숍이 있어요. 거기로 가요.

여자：좋아요. 그럼 저는 화장실에 갔다가 거기로 갈게요.

正解：③ 두 사람은 3층 커피숍에서 다시 만날 겁니다.

解説：女性がトイレに行ってから3階のコーヒーショップに行くと言っているので、③が答えである。女性は約束の時間よりも早く来たので、①は間違い。二人は約束の時間より早く会ったので、②も間違い。女性は男性と一緒にキム先生を待つことにしたので、④も間違い。

18. 男：約束の時間より早く来ましたね。キム先生はまだいらっしゃっていません。
女：そうですか？　それでは、コーヒーショップでコーヒーを飲みながら待ちましょう。
男：はい、そうしましょう。この建物の3階にいいコーヒーショップがあります。そこに行きましょう。
女：いいですね。それでは、私はトイレに行ってからそこに行きます。
①女性は約束の場所に遅れて到着しました。
②二人は約束の時間より遅れて会いました。
③二人は3階のコーヒーショップでまた会うでしょう。
④女性は今、キム先生とコーヒーショップにいます。

19. 여자：이 책들을 미국에 계신 부모님께 보내려고 하는데요.
남자：네, 포장 상자 값은 천 원이고 배송료는 삼만 원입니다.
여자：상자를 사지 않고 그냥 종이봉투에 포장해서 보내면 안 될까요?
남자：상자에 포장을 하지 않으면 책이 망가질 수도 있는데 괜찮으시겠어요?

正解：②여자는 부모님께 책을 보내려고 합니다.

解説：男性は海外への配送を請け負う職員で、女性は小包を送ろうとしている客である。女性が最初に本をアメリカにいる両親に送ろうと思うと言っているので、②が答えである。女性は両親に本をプレゼントするので、①は間違い。二人は小包の包装の方法について話をしているので、③も間違い。プレゼントを選んでいるわけではないので、④も間違い。

19. 女：これらの本をアメリカにいらっしゃる両親に送ろうと思うんですが。
男：はい、包装箱の値段は1,000ウォンで、配達料は3万ウォンです。
女：箱を買わず、そのまま紙の封筒で包装して送っては駄目でしょうか？
男：箱で包装しないと本が駄目になることもありますが、構いませんか？
①女性は男性に本をプレゼントするでしょう。
②女性は両親に本を送ろうとしています。
③二人は一緒にプレゼントを包装しています。
④二人は両親に差し上げるプレゼントを選んでいます。

20. 남자：3시 영화 표 두 장 주세요. 가격은 얼마인가요?
여자：영화 표 한 장에 만 원입니다. 두 장이니까 이만 원 주시면 됩니다.
남자：학생증을 가져오면 할인이 된다고 들었는데요, 얼마나 할인이 되나

요?

여자: 네, 20% 할인이 됩니다. 학생증 보여 주세요.

正解: ①여자는 영화관 매표소 직원입니다.

解説: 女性は映画のチケットを売る職員で、男性は客なので、①が答えである。女性は、学生証を見せた場合20%割引になると案内しているので、②は間違い。男性が学生証を持っているかどうかは触れていないので、③は正解にならない。男性はまだ映画のチケットを買っているところなので、④は間違い。

20. 男：3時の映画のチケット、2枚下さい。値段はいくらでしょうか?

女：映画のチケット1枚当たり1万ウォンです。2枚なので2万ウォンいただければ大丈夫です。

男：学生証を持ってくれば割引になると聞きましたが、どれくらい割引になりますか?

女：はい、20%割引になります。学生証を見せてください。

①女性は映画館のチケット売り場の職員です。

②女性は映画のチケットの割引方法を知りません。

③男性は学生証を持ってきていません。

④男性は今、映画館で映画を見ています。

21. 여자: 범수 씨, 안전벨트 맸어요? 차에 타면 바로 안전벨트를 매세요.

남자: 아, 좀 귀찮은데요. 그리고 저는 답답해서 벨트를 잘 매지 않아요.

여자: 그러면 안 돼요. 안전벨트를 매지 않으면 교통사고가 났을 때 크게 다칠 수 있어요.

남자: 네, 걱정해 줘서 고마워요. (벨트를 맨다) 자, 이제 됐죠? 앞으로는 꼭 맬게요.

正解: ①두 사람은 함께 차 안에 있습니다.

解説: 男性と女性が車の中でシートベルトについて会話をしているので、①が答えである。女性がシートベルトをしているかどうかには触れていないので、②は正解にならない。交通事故で大けがをするのは仮定の話なので、③は間違い。男性は今後シートベルトをすると考えられるので、④も間違い。

21. 女：ポムスさん、シートベルトしましたか?　車に乗ったらすぐにシートベルトをしてください。

男：あ、ちょっと面倒なんですが。それと、私は息苦しいのでベルトをあまりしません。

女：それではいけません。シートベルトをしないと、交通事故が起きたとき大けがすることがあります。

男：はい、心配してくれてありがとうございます。(ベルトをする) さあ、これでいいでしょう？　今後は必ずします。
①二人は一緒に車の中にいます。
②女性はシートベルトをしていません。
③男性は交通事故が起きて大けがをしました。
④男性は今後、シートベルトをしないでしょう。

[22~24] 다음을 듣고 남자의 중심 생각을 고르십시오.

22. 여자：오늘은 왜 버스로 오지 않고 지하철로 왔어요? 집 앞에 정류장이 있잖아요.

남자：오늘 시청 광장에서 축제가 있어서 도로가 복잡해요. 그래서 지하철을 탔어요.

여자：축제요? 그런 행사는 주말에 하면 좋겠어요. 출퇴근 시간에 길이 막히지 않게요.

남자：길이 막혀서 좀 불편하기는 하지만 어쩔 수 없죠.

正解：③ 축제 때문에 도로가 복잡해도 참아야 합니다.

解説：男性はお祭りのため道が混んでちょっと不便だが仕方ないと言っているので、③が答えである。①は女性の考え。

[22~24] 次の音声を聞いて、男性の主要な考えを選びなさい。

22. 女：今日はどうしてバスで来ないで地下鉄で来たんですか？　家の前に停留所があるじゃないですか。

男：今日、市庁前広場でお祭りがあって、道が混んでいるんです。だから地下鉄に乗りました。

女：お祭りですか？　そういうイベントは週末にやればいいのに。出退勤時間に渋滞しないように。

男：渋滞してちょっと不便は不便ですが、仕方ないでしょう。
①お祭りは週末にしなければなりません。
②お祭りをしたら、道が混むので嫌いです。
③お祭りのせいで道路が渋滞しても、我慢しなければなりません。
④お祭りは人が多い出退勤時間にしなければなりません。

23. 여자 : 유학 가는 기분이 어때요?

남자 : 좋아요. 그런데 처음으로 외국에서 생활하는 거라서 걱정이에요. 한국 음식도 그리울 거 같아요.

여자 : 걱정 말아요. 처음에는 힘들겠지만 그곳 생활이 익숙해지면 편해질 거예요.

남자 : 네, 고마워요. 그렇지만 익숙해지려면 많은 시간이 지나야겠죠.

正解 : ②익숙하지 않은 외국 생활이 걱정됩니다.

解説 : 男性は初めての外国生活について心配しているので、②が答えである。③は女性の考え。

> 23. 女 : 留学する気分はどうですか?
> 男 : いいです。でも、初めて外国で生活するので心配です。韓国料理も恋しくなると思います。
> 女 : 心配しないでください。最初は大変でしょうが、そこの生活に慣れてくれば楽になるでしょう。
> 男 : はい、ありがとうございます。だけど、慣れるには多くの時間が過ぎなければいけないでしょう。
> ①新しい経験をすると考えるとうれしいです。
> ②慣れない外国生活が心配です。
> ③少し時間がたてばすぐに楽になるでしょう。
> ④外国に住むときは、外国の料理を食べなければなりません。

24. 여자 : 오늘 많이 피곤해 보이네요. 어젯밤에 무슨 일 있었어요?

남자 : 컴퓨터 게임이 재미있어서 정신없이 하느라 너무 늦게 잤어요.

여자 : 컴퓨터 게임을 오래 하면 건강에 좋지 않아요. 정신 건강에도 좋지 않고요.

남자 : 글쎄요. 게임을 하면 스트레스를 풀 수 있으니까 정신 건강에 도움이 되지 않을까요?

正解 : ④게임을 하면 스트레스가 풀려 정신 건강에 좋습니다.

解説 : 男性はゲームをすればストレスを解消でき、心の健康に役立つと考えているので、④が答えである。③は女性の考え。

> 24. 女 : 今日はとても疲れているように見えます。昨夜、何かあったんですか?
> 男 : コンピューターゲームが面白くて夢中でやっていたら、寝るのがかなり遅くなりました。

女：コンピューターゲームを長い時間やると健康に良くありません。心の健康にも良くありません。
男：どうでしょう。ゲームをすればストレスを解消できるから心の健康に役立つのではないでしょうか?
①ゲームは夜遅くにしてこそ面白いです。
②寝るのが遅いとストレスが生じます。
③ゲームを長い時間すると健康に良くありません。
④ゲームをするとストレスが解消され、心の健康にいいです。

[25~26] 다음을 듣고 물음에 답하십시오.

여자 : 하늘학교에서는 이번 일요일에 어려운 이웃들을 돕기 위한 바자회를 합니다. 바자회는 이번 일요일 오후 2시부터 5시까지 학교 운동장에서 열릴 것입니다. 이번 바자회를 위해 우리 학교의 여러 선생님들과 학생들이 옷, 신발, 가방, 책 등을 준비하고 있습니다. 바자회 후에는 문화공연도 있을 예정이니 많이 참여해 주세요.

25. 正解：② 초대

解説：女性は、今度の日曜日にハヌル学校で開かれるバザー会に人々を招待しようとしている。**많이 참여해 주세요**という表現は、招待または募集の状況で多く使う表現である。

[25~26] 次の音声を聞いて、問いに答えなさい。

女：ハヌル学校では今度の日曜日に貧しい隣人を助けるためのバザー会をします。バザー会は今度の日曜日午後2時から5時まで、学校の運動場で開かれる予定です。今回のバザー会のためにわが校のたくさんの先生と生徒たちが服、靴、かばん、本などを準備しています。バザー会の後には文化公演もある予定なので、皆さんご参加ください。

25. 女性がどうしてこの話をしているのか、合うものを選びなさい。
①説明　②招待　③注文　④問い合わせ

26. 正解：① 바자회는 학교 운동장에서 열립니다.

解説：バザー会が今度の日曜日の午後に学校の運動場で開かれる予定だと言っているので、①が答えである。バザー会の後に開かれるのは文化公演なので、②は間違い。バザー会は日曜日に開かれるので、③も間違い。バザー会の品物を準備しているのは先生と生徒たちなので、④も間違い。

26. 聞いた内容と同じものを選びなさい。
①バザー会は学校の運動場で開かれます。
②バザー会の後には食べ物市場が開かれます。
③バザー会は月曜日の授業が終わった後に開かれます。
④生徒と親たちがバザー会の品物を準備しました。

[27~28] 다음을 듣고 물음에 답하십시오.

남자 : 은영 씨, 오늘 입은 원피스가 참 예쁘네요. 어디에서 샀어요?

여자 : 인터넷 쇼핑몰에서 샀어요. 가격도 저렴하고 디자인이 마음에 들어요.

남자 : 네, 정말 잘 어울려요. 저는 인터넷 쇼핑몰에서 물건 고르기가 어렵던데.

여자 : 저는 인터넷에서 물건을 살 때 백화점에서 먼저 물건을 보고 사요. 그러면 실패할 확률이 적어요.

남자 : 그래요? 좋은 방법이네요. 혹시 잘 아는 인터넷 쇼핑몰이 있으면 알려 주세요.

여자 : 제 남동생이 남자 옷을 파는 쇼핑몰을 잘 알아요. 남동생한테 물어보고 알려 줄게요.

27. 正解 : ④인터넷에서 쇼핑하는 방법

解説 : 男性と女性が、インターネットで買い物する方法について話している。女性が男性に、インターネットで物を買うときに失敗しない方法を教えてあげている。

[27~28] 次の音声を聞いて、問いに答えなさい。

男 : ウニョンさん、今日着ているワンピースがとてもきれいですね。どこで買ったのですか?

女 : インターネットのショッピングモールで買いました。値段も安くてデザインが気に入っています。

男 : はい、とてもよく似合っています。私はインターネットのショッピングモールで品物を選ぶのが難しかったのに。

女 : 私はインターネットで品物を買うとき、先にデパートで品物を見て買います。そうすると、失敗する確率が低いです。

男：そうですか？　いい方法ですね。もし、よく知っているインターネットのショッピングモールがあったら教えてください。

女：私の弟が男性服を売っているショッピングモールをよく知っています。弟に聞いて、教えてあげます。

27. 二人が何について話をしているのか、選びなさい。

①デパートに行く方法　②男性服を売る方法

③品物を交換する方法　④インターネットで買い物する方法

28. 正解：③여자는 인터넷 쇼핑몰에서 원피스를 샀습니다.

解説：男性が女性のワンピースがきれいだと言ったところ、女性がインターネットのショッピングモールで買った物だと言っているので、③が答えである。男性が安いものが好きかどうかには触れていないので、①は正解にならない。二人が一緒にデパートに行くという話はしていないので、②も正解にならない。男性はインターネットのショッピングモールで品物を買うことが難しいと思っているので、④は間違い。

28. 聞いた内容と同じものを選びなさい。

①男性は安い物が好きです。

②女性は男性と一緒にデパートに行くでしょう。

③女性はインターネットのショッピングモールでワンピースを買いました。

④男性はインターネットのショッピングモールで物をよく買います。

[29~30] 다음을 듣고 물음에 답하십시오.

남자：수진 씨, 점심시간에 어디 갔었어요?

여자：아, 꽃집에 가서 어머니께 드릴 꽃다발을 사 왔어요. 내일 저희 어머니가 공연을 하시거든요.

남자：공연이요? 어머니가 무슨 공연을 하시는데요?

여자：어머니가 한국무용을 전공하셨거든요. 내일 문화극장에서 공연을 하세요. 준영 씨도 시간이 있으면 보러 오세요.

남자：와, 멋지시네요. 꼭 보러 갈게요. 그런데 친구랑 같이 가도 될까요?

여자：네, 물론이에요. 무료 공연이니까 여러 명이 함께 오셔도 괜찮아요.

29. 正解：④어머니께 선물하려고

解説：女性は翌日行われる母親の公演で母親にプレゼントするために花束を買ってき

た。

[29~30] 次の音声を聞いて、問いに答えなさい。

男：スジンさん、昼休みにどこに行ってたんですか?
女：あ、花屋に行って母に差し上げる花束を買ってきました。明日、うちの母が公演をなさるんです。
男：公演ですか? お母さんが何の公演をなさるんですか?
女：母は韓国舞踊を専攻なさっていたんです。明日、文化劇場で公演をなさいます。チュニョンさんも時間があったら見に来てください。
男：わあ、すてきですね。必ず見に行きます。ところで、友達と一緒に行ってもいいでしょうか?
女：はい、もちろんです。無料公演なので、何人かで一緒にいらっしゃっても大丈夫です。

29. 女性はどうして花束を買ってきたのですか?
① 男性にあげようと　② 花を見たくて
③ 割引イベントをやっていたので　④ 母親にプレゼントしようと

30. 正解：① 여자의 어머니는 내일 공연을 합니다.

解説：明日、女性の母親が文化劇場で韓国舞踊の公演をすると言っているので、①が答えである。男性は友達と一緒に女性の母親の公演に行こうとしているので、②は間違い。男性が花を買うかどうかは分からないので、③は正解にならない。映画のチケットをプレゼントするのではなく、無料公演に招待しているので、④は間違い。

30. 聞いた内容と同じものを選びなさい。
① 女性の母親は明日、公演をします。
② 男性は母親と一緒に公演に行く予定です。
③ 男性は明日、花屋に行って花を買う予定です。
④ 女性は男性に映画のチケットをプレゼントしました。

読 解

[31~33] 무엇에 대한 이야기입니까? <보기>와 같이 알맞은 것을 고르십시오.

31. 正解：④ 음식

解説：**떡볶이**についての話である。**떡볶이**は**음식**（食べ物）の名前。

> [31~33] 何についての話ですか？　例のように適切なものを選びなさい。
>
> 31. トッポッキを食べます。辛いです。
> ①食堂　②市場　③買い物　④食べ物

32. 正解：① 쇼핑

解説：**쇼핑**（買い物）は、デパートや店に行って品物を買うことである。

> 32. デパートに行きます。靴を買います。
> ①買い物　②場所　③週末　④趣味

33. 正解：① 장소

解説：韓国語と英語の授業をする**장소**（場所）についての内容である。

> 33. 韓国語の授業は203号で行います。英語の授業は301号で行います。
> ①場所　②趣味　③日にち　④時間

[34~39] <보기>와 같이 (　)에 들어갈 가장 알맞은 것을 고르십시오.

34. 正解：④ 까지

解説：~**까지**はあることや行動が終わる時を表すのに使う。

> [34~39] 例のように、かっこに入る最も適切なものを選びなさい。
>
> 34. 7時（　　　）映画館に行きます。30分後に映画が始まります。
> ①から　②に　③と　④までに

35. 正解：② 달력

解説：**달력**には「日にち」と「曜日」が出ている。

35. 日にちが分かりません。(　　　)を見ます。
①本　②カレンダー　③空　④誕生日

36. 正解：①앉습니다

解説：의자は人が座るのに使う家具である。

36. 脚が痛いです。椅子に(　　　)。
①座ります　②知らせます　③書きます　④出ます

37. 正解：③자주

解説：자주は数回繰り返し続くことを表す。

37. 水泳が好きです。そのため、プールに(　　　)行きます。
①長く　②また　③よく　④さっき

38. 正解：②건넙니다

解説：青信号では道を渡る。

38. 信号が青です。道を(　　　)。
①走ります　②渡ります　③作ります　④止まります

39. 正解：②추고

解説：춤をするときに使う動詞は추다である。

・춤을 추다 (ダンスを踊る)
・신발을 신다 (靴を履く)
・노래를 부르다 (歌を歌う)
・그림을 그리다 (絵を描く)

39. 気分がいいです。ダンスを(　　　)たいです。
①履き　②踊り　③歌い　④描き

[40~42] 다음을 읽고 맞지 않는 것을 고르십시오.

40. 正解：③베이징이 가장 덥습니다.

解説：ソウルが29℃で一番暑い。

[40~42] 次を読んで、合わないものを選びなさい。

40.

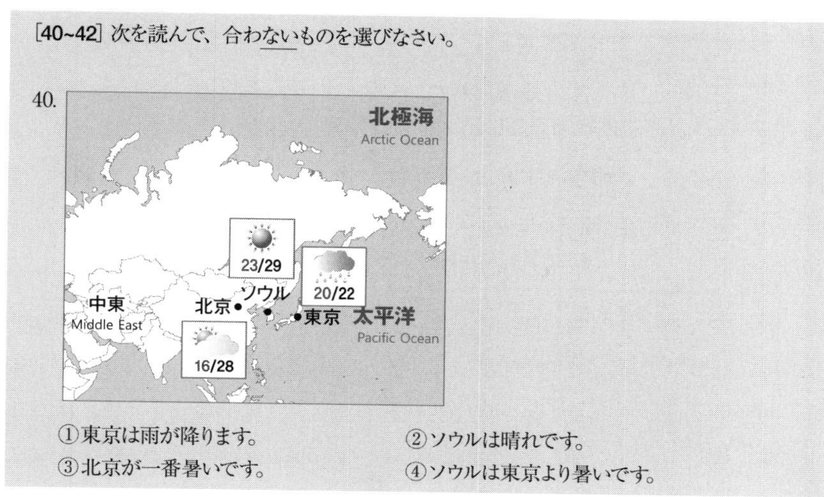

①東京は雨が降ります。
②ソウルは晴れです。
③北京が一番暑いです。
④ソウルは東京より暑いです。

41. 正解：② 화요일에는 팔천 원을 냅니다.

解説：月曜日から木曜日までは7,000ウォン払う。

41.

サラン映画館利用価格	
曜日	価格
月〜木	7,000ウォン
金	8,000ウォン
土〜日	9,000ウォン

※映画開始10分前まで予約をキャンセルできます。

①曜日によって値段が違います。
②火曜日には8,000ウォン払います。
③週末の値段は平日より高いです。
④映画が始まったら予約をキャンセルできません。

42. 正解：④ 점심을 함께 만듭니다.

解説：昼食ではなくキムチを一緒に作る催しであり、昼食は参加するともらうことができる。

42.

愛のキムチ作り
キムチを作って貧しい隣人に分けます。

・日時：11月21日（土）午前10時
・場所：ヒマン公園
・申し込み：02-9876-××××に電話してください。
※参加なさる方には昼ご飯を差し上げます。

①キムチを漬けます。
②10時に始まります。
③電話で申し込みをします。
④昼ご飯を一緒に作ります。

[43~45] 다음의 내용과 같은 것을 고르십시오.

43. 正解：③ 동대문 시장에는 사람이 많았습니다.

解説：買い物をしたのは昨日なので、①は間違い。東大門には昨日初めて行ったので、②も間違い。東大門に行ったのが初めてなのであり、友達と初めて会ったという内容ではないので、④は正解にならない。

[43~45] 次の内容と同じものを選びなさい。

43.　昨日、友達と東大門市場に初めて行きました。そこにはきれいな服やかばんなどがたくさんありました。買い物に来た人たちもたくさんいました。

①私は今日、買い物をしました。
②私は東大門市場によく行きます。
③東大門市場には人がたくさんいました。
④東大門市場で友達に初めて会いました。

44. 正解：④ 저는 날마다 노래 연습을 합니다.

解説：友達と一緒に音楽会に行くとあるので、①は間違い。音楽会によく行くとあるので、②も間違い。友達と一緒に習っているかどうかには触れていないので、③は正解にならない。

44.　私は歌を習っています。毎日学校に行って歌の練習をします。友達と音楽会もよく行きます。
①私は一人で音楽会に行きます。　②私は音楽会に行きません。
③私は友達と歌を習っています。　④私は毎日歌の練習をします。

45. 正解：②아침에 청소를 했습니다.

解説：私が韓国に住んでいるかどうかは書かれていないが、韓国に住んでいる友達が遊びに来ると書いており、韓国に住んでいない可能性が高いので、①は正解にならない。料理を作るのは明日の予定なので、③は間違い。友達が来るのは今日ではなく明日なので、④も間違い。

45.　明日の夕方、韓国に住んでいる友達がうちに来ます。そのため、朝から家をきれいに掃除しました。明日は友達が好きな料理を準備するつもりです。
①私は韓国に住んでいます。　②朝、掃除をしました。
③料理をたくさん作りました。　④友達が今日、家を訪れます。

[46~48] 다음을 읽고 중심 생각을 고르십시오.

46. 正解：③정훈 씨는 키가 커서 옷을 사기 힘듭니다.

解説：チョンフンさんは体に合う服を探すのが難しいのでインターネットで服を買っているという内容である。

[46~48] 次の文章を読んで、主要な考えを選びなさい。

46.　チョンフンさんは背がとても高いです。普通の服屋ではチョンフンさんの体に合う服を見つけるのは難しいです。だから、チョンフンさんはインターネットで服を買います。
①チョンフンさんは背が高いのでかっこいいです。
②チョンフンさんは背が高いので服がたくさんあります。
③チョンフンさんは背が高いので服を買うのが大変です。
④チョンフンさんは背が高いのでインターネットで服屋を簡単に見つけます。

47. 正解：③저는 한국 여행을 빨리 하고 싶습니다.

解説：来月、韓国旅行に行くので、早く来月になればいいという内容である。

47.　来月、母と韓国に旅行に行きます。だから、韓国語の勉強も一生懸命しています。早く来月になればといいのにと思います。
①母は韓国に行きたいです。
②母は韓国語を学びたいです。
③私は韓国旅行を早くしたいです。
④私は韓国語の勉強を早く始めたいです。

48. 正解：④저는 몸에 좋은 것에 관심이 많습니다.

解説：健康に関心が高く、体にいいことについて勉強しているという内容である。

48.　最近、健康に関心が高いです。そのため、体にいいことについてたくさん勉強しています。運動を毎日することは健康にいいです。
①私は健康です。
②私は毎日運動をします。
③私は運動について勉強しています。
④私は体にいいことに関心が高いです。

[49~50] 다음을 읽고 물음에 답하십시오.

49. 正解：④말할 수 있게

解説：スピーチ大会の準備についての内容である。従って、かっこには말할 수 있게が入らなければならない。

[49~50] 次の文章を読んで、問いに答えなさい。

来月、韓国語スピーチ大会があります。私は大会に出るために毎日スピーチの練習をしています。初めはスピーチをうまくできませんでした。そのため、先生と友人たちが練習を手伝ってくれました。おかげで最初よりもっとうまく(㉠)なりました。先生と友人たちにとても感謝しています。

49. ㉠に入る適切な言葉を選びなさい。
①書けるように　②聞けるように
③読めるように　④話せるように

50. 正解：②저는 한국어 말하기 대회에 나갑니다.

解説：時々ではなく、毎日スピーチの練習をしているので、①は間違い。最初はスピーチが上手ではなかったとあるので、③も間違い。私が友人たちを手伝うのではなく、先生と友人たちが私の練習を手伝ってくれたので、④も間違い。

50. この文章の内容と同じものを選びなさい。
①私は時々スピーチの練習をします。
②私は韓国語スピーチ大会に出ます。
③私は初めからスピーチが上手でした。
④私は友人たちが練習するのを手伝います。

[51~52] 다음을 읽고 물음에 답하십시오.

51. 正解：①따라서

解説：**따라서**は前の内容が後ろの内容の理由であるときに使う。かっこの前では手が汚いと病気になりやすいということについて話しており、かっこの後では健康のために手を洗うという解決策を主張している。かっこの前の内容からは、手がきれいであれば病気になりにくいという内容を導くことができ、これがかっこの後ろの内容の理由となるので、かっこの中には**따라서**が入らなければならない。

[51~52] 次の文章を読んで、問いに答えなさい。

人は手でたくさんのことをします。そのため、手は簡単に汚れます。汚い手で食べ物を食べたり口や耳などを触ったりしたら、汚い物が体内に入ってきます。そうすると、病気になりやすいです。(㉠)健康であるためには、手をきれいに洗わなければなりません。

51. ㉠に入る適切な言葉を選びなさい。
①従って ②しかし
③それでも ④ところで

52. 正解：④손을 씻는 것이 중요한 이유

解説：手を洗わないと病気になりやすいので手をきれいに洗わなければならないという内容である。

52. 何についての話なのか、合うものを選びなさい。
①手がすること ②手を洗う方法
③手でしてはいけないこと ④手を洗うのが重要な理由

［53~54］ 다음을 읽고 물음에 답하십시오.

53. 正解：③그래서

解説：**그래서**は前の内容が後ろの内容の理由を表すとき使う。**따라서**と同じ意味である。かっこの前では地下鉄の長所について話しており、バスと比較して良いという内容になっている。これは、かっこの後のバスよりも地下鉄を選ぶということの理由になっていることが分かる。従って、かっこの中には**그래서**が入らなければならない。

［53~54］ 次の文章を読んで、問いに答えなさい。

韓国の大都市には地下鉄があります。地下鉄に乗ると、正確な時間に到着できます。バスは道が混むことがありますが、地下鉄は渋滞しないからです。また、知らない道を行くときも、地下鉄に乗れば簡単に行けます。地下鉄の駅がいろいろな所にあるからです。（ ㉠ ）私はバスより地下鉄をよく利用します。

53. ㉠に入る適切な言葉を選びなさい。
①そして　②そうすると
③そのため　④それでも

54. 正解：④처음 가는 길을 갈 때는 지하철을 타면 좋습니다.

解説：地下鉄の方に多く乗るとあるので、①は間違い。バスに乗ると道が混むことがあると言っているので、②も間違い。地下鉄の駅とバス停の位置関係については触れていないので、③は正解にならない。

54. この文章の内容と同じものを選びなさい。
①私はバスの方に多く乗ります。
②バスに乗ると道が混むことがありません。
③地下鉄の駅はバス停の隣にあります。
④初めての道を行くときは、地下鉄に乗るといいです。

［55~56］ 다음을 읽고 물음에 답하십시오.

55. 正解：②가끔

解説：**가끔**は頻度が低いことを表すとき使う。

[55~56] 次の文章を読んで、問いに答えなさい。

私は兄に似ています。顔も似ていて、背も似ています。また、好きな服も似ています。そのため、(㉠)兄の服を借りて着ています。すると、人は私を兄と考えます。私が見ても兄ととても似ていると思います。

55. ㉠に入る適切な言葉を選びなさい。
①とても　②時々　③全く　④少し

56. 正解：③저와 형은 비슷한 옷을 좋아합니다.

解説：兄と身長が近いとあるので、①は間違い。兄が私に服を貸してくれるとあるので、②も間違い。兄と顔が似ているとあるので、④も間違い。

56. この文章の内容と同じものを選びなさい。
①私は兄よりはるかに背が高いです。
②私は兄に服を貸してあげます。
③私と兄は似た服が好きです。
④私と兄は全然違う顔をしています。

[57~58] 다음을 순서대로 맞게 나열한 것을 고르십시오.

57. 正解：④(가)-(라)-(다)-(나)

解説：初めに来るのは(가)で固定されており、2番目に来るのは(나)か(라)のどちらかである。このうち(나)は그 이후로で始まっているが、これは何か特別な出来事があったことを受けて使うことができる表現であり、2番目に来るとは考えにくい。一方(라)には그러던 어느 날という表現があり、これは具体的な出来事を語り始めるときに使う表現なので、2番目に置くのにふさわしい文だと分かる。さらに、(나)が出来事の後の結果を述べているのに対し、(다)は出来事の最中に感じたことを述べているので、順序として(나)が最後であることが分かる。従って(가)-(라)-(다)-(나)となり、④が正解である。

[57~58] 次の文を適切な順に並べたものを選びなさい。

57. (가) 私は運動するのが嫌いでした。
(나) それ以降、運動を一生懸命するようになりました。

(다) そのとき、一生懸命走ったら、気分が良かったです。
(라) そんなある日、学校でかけっこの試合をしました。

58. 正解：④ (나)−(라)−(다)−(가)

解説：初めに来るのは(나)で固定されているので、残りの(가)(다)(라)の順番を考える。(나)では今日一日が忙しかったという全体的な内容を述べ、残りの三つの文ではそれぞれ個別の具体的な内容を述べている。それぞれ起きた時間が述べられているので、時系列順に並べると、(라)が朝の出来事、(다)が午後の出来事、(가)が家に帰ってきたときの出来事となる。従って(나)−(라)−(다)−(가)となり、④が正解である。

58. (가) 家に帰ると、とても疲れていました。
(나) 今日は朝からとても忙しかったです。
(다) 午後には学校で試験勉強をしました。
(라) 朝早く起きて、コーヒーショップのアルバイトに行きました。

[59~60] 다음을 읽고 물음에 답하십시오.

59. 正解：③ ㉢

解説：**그래서**は前の内容が後ろの内容の理由を表すときに使う。従って、与えられた文の前には出張に行ったときに電話やメールをたくさん利用する理由が来なければならない。**가족과 친구들을 자주 볼 수 없습니다**というのがその理由になるので、③が答えである。

[59~60] 次の文章を読んで、問いに答えなさい。

私はよく海外出張に行きます。(㉠) 出張に行くと、いろいろな国の文化を感じることができていいです。(㉡) しかし、家族や友人たちにあまり会えません。(㉢) 最近はインターネットを通じて顔を見ながら会話できます。(㉣) 顔を見ると、遠くにいても一緒にいるような気がします。

59. 次の文が入る場所を選びなさい。
そのため、出張に行くと電話やメールをたくさん利用します。

① ㉠ ② ㉡ ③ ㉢ ④ ㉣

60. 正解：④저는 출장에 가면 친구들에게 전화를 자주 합니다.

解説：出張に行くと家族に会えないと言っているので、①は間違い。海外出張に行くことを気が重いと感じているかどうかには触れていないので、②は正解にならない。インターネットを使って家族、友人と連絡を取っているので、③は間違い。

60. この文章の内容と同じものを選びなさい。
① 私は家族と一緒に出張に行きます。
② 私は海外出張に行くのが気が重いです。
③ 私は出張に行くとインターネットは使いません。
④ 私は出張に行くと友人たちによく電話をします。

[61~62] 다음을 읽고 물음에 답하십시오.

61. 正解：①마르면

解説：**-(으)면**は前の内容が後ろの内容の条件になるときに使う。かっこの後ろに目が痛くて疲れるという内容があるので、その前は「涙が乾くと」という条件が来るのが適切。従って、かっこには**마르면**が入らなければならない。パッチムがある単語には**-으면**、パッチムがない単語には**-면**を使う。**-(으)면**は動詞、形容詞と一緒に使われる。

[61~62] 次の文章を読んで、問いに答えなさい。

コンピューターや携帯電話を使うときは、目をあまり閉じなくなります。そのため、涙が乾きやすいです。涙が（ ㉠ ）、目が痛くて疲れます。そうすると、目が悪くなることがあります。涙が乾かないようにするためには、よく目の運動をするのがいいです。また、遠くにある物を見るのもいいです。

61. ㉠に入る適切な言葉を選びなさい。
①乾くと ②乾いたり ③乾いて ④乾くが

62. 正解：④ 컴퓨터를 오래 하면 눈물이 쉽게 마릅니다.

解説：目が痛いときに涙が出るという話はしていないので、①は正解にならない。目の運動をすると涙が乾かなくなるので、②は間違い。遠くにある物を見ることは目にいいとあるので、③も間違い。

62. この文章の内容と同じものを選びなさい。

①目が痛いと涙が出ます。

②目の運動は涙を乾かします。

③遠くにある物を見ると目が悪くなります。

④コンピューターを長くやると涙が乾きやすいです。

[63~64] 다음을 읽고 물음에 답하십시오.

63. 正解 : ① 움 씨를 저녁 식사에 초대하려고

解説 : 韓国語を学んでいる友人たちが一緒に夕食を食べると言っている。ここにウムさんも時間があれば来てほしいという内容である。

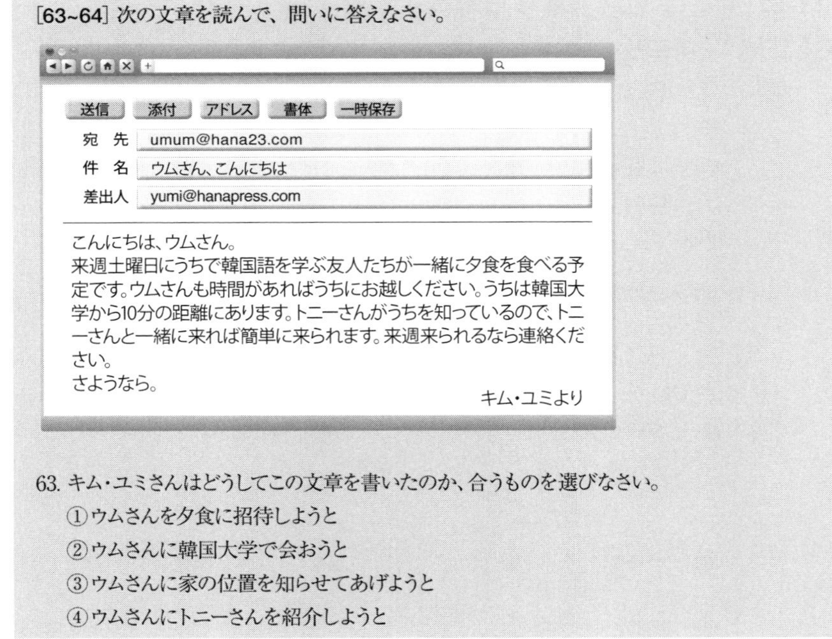

[63~64] 次の文章を読んで、問いに答えなさい。

送信　添付　アドレス　書体　一時保存

宛　先　umum@hana23.com

件　名　ウムさん、こんにちは

差出人　yumi@hanapress.com

こんにちは、ウムさん。
来週土曜日にうちで韓国語を学ぶ友人たちが一緒に夕食を食べる予定です。ウムさんも時間があればうちにお越しください。うちは韓国大学から10分の距離にあります。トニーさんがうちを知っているので、トニーさんと一緒に来れば簡単に来られます。来週来られるなら連絡ください。
さようなら。

キム・ユミより

63. キム・ユミさんはどうしてこの文章を書いたのか、合うものを選びなさい。

①ウムさんを夕食に招待しようと

②ウムさんに韓国大学で会おうと

③ウムさんに家の位置を知らせてあげようと

④ウムさんにトニーさんを紹介しようと

64. 正解 : ① 토니 씨는 한국어를 배웁니다.

解説 : ウムさんの住んでいる場所には触れていないので、②は正解にならない。キム・ユミさんが家の場所を教えている上に、トニーさんと一緒に来るように言っていることからウムさんはキム・ユミさんの家を知らないので、③は間違い。キム・ユミさんは友人たちと家で夕食を食べる予定であり、外食をする予定はないので、④も間違い。

64. この文章の内容と同じものを選びなさい。
①トニーさんは韓国語を学んでいます。
②ウムさんは韓国大学の近くに住んでいます。
③ウムさんはキム・ユミさんの家を知っています。
④キム・ユミさんは友人たちと夕食を外で食べる予定です。

［65~66］ 다음을 읽고 물음에 답하십시오.

65. 正解：③제일 좋아하는

解説：かっこのある文の後にはリンゴのアイスクリームがとてもおいしいという内容が続いており、良い評価をしていることが分かる。「私」が店によく行く客ということも考えると、かっこには제일 좋아하는が入らなければならない。

［65~66］ 次の文章を読んで、問いに答えなさい。

学校の前に新しくアイスクリーム屋ができました。その店ではさまざまな種類のアイスクリームを売っています。そのため、私はその店によく行きます。その店には、米で作ったアイスクリームもあり、紅茶で作ったアイスクリームもあります。私が（ ㉠ ）アイスクリームは、リンゴで作ったアイスクリームです。そのアイスクリームには小さく刻んだリンゴが入っていて、とてもおいしいです。

65. ㉠に入る適切な言葉を選びなさい。
①毎日売る　　②よく作る
③一番好きな　　④とても嫌いな

66. 正解：④아이스크림 가게에는 여러 맛의 아이스크림이 있습니다.

解説：アイスクリーム屋は新しくできたとあるので、①は間違い。アイスクリーム屋によく行くとあるので、②も間違い。よく食べるアイスクリームについては触れていないので、③は正解にならない。

66. この文章の内容と同じものを選びなさい。
①アイスクリーム屋は長くやっています。
②私は時々アイスクリーム屋に行きます。

③私は紅茶アイスクリームをよく食べます。
④アイスクリーム屋にはいろいろな味のアイスクリームがあります。

[67~68] 다음을 읽고 물음에 답하십시오.

67. 正解：①많아질

解説：自然に対する関心が高くなったという内容が、この前に出てくる。従って、電気自動車もだんだん増えるだろう。

[67~68] 次の文章を読んで、問いに答えなさい。

ガソリンで動く自動車は空気を汚します。そのため、人々は空気を汚さない自動車を作りました。そのうちの一つが電気で動く自動車です。スイスのある村は、自然をきれいに守るために電気自動車のみ走れるようにしました。自然に対する関心が高くなったため、今後電気自動車もだんだん（ ㉠ ）でしょう。

67. ㉠に入る適切な言葉を選びなさい。
①増える　②小さくなる
③なくなる　④少なくなる

68. 正解：④스위스에는 전기 자동차만 다니는 마을이 있습니다.

解説：自然に関心が高くなったとあるので、①は間違い。電気自動車は空気を汚さない自動車なので、②も間違い。ガソリン自動車は空気を汚すとあるので、③も間違い。

68. この文章の内容と同じものを選びなさい。
①人々は自然に関心がありません。
②電気自動車は空気を汚します。
③ガソリンで動く自動車は自然をきれいにします。
④スイスには電気自動車のみ走る村があります。

[69~70] 다음을 읽고 물음에 답하십시오.

69. 正解：③함께 보낼 수 없어

解説：かっこの後ろには**섭섭하지만**という言葉があるので、かっこの中にはそれにつながる言葉が入らなければならない。小包を送るなどの行動から、来週の誕生日を

一緒に過ごせないということが分かるので、一緒に過ごせないから残念だという流れになっていると考えられる。従って、かっこには함께 보낼 수 없어が入らなければならない。

[69~70] 次の文章を読んで、問いに答えなさい。

父の誕生日が来週です。昨日は郵便局に行って父に差し上げるプレゼントを小包で送りました。父がお好きな韓国のラーメンとのりも一緒に送りました。父は中国にいらっしゃいますが、１週間後ならプレゼントをお受け取りになれます。父の誕生日を（　㉠　）残念ですが、父がプレゼントを受け取ってお喜びになったらうれしいです。父の誕生日には電話であいさつを差し上げるつもりです。

69. ㉠に入る適切な言葉を選びなさい。
①一緒に過ごした後に　　②一緒に過ごすことになり
③一緒に過ごせなくて　　④一緒に過ごそうとしても

70. 正解：③아버지와 함께 살고 있지 않습니다.

解説：誕生日は来週であり、小包が届くのは一週間後とあるが、誕生日当日に届くかは分からないため、①は正解にならない。父が一人で誕生日を過ごすかどうかには触れていないので、②も正解にならない。父が料理を作ることについては触れていないので、④も正解にならない。

70. この文章の内容から分かることを選びなさい。
①父の誕生日に、小包が届きます。
②父は誕生日を一人でお過ごしになります。
③父と一緒に暮らしていません。
④父は韓国料理を上手にお作りになります。

復習テスト　解答用紙

受験日　　/　　/

・復習テストの解答用紙として、切り取って、あるいは本に付けたままお使いください。
・「メモ欄」は、答え合わせで気付いたことや、次回の受験までの課題などをメモするのにお使いください。

聞き取り

問題	解答	問題	解答
1		11	
2		12	
3		13	
4		14	
5		15	
6		16	
7		17	
8		18	
9		19	
10		20	

読解

問題	解答	問題	解答
1		11	
2		12	
3		13	
4		14	
5		15	
6		16	
7		17	
8		18	
9		19	
10		20	

メモ

✂切り取り✂

模擬テスト1　解答用紙

受験日　　／　　／

・模擬テストの解答用紙として、切り取って、あるいは本に付けたままお使いください。
・正解と配点は各模擬テストの「解答・解説・訳」の冒頭に掲載されています。
・級ごとの合格基準についてはP.14をご覧ください。
・「メモ欄」は、答え合わせで気付いたことや、次回の受験までの課題などをメモするのにお使いください。

聞き取り

問題	解答	得点
1		
2		
3		
4		
5		
6		
7		
8		
9		
10		
11		
12		
13		
14		
15		
16		
17		
18		
19		
20		

小計（　　）点

問題	解答	得点
21		
22		
23		
24		
25		
26		
27		
28		
29		
30		

小計（　　）点

読解

問題	解答	得点
31		
32		
33		
34		
35		
36		
37		
38		
39		
40		
41		
42		
43		
44		
45		
46		
47		
48		
49		
50		

小計（　　）点

問題	解答	得点
51		
52		
53		
54		
55		
56		
57		
58		
59		
60		
61		
62		
63		
64		
65		
66		
67		
68		
69		
70		

小計（　　）点

聞き取り　　点 ＋ 読解  点 ＝ 総得点  点

メモ

✂ 切り取り ✂

模擬テスト2　解答用紙　受験日　　/　　/

・模擬テストの解答用紙として、切り取って、あるいは本に付けたままお使いください。
・正解と配点は各模擬テストの「解答・解説・訳」の冒頭に掲載されています。
・級ごとの合格基準についてはP.14をご覧ください。
・「メモ欄」は、答え合わせで気付いたことや、次回の受験までの課題などをメモするのにお使いください。

聞き取り

問題	解答	得点
1		
2		
3		
4		
5		
6		
7		
8		
9		
10		
11		
12		
13		
14		
15		
16		
17		
18		
19		
20		

小計（　　）点

問題	解答	得点
21		
22		
23		
24		
25		
26		
27		
28		
29		
30		

小計（　　）点

読解

問題	解答	得点
31		
32		
33		
34		
35		
36		
37		
38		
39		
40		
41		
42		
43		
44		
45		
46		
47		
48		
49		
50		

小計（　　）点

問題	解答	得点
51		
52		
53		
54		
55		
56		
57		
58		
59		
60		
61		
62		
63		
64		
65		
66		
67		
68		
69		
70		

小計（　　）点

聞き取り［　　］点 ＋ 読解［　　］点 ＝ 総得点［　　］点

メモ

✂切り取り✂

模擬テスト3　解答用紙

受験日　　　/　　/

・模擬テストの解答用紙として、切り取って、あるいは本に付けたままお使いください。
・正解と配点は各模擬テストの「解答・解説・訳」の冒頭に掲載されています。
・級ごとの合格基準についてはP.14をご覧ください。
・「メモ欄」は、答え合わせで気付いたことや、次回の受験までの課題などをメモするのにお使いください。

✂切り取り✂

聞き取り

問題	解答	得点
1		
2		
3		
4		
5		
6		
7		
8		
9		
10		
11		
12		
13		
14		
15		
16		
17		
18		
19		
20		

小計（　　）点

問題	解答	得点
21		
22		
23		
24		
25		
26		
27		
28		
29		
30		

小計（　　）点

読解

問題	解答	得点
31		
32		
33		
34		
35		
36		
37		
38		
39		
40		
41		
42		
43		
44		
45		
46		
47		
48		
49		
50		

小計（　　）点

問題	解答	得点
51		
52		
53		
54		
55		
56		
57		
58		
59		
60		
61		
62		
63		
64		
65		
66		
67		
68		
69		
70		

小計（　　）点

聞き取り［　　］点 ＋ 読解 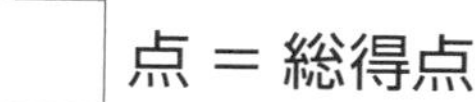 点 ＝ 総得点  点

メモ

■著者プロフィール

オ・ユンジョン（오윤정）

・梨花女子大学校国際大学院韓国学科博士

・台湾国立政治大学韓国語文学科助教

『S-TOPIK 실전문제집 한 번에 패스하기 중급 1교시: 표현』（共著）

『S-TOPIK 실전문제집 한 번에 패스하기 중급 2교시: 이해』（共著）

『딱! 3주 완성 TOPIK Ⅰ・Ⅱ』（共著）

『Il coreano per gli italiani - Corso intermedio. Milano: Hoepli』（共著）

ユン・セロム（윤새롬）

・梨花女子大学校国際大学院韓国学科博士

・明知大学校邦牧基礎教育学部客員教授

『한글이 나르샤』（共著）

『딱! 3주 완성 TOPIK Ⅰ・Ⅱ』（共著）

新装版 韓国語能力試験 TOPIK I 徹底攻略
出題パターン別対策と模擬テスト3回

2017年 5月21日 初版発行
2023年 4月11日 新装版初刷発行
2024年 3月11日 新装版2刷発行

著　者　オ・ユンジョン、ユン・セロム
翻　訳　HANA韓国語教育研究会
編集協力　用松美穂、辻仁志
カバーデザイン　木下浩一（アングラウン）
DTP　金暎淑（mojigumi）
印刷・製本　シナノ書籍印刷株式会社

発行人　裵正烈
発　行　株式会社HANA
〒102-0072 東京都千代田区飯田橋 4-9-1
TEL：03-6909-9380　FAX：03-6909-9388
E-mail：info@hanapress.com

発行・発売　株式会社インプレス
〒101-0051 東京都千代田区神田神保町一丁目105番地

ISBN978-4-295-40830-7 C0087

● 本の内容に関するお問い合わせ先
HANA書籍編集部　TEL: 03-6909-9380　FAX: 03-6909-9388

● 乱丁本・落丁本の取り替えに関するお問い合わせ先
インプレス カスタマーセンター　FAX: 03-6837-5023
E-mail: service@impress.co.jp
※古書店で購入されたものについてはお取り替えできません。